Kultouren

Grenzenlose Geschichten zwischen Schwarzwald und Vogesen

Manfred Hammes

Inhalt

Lothar von Seebach, Rhein-Spiegelungen bei Kehl (1906)

Mein Oberrhein

Subjektiv, unpedantisch und im Bestreben nach größtmöglicher Unvollständigkeit habe ich meinen Oberrhein für Sie aufgeschrieben.

Was können Sie also erwarten? Geschichten über Orte und Menschen, die mir gefallen. Freisinnige Streifzüge und einige gewagte Querverbindungen gehören dazu. Zitate, Anekdoten, Gasthäuser und Merkwürdigkeiten, die nach dem Wortsinn des Merkens würdig sind.

Trotz vieler Abbildungen ist so ein Buch vor allem für lesende und nachdenkende Menschen entstanden. Begleitet von einem Glas Wein mögen meine Kultouren auch jene Liebhaber des Reisens erfreuen, die ihre Leseecke nur ungern verlassen.

Manfred Hammes

Im Taubergießen

Unsortierte Gedanken

Wer von uns wäre schon gerne während des Dreißigjährigen Krieges von Basel nach Karlsruhe gewandert? Bei guter Kondition und wichtiger noch, sofern wir überhaupt angekommen wären, hätte das sicher eine Woche gedauert. Aber zu jener Zeit wollte niemand reisen, mußte es allenfalls. Wer den Oberrhein heute schnell durchqueren will, braucht für diese rund zweihundert Kilometer auf deutscher oder französischer Autobahn gerade mal gut zwei Stunden.

Schnell irgendwohin, die Liste der Top-10-Sehenswürdigkeiten von *Tripadvisor* abarbeiten und dann zum frustrierenden Abschluß in ein nicht nachvollziehbar bewertetes Restaurant. So getrieben, können Sie den Oberrhein in einem Tag machen. Sich entspannt treiben lassen, Hintergründe entdecken oder Zufälligkeiten annehmen – Fehlanzeige.

Manches von dem, was Ihnen so entgangen wäre – und entgangen ist Ihnen ja tatsächlich Alles –, habe ich für Sie

Die Karte des Renaissance-Kartographen Martin Waldseemüller aus dem Jahr 1513 zeigt, wo wir uns in diesem Buch rumtreiben. Nämlich am Oberrhein von Basel/Basilea am linken Bildrand über Colmar/Colonaria, Ettenheim, Offenburg und Straßburg/Argentina bis Ettlingen und Durlach rechts unten. Karlsruhe wurde erst zweihundert Jahre später gegründet.

aufgesucht und aufgeschrieben und mir statt wenigen Stunden eher zwei Jahre Zeit genommen.

Und dennoch besteht dieser Reiseverführer, man könnte ihn auch ein „Rumtreibbuch“ nennen, vor allem aus Weggelassenem. Als etwa Bernhard Uttenweiler sein Schriftenverzeichnis zu dem kleinen Barockstädtchen Ettenheim herausgab, verzeichnete er darin rund fünftausend Fundstellen. Die zu suchen, zu lesen und grob auszuwerten hätte mich mehr als ein ganzes Jahr gekostet – allerdings nur, wenn ich zwischendurch nicht noch geschlafen hätte.

Wer Wert legt auf diese zusammengestückelten Bestenlisten wie die „Zehn schönsten Indoor-Aktivitäten mit Kindern und veganen Hunden“, der sollte seine Touren wirklich besser mit dem Mobiltelefon planen.

Was können Sie also erwarten? Streifzüge, Skizzen und einige gewagte Querverbindungen gehören ebenso dazu, wie reizvolle Nebensächlichkeiten, die plötzlich zur Hauptsache werden. Elsaß und Baden zeige ich aus egoistischen Blickwinkel, also mit Geschichten über Orte und Menschen, die mir gefallen. In meinen Kultouren sind deshalb die großen Sehenswürdigkeiten weniger vertreten. Sie gehen ohnehin nicht nach Straßburg oder Freiburg, ohne im Münster ein Kerzlein aufzustellen.

Während des Dreißigjährigen Krieges hat uns Johann Michael Moscherosch (siehe Seite 227), der früheste deutsche Bestsellerautor, seine Anleitung fürs Reisen aufgeschrieben:

Wer reisen will,
Der schweig fein still,
Geh steten Schritt,
Nehm nicht viel mit,
Tret an am frühen Morgen,
Und lasse heim die Sorgen.

Knapp dreihundert Jahre später hatte sich daran nichts geändert. Hugo von Hofmannsthal, der große Wiener Schriftsteller und Dramatiker, träumte sich in die Postkutschenzeit zurück: „Man hatte Zeit, um in Herbergen Abenteuer zu erleben und wehmütig zu werden, wenn ein toter Esel am Wege lag. Man konnte im Vorbeifahren Früchte von den Bäumen pflücken und bei offenen Fenstern in die Kammern schauen. Man hörte die Lieder, die das Volk im Sommer singt, man hörte die Brunnen rauschen und die Glocken klingen."

Wie wäre es also mal mit Slow-Ausflügen, mit Flanieren in den Städten und Spaziergängen auf dem Land? Dazu gibt es auch noch ein paar Lieblingsadressen abseits der Tankstellengastronomie; weitere finden Sie zu genüge in den Büchern des Oase Verlags, der ja nicht zufällig so heißt.

Auch das geht am Oberrhein – Macks Europapark und . . .

Alles verläuft sich am Oberrhein Sechs Millionen Einwohner leben in der Region am Oberrhein, über vierzig Millionen Besucher kommen jedes Jahr hierher. Und das Schöne: Man bemerkt sie kaum. Sie verlaufen sich in der ungeheuren Vielfalt zwischen dem Vogtsbauernhof in Gutach, dem Zentrum für Kunst und Medien in Karlsruhe, der Humanisten-Bibliothek in Schlettstadt, dem Europapark in Rust und den Kuchenbuffetorgien der Landfrauen in Kippenheimweiler.

Halt, kleine Einschränkung: In Rust bemerkt man die über sechs Millionen Besucher des Europaparks schon. Man muß sich nur mal vorstellen, daß zu jeder der 1.500 Familien in der Gemeinde pro Jahr 4.000 Gäste kämen. Da hätte die Frau des Hauses ordentlich zu tun – und der Mann auch.

Natürlich hätte ich auch schreiben können, daß sich diese Besucher zwischen dem Museum von Frieder Burda in Baden-Baden, dem Isenheimer Altar in Colmar, der Fondation Beyeler in Riehen, den Berggasthöfen des Schwarzwaldes und den Fermes Auberges der Vogesen, verlaufen. Und die Straßburger Museen gibt es ja auch noch und den Freiburger Münstermarkt – Kulturtouren am Oberrhein sind nun mal grenzenlos.

. . . Gutmanns Taubergießen dicht nebeneinander

Und zwischen allem der Rhein Natürlich geht es immer auch um Deutschland und Frankreich und die Kriege zwischen beiden Ländern. Über die Jahrhunderte sind in den Auseinandersetzungen 15 Millionen Menschen, Soldaten und vor allem Zivilisten, getötet worden. Weit mehr als doppelt so viele, wie heute am Oberrhein auf beiden Seiten leben.

Im Ersten Weltkrieg wurden 250.000 Elsässer in die deutsche Armee eingezogen, völkerrechtlich waren sie ja Deutsche seit 1871, obwohl viele sich selbst nach mehr als vierzig Jahren nicht so fühlten. Andere entschieden sich für den Kampf auf französischer Seite. Sie mußten ihre Namen ändern, oft traten sie dafür in die Fremdenlegion ein. Andernfalls hätten sie im Fall einer Gefangennahme als Deserteure gegolten und wären erschossen worden.

Im Zweiten Weltkrieg waren es die sogenannten *Malgré-Nous*, Elsässer, die die deutsche Wehrmacht eingezogen und vor allem in Russland an die Front geschickt hatte. 10.000 kamen verkrüppelt zurück, 47.000 überhaupt nicht mehr. Schreib‘ bloß nicht so viel über die alten Zeiten, wurde mir gesagt. Das geht nicht am Oberrhein mit seinen Schlachtfeldern,

Morgens im Taubergießen

Denkmalen und Soldatenfriedhöfen. Tomi Ungerer dazu: „Wir Elsässer haben nie einen Krieg verloren, unsere Nachbarn oft - auf unserem Buckel."

Fragen Sie mal deutsche und französische Schüler zum Zweiten Weltkrieg und der Zeit danach. Da gibt es einige ausgesparte Themen. Von der Entnazifizierung und wie sie oft umgangen wurde, haben deutsche Schüler fast nichts mitbekommen. Von der Verfolgung der Kollaborateure, der Épuration, haben die meisten französischen Schüler nichts gehört. Auch nicht, daß es in dem Zusammenhang zu mehreren tausend Lynch-Morden gekommen ist. Höchstens kennt man die Bilder kahlgeschorener Frauen, die, schon der Begriff ist mehr als zynisch, der „horizontalen Kollaboration" verdächtigt wurden. Und noch immer wird in Frankreich verklärt über eine Zeit gesprochen, in der jeder Franzose, wenn nicht ein Held, so doch wenigstens Mitglied der Résistance gewesen sei.

Und zwischen allem immer der Rhein, über den der große Victor Hugo einen der Klassiker der Reiseliteratur schrieb. „Das ist ein edler, feudaler, republikanischer, imperialer Fluss, dem es gebührt, zugleich deutsch und französisch zu sein. Die ganze Geschichte von Europa liegt in diesem Fluss der Krieger und Denker." Da war sich Hugo sicher. Sicher kann man indes nicht sein, ob er das als Romantiker oder Realist meinte. An anderer Stelle schrieb er seinem deutschen Verleger: „Ich liebe Frankreich wie meine Mutter, ich liebe Deutschland wie meine Urmutter."

Die Deutschen dagegen wollten den Strom nicht mit den Franzosen teilen, es war ihr „deutscher Rhein", der auch in nationalromantischen Liedern wie der *Wacht am Rhein* besungen wurde: „Es braust ein Ruf wie Donnerhall/Wie Schwertgeklirr und Wogenprall/Zum Rhein, zum Rhein, zum deutschen Rhein!"

Naht statt Grenze Drei Generationen nach dem Zweiten Weltkrieg fällt sogar Franzosen aus dem Languedoc auf, daß das Elsaß nicht so deutsch ist, wie sie dachten und daß hier sogar französisch gesprochen wird. Und den Deutschen aus Vorpommern, daß im Elsaß deutsch verstanden wird und es ein etwas anderes Frankreich ist. Und immer wieder Sprachwunder: Wenn die Elsässer hören, daß man französisch kann, können sie auf einmal deutsch. Na ja, nicht alle.

Wenn Sie sich für Grenzüberschreitungen in allen Sprachen des Oberrheins interessieren, finden Sie im Centre Culturel Alsacien zahlreiche Anregungen, ebenso wie in Kai Littmanns Internet-Tageszeitung *Eurojournalist*. Und wenn Sie lieber hören als lesen, besuchen Sie einfach ein Konzert der deutsch-französischen Hip-Hopper von *Zweierpasch* oder gehen in Straßburg in die Choucouterie von Roger Siffer, wo sich alemannisch-deutsch-französisches Theater so wunderbar mit dem Sauerkraut hinterher verbinden läßt.

Immer wieder begegnen wir am Oberrhein der Schriftstellerin Annette Kolb und René Schickele, ihrem aus Obernai stammenden Kollegen, späterem Freund und Nachbarn in Badenweiler; mehr dazu in der zweiten Kultour ab Seite 43.

Gehört zum elsässer Inventar – der Storch vom Dienst

Auf gut alemannisch „Ihr Vater isch ditsch gsii, sini Miad'r isch franzeesch gsii." Annette Kolb war beides, mit ihrer Mischung aus deutsch-zerstreuter Grazie und der launischen Eigenart des französischen Esprit. Schickele galt den Nationalsozialisten als Vaterlandsverräter und war mit seinem Pazifismus den Franzosen auch nicht geheuer. Und so wenig er wußte, wo er hingehörte, wußte es auch seine Freundin. Sie beendete ihren Nachruf auf ihn mit dem Satz: „Jenes Deutschland der Weimarer Jahre hatte in ihm seinen besten Ratgeber und Freund, Frankreich seinen anhänglichsten Sohn."

„Mit unendlicher Gelassenheit grüßen die Vogesen und der Schwarzwald einander", schrieb Anette Kolb, als sie in ihrem Gärtchen in Badenweiler über den Rhein blickte. Was den Bergketten seit jeher gelang, gelingt uns jetzt immerhin schon, oder gerade erst einmal, ein Menschenleben lang.

Fünfhundert oder sechshundert Jahre früher war manches weniger kompliziert. Man lebte zusammen im Heiligen Römischen Reich, dem *Sacrum Imperium Romanum Nationis Germaniae,* das im Westen bis zur Rhône ging, also auch noch die Provence umfasste, im Süden bis Rom und im Osten bis Wien. Natürlich hätte ich lateinisch gesprochen und geschrieben und natürlich hätten Sie, ob von links oder rechts des Rheins, lateinisch verstanden und gelesen. Und wir hätten sogar alle das Gleiche gemeint.

Geballter Kitsch Wenn die „Störche vom Dienst", wie die deutsch-französische Lyrikerin Emma Guntz spöttelt, sich von ihren immergrünen Wiesen aufschwingen und in Zeitlupe durch das Abendrot zu ihren Nestern auf den Fachwerkhäusern zurückkehren, dann ist es im deutschen Fernsehen die Zeit von Reisereportagen über das Elsaß; *Wunderschön* oder *Noch schöner* heißen solche Sendereihen dann.

Die Wucht des geballten Kitsches wird oft genug als reales Elsaß abgefilmt. Irgendwie fühlt man dann den Verdacht bestätigt, daß manche Redaktionen nur die Spreu vom Weizen trennen, um die Spreu zu senden.

Dieweil der Winzer sein erstes Glas Riesling gegen die Abendsonne schwenkt, hält die züchtige Elsässerin sich bereit zum Nachgießen und rührt allenfalls noch das Sauerkraut um, für das er besonders schwärmt, wenn es wieder aufgewärmt. Wilhelm Busch kannte sich aus mit diesen Nationalgericht, obwohl er nie im Elsaß gewesen ist. Nur seine Bildergeschichten kamen hierher, in der Soldatenbücherei herausgegeben vom Oberkommando der Wehrmacht und 1943 gedruckt in Kolmar, wie die Stadt damals geschrieben wurde.

Nachdem der Guglhupf aufgetragen und mit einem Glas Gewürztraminer runtergespült wurde, wird sachte die Tür zugemacht, aber keinesfalls abgeschlossen, weil Kriminalität gibt es ja hier nicht. In der *Ferme-Auberge de la Perheux* in der Nähe des Pfarrhauses von Johann Friedrich Oberlin in Waldersbach ist das sicher so (warum, das steht in der neunten Kultour). Statt Oberlin

Elsässer Ikonen – Fachwerk und Choucroute

sollten wir zu dem Thema aber besser mal jene Gendarmen oder Sanitäter fragen, die nur noch ungern nach Neuhof oder Hautepierre fahren. Die Jungs, die dort Autos anzünden, nennen das Barbecue oder kurz Barbec.

Bier statt Riesling Elsässer haben den höchsten Bierkonsum in ganz Frankreich. Deshalb stellt sich die Frage, warum alle Fernseh- und Postkarten-Elsässer Wein trinken und kaum einmal ein Bier, wenn schon mit Schiltigheim die französische Bier-Hauptstadt im Elsaß liegt. Lange Jahre war hier das richtige Umfeld für den „Bierkoch" Ernest Wieser in seinem *L'Ange*. Ein Erlebnis war sein Siebengang-Menü, bei dem es zu jedem Gang ein neues Bier gab, von chinesischen rosaroten Bier, von dem ich nicht wissen wollte, was drin ist, bis zu einem Bockbier mit 13 % Alkohol. Baguette buk Wieser auch mit Bier und das Sorbet de Fleur de Bière schuf Platz für den nächsten Gang. *Kochen mit Bier* hieß das Buch, das ich mit ihm im letzten Jahrhundert gemacht habe; sie finden es immer noch für zwei bis drei Euro im Antiquariat.

Allein in Schiltigheim gab es fünf größere selbstständige Brauereien. Heute gibt es, neben Hausbrauereien, nur noch Heineken; bin mal gespannt wie lange noch. Derzeit suggeriert Heineken immerhin noch Vielfalt. Denn in dem Straßburger Vorort werden auch die Biere von Fischer (ehemals: Brasserie du Pêcheur), Adelscott, Pelforth, Amstel, Foster's und Desperados produziert, also scheinbar niederländische, amerikanische und mexikanische Biere.

Sarkozy lost in Truchtersheim Wenn Sie nicht gerade in Schiltigheim, sondern in irgendeinem der Weindörfer des Elsaß ausgesetzt würden, wüßten Sie, ohne den Wein zu probieren, wahrscheinlich nicht, ob Sie sich in Frankreich oder Deutschland befinden. Was sollten da erst die amerikanischen Soldaten sagen, die, mit all ihrem historisch-geographischen Nichtwissen erstmals in Europa waren und 1944 das Elsaß zu befreien hatten. Manches elsässische Dorf wurde damals mit der nachgereichten Begründung zerstört, die Befreier hätten sich schon in Deutschland gewähnt. Kein Wunder, denn die Orte heißen heute noch Pfulgriesheim, Durningen und Willgottheim – das ist der Ort mit dem ebenso persönlichen wie qualitätvollen Hotel-Restaurant *La Cour de Lise* – oder Truchtersheim, das am Kochersberg nordwestlich von Straßburg liegt. Drei Generationen vor Google-Maps gab es noch handgezeichnete Kartenskizzen für Soldaten, in denen der Kochersberg als *Cook-Mountain* bezeichnet war.

Fast siebzig Jahre später hatte der ehemalige französische Präsident Sarkozy mit ähnlichen Orientierungsproblemen zu kämpfen. In einer Neujahrsansprache beim Bauernverband in Truchtersheim wies er darauf hin, daß er heute besonders glücklich sei, in Deutschland zu sein. Zuvor hatte ihn der Bürgermeister in blau-weiß-roter Schärpe begrüßt.

Sprache verboten Als das Elsaß zwischen 1871 und 1918 zum Deutschen Reich gehörte, wurden zahlreiche Regelungen denen des Reiches angepasst. Um die Beibehaltung von allem, was vorteilhaft erschien, wie Schul- und Vereinsrecht, haben die Elsässer später gekämpft. Weniger erfreulich finden die meisten, daß sie trotz der in Frankreich geltenden strikten Trennung von staatlichen und religiösen Interessen noch Kirchensteuer bezahlen müssen.

Grenzphilosoph René Schickele

René Schickele hat das Deutsch-Französische schon früh analysiert. 1928 war ihm klar: „Die Elsässer wollen loyale Franzosen sein, die ein deutschsprachiges Land bewohnen und weiter nichts." Nur die Politik wollte das nicht. Wer nach Mai 1941 in der Öffentlichkeit französisch sprach, mußte mit einer Geldstrafe rechnen oder sogar damit, in ein Lager zu kommen. Schirmeck-Vorbruck war nicht weit. Das sogenannte Erziehungslager diente zunächst der „Germanisierung" unbotmäßiger Elsässer; später und bis November 1944 auch als Lager für Vorbeugehäftlinge. Darunter konnte fast jede und jeder fallen. Viele Ausländer, Amerikaner, Engländer und Russen waren hier ebenso untergebracht, wie Fluchthelferinnen, Bettler, Geistliche, Prostituierte oder Wehrdienstverweigerer. Weil das Konzentrationslager Natzweiler-Struthof nur vier Kilometer entfernt lag, kommt es bis heute immer wieder zu Verwechslungen und Gleichsetzungen.

Nach dem Zweiten Weltkrieg lief die sprachliche Umerziehung in die entgegengesetzte Richtung, nur wesentlich eleganter. Im Elsaß gab es mehr deutschsprachige Zeitungsausgaben als französische. Auch hier griff der Staat ein: Die Sportseiten und Todesanzeigen der deutschen Ausgaben mussten in französischer Sprache erscheinen. Eine Generation später sprachen nur noch die Großeltern elsässisch oder deutsch und die Kinder antworteten auf Französisch. Wieder eine Generation später ist deutsch eine Fremdsprache, die fast nur gelernt wird, weil man sich auf dem deutschen Arbeitsmarkt bessere Chancen verspricht. Und wenn sich die Vorstände der Sparkassen und Volksbanken mit ihren Kollegen von der Caisse d'Épargne oder der Groupe Banque Populaire treffen, sprechen sie ohnehin meist englisch.

Antonia wird Antoinette Sich etwas anzupassen ist immer gut – auf beiden Seiten des Rheins. Niemand aber mußte das so sehr tun, wie Maria Antonia von Österreich. Die Tochter von Kaiserin Maria Theresia war gerade mal 14 Jahre alt, als sie per Ferntrauung mit dem französischen Thronfolger verheiratet wurde. Bevor sie als Marie Antoinette nach Frankreich einreisen durfte, wurden ihr auf einer Rheininsel vor Straßburg die

Blick von D nach F, beziehungsweise von F nach D?

Kleider ausgezogen. Dann wurde sie der französischen Mode entsprechend eingekleidet und frisiert.

Franzosen sind anders. Deutsche übrigens auch. „Die Franzosen muss man lieben, um sie zu verstehen. Die Deutschen muss man verstehen, um sie zu lieben." Da hat Tucholsky recht, wieder einmal. Das Verhältnis zwischen Deutschland und Frankreich ist wie das zwischen Frauen und Männern, ganz egal, wer nun gerade der Mann oder wer die Frau ist. Wichtig ist nur: Man redet anders, denkt anders und trotzdem kann der eine ohne den anderen nicht auskommen. Und manchmal macht es sogar Spaß miteinander.

Nachfolgend nun meine Anregungen für anregende Stunden oder Tage am Oberrhein, egal auf welcher Seite und in welcher Sprache.

Wenn Neid und Haß brennt/ wie ein Feuer wär Holz und /Kohle nicht so te

1

Nach Hausen, Zell und Mulhouse. Meine erste Kultour, in der Goethe Alemannisch für eine Fr emdsprache hält und mittlerweile sogar Frauen etwas zu essen bekommen, in der die Schüchternheit als lebhaftes Gefühl gilt und Stoffe den Takt angeben.

Mit Hebel ins Wiesental

Gasknappheit konnte es zwar im Jahr 1763 noch nicht geben, aber trotzdem schon steigende Energiepreise, wenig Holz und kaum Kohle, was dem Sinnspruch am Giebel des Hausener Hebelhauses eine ungeahnte Aktualität verleiht. „Wann Näid und Hasz brent/Wie Ein Feür Wär Holz und /Kohlen Nicht So theür." Aber warum hat Johann Peter Hebels Mutter Ursula den Neid-und Haß-Spruch kurz nach dem Tod ihres Mannes Johann Jakob an ihrem Haus anbringen lassen? Ganz einfach als Replik, weil man es ihr im Dorf übelnahm, daß sie einem Ehemann aus Simmern im Hunsrück, also einem Kurpfälzer und letztlich Ausländer, das Jawort gegeben hatte und nicht einem Junggesellen aus dem Dorf.

Ursula Örtlin und Johann Jakob Hebel hatten sich als Bedienstete des Basler Patriziers und Söldnerführers Iselin-Ryhiner kennengelernt und geheiratet. Am 10. Mai 1760 kam ihr Sohn Johann Peter in Basel zur Welt und wurde dort drei Tage später in der Kirche Sankt Peter getauft.

Johann Peter ist abwechselnd in Basel und in Hausen im Wiesental aufgewachsen. Mit ihm und seinen Stationen, neben Basel und Hausen wirkte er auch in Schopfheim, Karlsru-

„Vielsagend anmutiges Lächeln" – Johann Peter Hebel

he, Lörrach, Freiburg und Schwetzingen, könnte man fast die Badische Seite der Kultouren bestreiten. Erst recht, wenn man dann noch Hebels Besuche im Rahmen von Inspektionsreisen einrechnet. Wie in Kippenheim, wo er beim Kirchenrat Sebastian Engler die Nacht vom 9. auf den 10. Oktober 1811 verbrachte. Auch das wird auf einer Gedenktafel am Haus gewürdigt.

Hebels Lehrer Gottlieb Preuschen von der Lateinschule in Schopfheim beschrieb den jungen Mann. „Sein Äußeres war ansprechend, Geist und ein edler, heiterer Ausdruck auf den Gesichtszügen, die kleinen braunen Augen schalkisch und freundlich, die Stirne, die Nase stark gewölbt, das einst dunkelbraune Haar kraus, um den Mund ein vielsagend-anmutiges Lächeln."

Zeitlebens ledig Hebel sei sowas wie der Kinzigtäler Hansjakob (siehe die zehnte Kultour), nur protestantisch, hat mir mal jemand den Hebel vielleicht etwas zu einfach erklärt. Denn der spätere Lehrer und evangelische Geistliche war in vielen Dingen das Gegenstück zu Heinrich Hansjakob. Fangen wir trotzdem mit einer Gemeinsamkeit an: beide waren nie verheiratet, was bei dem katholischen Pfarrer weniger verwundert. Während Hansjakob aber seine Frauen „mit allem" liebte, war das bei Hebel eher platonisch. Das einzige lebhafte Gefühl, das er gegenüber seinen Freundinnen Gustave Fecht und Henriette Hendel wohl überhaupt je verspürt hatte, war Schüchternheit.

Gustave Fecht hatte Hebel in Lörrach kennengelernt. Sie lebte im Haus des Schulleiters Tobias Günttert, bei dem Hebel eine Stelle als Präzeptoratsvikar angetreten hatte, was sich besser anhört als Hilfslehrer. „Von großem schlanken Wuchs"

Gustave Fecht, links, und Elisabeth Schröder, Kunsthistorikerin des Museum am Lindenplatz in Weil am Rhein: Kurz nach dem Krieg waren der Stadt die 150 D-Mark für das Bild zu teuer, später kaufte sie es für fast das Zehnfache.

soll sie gewesen sein und das „schöne Blau ihrer Augen und das Blond voller Haarflechten verliehen ihr Anmut und Reiz des Leibes“. Hinzu kam Gustaves „durchdringende Klugheit mit einer Zurückhaltung, die an Herbheit grenzte“. Ob das stimmt: Wenn Hebel zu Besuch war, saß ein Hündchen mit eigenen Teller zwischen den beiden? Bis zum letzten Brief blieb es beim distanzvollen Sie zwischen Johann Peter und der „liebsten Jungfer Gustave“.

Erst mit der berühmten Schauspielerin Henriette Hendel war Hebel immerhin so verbunden, daß er sich ein Bild von ihr ins Zimmer hängte. Er selbst hielt sich in sie „vernarrt“. Kein Wunder, denn Henriette hatte Hebel während einer Theateraufführung regelrecht angemacht.

Offensiv geflirtet – Henriette Hendel

Zweiunddreißig Frustgedichte, ein Kannitverstan Auch in literarischer Angelegenheit bewies Hebel zunächst Scheu und Zurückhaltung. Wo jeder Autor stolz auf die erste Veröffentlichung gewesen wäre, erschien sein erstes Buch, da war er schon über vierzig Jahre alt, lediglich unter den Initialen J.P.H. Die Geschichte zum Erstling: Hebel hätte zu gerne eine Gemeinde im Wiesental betreut, aber die Vorgesetzten sagten nein. Also schrieb er sich mit 32 Gedichten im Wiesentäler Dialekt den Frust von der Seele. Nach langem Suchen war schließlich der Karlsruher Verlag Macklot bereit, den Gedichtband zu veröffentlichen, verlangte aber eine Garantieabnahme des Verfassers.

Erst später rissen sich die Verlage um Hebels Veröffentlichungen. Einer der das Rennen machte, war der Verleger Cotta aus Tübingen. Hier erschien 1811 im *Schatzkästlein des rheinischen Hausfreundes* Hebels bekannteste Veröffentlichung *Kannitverstan.* Die nur wenige Seiten lange Erzählung wurde bald Schulstoff für Generationen, die Älteren erinnern sich noch:

„Der Mensch hat wohl täglich Gelegenheit, in Emmendingen und Gundelfingen, so gut als in Amsterdam Betrachtungen über den Unbestand aller irdischen Dinge anzustellen, wenn er will, und zufrieden zu werden mit seinem Schicksal, wenn auch nicht viel gebratene Tauben für ihn in der Luft herumfliegen."

Ein Handwerksbursche, eben in Amsterdam angekommen, bewunderte ein „Gebäude, die sechs Camine auf dem Dach, die schönen Gesimse und die hohen Fenster, größer als an des Vaters Haus daheim die Thür". Einen Passanten fragte er nach dem Hauseigentümer. Dieser „Mann aber, der vermuthlich etwas wichtigeres zu thun hatte, und zum Unglück gerade so viel von der deutschen Sprache verstand, als der Fragende von der holländischen, nemlich Nichts, sagte kurz und schnauzig: Kannitverstan". Die gleiche Antwort erhielt er auf die Frage nach dem Besitzer eines großen Handelsschiffes und auch, als

Die Welt von der Wiese aus betrachtet – Hebel im Monolog

er fragte, welcher Unglückliche da zu Grabe getragen werde: Kannitverstan.

„Armer Kannitverstan", bedauerte der Geselle den vermögenden Mann, „was hast du nun von allem deinem Reichthum?" Und dann „verzehrte er in einer Herberge, wo man Deutsch verstand, mit gutem Appetit ein Stück Limburger Käse, und, wenn es ihm wieder einmal schwerfallen wollte, daß so viele Leute in der Welt so reich seyen, und er so arm, so dachte er nur an den Herrn Kannitverstan in Amsterdam, an sein großes Haus, an sein reiches Schiff, und an sein enges Grab." Seinen wenig begüterten Lesern vermittelte Hebel Trost und das beruhigende Gefühl, daß Besitz allein nicht alles sein könne – Lebenshilfe in einfacher Sprache.

Wie dem wackeren Handwerksburschen könnte es auch dem ein oder anderen von uns gehen, der des Alemannischen nicht ganz mächtig ist. Dann werden wir zwar die hochdeut-

Maske zeigen, Dialekt schwätzen

schen Texte Hebels verstehen, aber die frühen Gedichte können wir nit verstan. Vielleicht findet sich ein hilfreicher Vorleser - aber bloß kein Übersetzer. „Einen solchen Dichter muß man im Original lesen! Dann muß man halt diese Sprache lernen!" So Goethe nach einem Treffen mit Hebel im Oktober 1815.

Kafka empfiehlt Hebel Hebel schrieb einfach und scheinbar anspruchslos, wie jeder wirklich große Moralist. Seine theologisch-philosophischen Gedanken waren menschenfreundlich und nicht theoretisch abgehoben. Kant, um gleich mit dem Kontrapunkt ins Haus zu fallen, hatte 1793 sein Buch über die „Religion innerhalb der Grenzen der bloßen Vernunft" geschrieben. Hebel hielt nichts davon, riet sich selbst davon ab und legte es entsprechend schnell wieder weg: „Ich hab angefangen die Kantische Philosophie zu studiren auf Anrathen eines sehr gelehrten Ungarn und ließ es nun wieder bleiben - auf Anrathen Meiner."

In geschliffener Dogmatik sollten sich Andere austoben. Auch deshalb wurde und wird Hebels Theologie bis heute so gut verstanden. Wer eine seiner Kalendergeschichten las, konnte sie sofort nacherzählen. Die Zahl seiner Bewunderer ist Legion. Sie beginnt bei Goethe und Jean Paul, die seine Gedichtsammlung empfehlend rezensierten. Aber auch Kafka, der seiner Verlobten die Lektüre empfahl, „sehr gut wäre zeitweilig Hebel", und weiter Hesse, Bloch, Tucholsky und Canetti lobten seine Erzählkunst.

Auch Marcel Reich-Ranicki fand ihn lesenswert. Die FAZ beförderte ihn, leider völlig unverständlich, wenn man Hebels Geschichten nicht kennt, zur „Kopflaus Gottes im welthistorischen Schlachtengetöse". Die Auflösung der räselhaften

Überschrift: Ein Matrose bückt sich im Schlachtgetümmel von Trafalgar, um sich wegen einer Kopflaus zu kratzen; so verfehlt ihn die Kugel.

Gendergerecht seit 1972 Als ich zum erstenmal auf den Begriff des „Hebelmähli", wie die Hebelmahlzeit auf alemannisch heißt, stieß, hoffte ich schon auf eine nach Hebel benannte Spezialität des Wiesentals. Vielleicht so etwas wie Tournedos Rossini oder ein Filet Wellington. Aber weder im Hausener *Adler* noch bei *Läubin* konnte ich ein „Hebelmähli" bestellen. Aber natürlich wußte man im Hebelhaus das aufzulösen. Allerdings, so wurde mir gesagt, würde ich „nie im Leben" die Möglichkeit haben, an dieser Mahlzeit teilzunehmen.

Warum? Ich müßte einer der zwölf ältesten Männer aus Hausen sein. Denen hatte Hebel in seinem mündlichen Vermächtnis jeden Sonntag einen Schoppen Wein versprochen. Das Vermögen Hebels ging jedoch im Zuge des Bankrotts seiner Bank verloren. Da ist zu seinem einhundertsten Geburtstag, also 1860, die Basler Hebel-Stiftung eingesprungen, die die Männer seither an Hebels Geburtstag bewirtet, seit 1972 auch die ältesten Frauen des Ortes.

Alle zwei Jahre nutzt das Land Baden-Württemberg die Gelegenheit zur Verleihung des Johann-Peter-Hebel-Preises an Schriftsteller oder Wissenschaftler, die dem Alemannischen oder Hebel besonders verbunden sind. Einigen der Preisträger begegnen wir noch in diesem Buch: Wilhelm Hausenstein im Jahr 1949, Albert Schweitzer und Otto Flake in den 1950er Jahren, 1980 Elias Canetti und im Jahr 2000 war es Emma Guntz, die den schwäbisch-sparsam dotierten sogenannten „Staatspreis" erhielt.

Hebels Haus zu Hebels Zeiten

Die Tradition des „Hebelmähli“ wurde auch in nationalsozialistischer Zeit nicht unterbrochen. Schon früh, am 8. Mai 1933, wurde dabei versucht, Hebel ideologisch zu vereinnahmen, ihn also quasi nachträglich gleichzuschalten. In der *Linde* in Hausen wurde getafelt und festgeredet. Der Freiburger Gymnasial-Professor Friedrich Ludin zog aus seiner Interpretation eines Hebel-Gedichtes den Schluß, daß auch Hebel jetzt die nationalsozialistische Bewegung unterstützen würde. Doch das war alles andere als überzeugend.

Zur Verteidigung Hebels mag Theodor W. Adorno genügen. Der zählte Hebels Aufsatz *Die Juden* zu einem der „schönsten Prosastücke zur Verteidigung der Juden, das deutsch geschrieben wurde“. Adornos Middle-Initial „W“ steht übrigens für seinen ursprünglichen Familiennamen Wiesengrund, passt also bestens in Hebels Aufsatz und seine Landschaft. Den Mädchennamen seiner Mutter, Adorno, nutzte er anfangs nur als Pseudonym.

Als spinnen noch Handarbeit war

Hebel geht, Industrie bleibt Mit 66 Jahren stirbt Hebel 1826 während einer Dienstreise im Haus des Garteninspektors von Schwetzingen. Am folgenden Tag wird er in einem offenen Sarg beerdigt, den Lorbeerkranz des Dichters um den Kopf. Sein immer wieder so idyllisch besungenes Schwarzwälder Wiesental hatte sich seit Beginn des 19. Jh. zu einem Standort der Textilindustrie entwickelt. Die frühe Phase des dynamischen Wachstums greift das Badnerlied auf.

Einst führend, heute im Museum – Textilindustrie im Wiesental

Im Wiesental Fabriken stehn,
wie Schlösser klar und hell,
Rauchfahnen aus Kaminen wehn,
von Lörrach bis nach Zell.

Auch nach dem Niedergang der Textilindustrie folgt im unteren Wiesental ein Gewerbegebiet auf das nächste, alle in langer Reihe längs von Bundesstraße und Wiese, freilich ohne Rauchfahnen und Kamine. Dafür mit notorischem Dauerverkehr und Staus auf der B 317 zur Zeit der Berufspendler. Heute dominieren Mittelständler und Hidden Champions aus Maschinenbau, Meßtechnik, Druckluft- und Vakuum-Technik.

Junge Witwe – Constanze Mozart

Constanze Mozart Was ein Grabstein im Innenhof des Friedhofs Sankt Sebastian in Salzburg mit dem Wiesental zu tun hat, erschließt sich vielleicht nicht auf den ersten Blick. Aber glücklicherweise auf den zweiten. Auf dem Stein heißt es nämlich, hier sei eine in Freyburg am 6. Januar 1762 geborene Constantia von Nissen beerdigt. Der Geburtsort, der Geburtstag und der Vorname sind falsch wiedergegeben, richtig sind die beiden nächsten Zeilen: „Wittwe Mozart“.

Constanze Weber, geboren am 5. Januar, war die Witwe von Wolfgang Amadeus Mozart und stammte aus Zell im Wiesental, aber mit dem Ortsnamen hätte in Salzburg damals wahrscheinlich niemand etwas anfangen können – und heute auch nicht. „Sie ist nicht hässlich aber auch nicht weniger als schön und sie hat gesunden Menschenverstand genug", beschrieb Mozart die junge Frau in einem Brief an seinen Vater.

Viel falsch auf dem Grabstein

Zwanzig Jahre nach Mozarts frühem Tod heiratete Constanze den dänischen Diplomaten Georg Nikolaus Nissen, mit dem sie auch eine der ersten Biographien über Mozart schrieb. Sie starb mit 80 Jahren und war damit mehr als doppelt so alt geworden wie ihr erster Mann. Siebzehn Jahre nach Mozarts Tod machte sich Constanze auf die Suche nach seinem verschollenen Grab, sprach mit den Friedhofsbediensteten in Wien, aber auch die konnten sich nicht mehr erinnern.

Fest steht inzwischen nur, daß es entgegen vielen Behauptungen kein Armen- oder Massengrab war. Der genaue Ort ist weiter unbekannt.

Platzhirsch mit Vergangenheit – Löwen in Zell

Schöner Einkehren Da ich schlecht einschätzen kann, ob eine ernsthafte Pause bereits verdient ist, hier für alle Fälle der Hinweis auf den seit drei Jahrhunderten gastlichen *Löwen* in Zell und seine Constanze-Mozart-Stube. Einst diente der Löwen auch als Pferdewechselstation; er ist bis heute an jedem Öffnungstag auch über Mittag dienstbar, an Wochenenden durchgehend, was alles andere als selbstverständlich ist.

Was in einem Gasthaus zudem stets beruhigt, ist, wenn der Gast erfährt, wo was herkommt. Die Forellen nämlich von der Fischzucht Tress in Lauchringen, das Landschwein aus dem Hotzenwald, das Weiderind aus dem Wiesental, der Bergkäse ebenfalls von nebenan aus Gersbach, ein Teil der Flaschenweine wird offen angeboten. Zu all dem bietet der Löwen Stuben und Säale von historisch bis gemütlich und eine Gartenterrasse. In Zell wird der Löwen damit zum Platzhirsch.

Wer jedoch auf der Höhe mit Aussicht und mitten im lohnenden Wanderrevier am Fuß des Zeller Blauen einkehren mag, wählt den zuverlässig-bürgerlichen *Schlüssel* im reizend gelegenen Bergnest Zell-Pfaffenberg.

Schwarzwald ohne Wald – Zell um 1840, Gouache von J. M. Morat

Raubbau und Nachhaltigkeit Die Gouachemalerie von Johann Martin Morat zeigt neben ersten Farbrikgebäuden in Zell auch die Folgen des Raubbaus am Wald. Kahle Höhenzüge im Schwarzwald waren vor allem eine Folge des enormen Energiebedarfs von Köhlern, Glashütten, Hammerwerken, Schmieden und der aufkommenden frühindustriellen Produktion.

Daß der Schwarzwald seinen Namen ausgerechnet der Weißtanne verdankt, hört sich seltsam an, ist aber so. Doch die Weißtanne als der ursprüngliche Stammbaum der Region ist längst nicht mehr die dominante Baumart. Auf den Kahlschlag im 18. und 19. Jahrhundert folgte vielerorts die Anlage von schnell wachsenden Fichten-Monokulturen.

Nachhaltig seit 300 Jahren – Waldbauernhof im Wiesental

Mittlerweile ist ein klimastabiler Mischwald das Ziel einer nachhaltigen Forstwirtschaft. Deren Grundlagen sind jedoch keineswegs neu, sie wurden bereits 1713 in der *Sylvicultura Oeconomica* des Hans

Carl von Carlowitz beschrieben. Danach sei es wichtigste Aufgabe der Forstwirtschaft, den Ertrag von Wäldern dauerhaft zu sichern, indem nur soviel Holz entnommen wird, wie natürlich nachwächst. Bereits 1752 erließ die damals vorderösterreichische Landesregierung eine Verordnung zur Aufforstung gerodeter Flächen im oberen Wiesental um Todtnau.

Fichte & Tanne Viele werden den Wandel der Zeiten, der sich auch im Wald abbildet, gar nicht merken, weil sie die Tanne eh nicht von einer Fichte unterscheiden können. Dabei reicht ein Blick auf die Zapfen, die bei der Tanne nach oben stehen, während die der Fichte nach unten hängen.

Tannenzapfen steht links; Fichtenzapfen hängt rechts

Die Verwirrung ist wesentlich mitgeprägt durch eine Badische Staatsbrauerei, die ihr Bier *Tannenzäpfle* nennt, obwohl sie die Flaschen mit Fichtenzapfen schmückt. Der Förster erklärt mir das wesentlich einfacher und gültig auch für die Zeiten, in denen keine Zapfen am Baum sind. Fichtennadeln sind spitz und dunkelgrün, Tannennadeln abgerundet und nur auf der Oberseite dunkelgrün. Überall auf den Wiesentäler Höhen können wir dieses neue Wissen im Wald überprüfen.

Tannenzäpfle oder Fichtenzäpfle ?

Talwärts Die Wiese entspringt nicht weit vom Feldberg und sucht sich ihren Weg nach Süden und Südwesten, bis sie in Basel dicht am Dreiländereck in den Rhein mündet. Wer heute durch das Wiesental fährt, wer zu Fuß unterwegs ist erst recht, blickt auf den Höhen abseits der verkehrsreichen Bundesstraße auf einen eher lieblichen Schwarzwald. Man mag sich in

In der Webstube –
Christian A. Landenberger (1862-1927)

den höher gelegenen Weilern von Fröhnd und um Zell-Pfaffenberg kaum vorstellen, daß wir uns in einer der früh industrialisierten Gegenden Badens bewegen. Das Tal war über zwei Jahrhunderte ein bedeutender Standort zunächst der textilen Heimarbeit, später der Textilindustrie im Südwesten. Und das Wiesental ist bis heute, wenn auch in anderen Branchen, Heimat einer technologisch führenden Entwicklung und Produktion.

Einer der Auslöser für die frühe Industrialisierung war die Realteilung der Höfe und Felder im Erbfall. Jeder Sohn bekam den gleichen Anteil, Äcker Felder wurden zu schmalen Streifen, die die Bearbeitung kaum lohnten. Eine Generation später wurde weiter geteilt, gedrittelt oder geviertelt. Einfach gesagt führte die Realteilung im Großen zur Kleinstaaterei, im Kleinen zur Armut.

Vom Landwirt zum Lohnarbeiter Aus hunderten von mehr oder weniger selbstständigen und verflochtenen Territorien bestand die deutsche Nation bis ins 18. Jahrhundert. Die Liste der Fürstleintümer ist beeindruckend: Allein 68 gab es mit dem Anfangsbuchstaben B, 78 mit H und 109 mit S. Wenn Ihnen auf einem Flohmarkt einmal eine halbe Bibel aus jener Zeit angeboten wird, dann könnte auch das ein Ergebnis dieser unglücklichen Rechtslage sein. Waren Geschwister zerstritten, wurde auch die Bibel geteilt und wahrscheinlich hat man sich dann noch darüber gestritten, wem das Alte und wem das Neue Testament zufallen sollte.

Vor allem im Winter hatten die Kleinbauern des Schwarzwaldes immer wieder Leerlauf und sie erzielten keine regelmäßigen Einkünfte. So wurde das Spinnen und Weben, das in vorindustrieller Zeit nur für den privaten Bedarf ausgeübt wurde, zur schlecht bezahlten Auftragsarbeit für Fabrikanten aus Zell, Basel und Mulhouse. Man sprach damals sogar von einer „Kolonialisierung des Wiesentals".

Ein klassischer Kapitalist So standen 1795, als der 28 Jahre junge Hebel noch an unveröffentlichten Reimen feilte, mehr als 2500 Familien allein auf der Lohnliste des Unternehmens von Meinrad Montfort aus Zell. Der mustergültige Frühkapitalist linderte die Not unter den sogenannten Kleingütlern, das Risiko von Preis und der Abnahme der Ware verlagerte er freilich auf die Bauern. Montforts Imperium wuchs schnell, er gründete Betriebe zum Bleichen der Stoffe in Zell und Staufen. Das weiche Wasser der Wiese war dabei nicht nur Energielieferant, sondern es diente auch zur Veredlung des Materials.

Montforts Erben konnten es sich leisten, Schulen, Krankenhäuser und einen Armenfond mit erheblichen Mitteln auszustatten. Derweil waren die Arbeiter in sogenannten Mietfabriken beschäftigt, in denen sie einen Raum und das Arbeitsgerät anmieten mußten. Damit waren sie bereits die Hälfte ihres Verdienstes wieder los. In Zeiten von Unterbeschäftigung oder gar Arbeitslosigkeit führte das zu Krediten und Schulden, die abzuarbeiten waren

Als aus England die mechanische Webmaschine kam, die *Spinning Jenny,* wurden viele Wiesentäler Bauern zu Industriearbeitern und Nebenerwerbslandwirten. Die Behörden unterstützten die Kinderarbeit, damit es nicht zu „schädlichem Müßiggang und Sittenlosigkeit" komme.

Schlüsseltechnologie Hammerschmiede

Die Arbeitszeit betrug je nach Alter zehn Stunden und mehr; sie mußten Fäden anknüpfen, Fussel zusammenkehren und die Rohbaumwolle reinigen. Ein Arbeitstag von Erwachsenen dauerte bis zu fünfzehn Stunden, gearbeitet wurde an sechs Tagen in der Woche.

Ein Aushang im Wiesentäler Textilmuseum listet die Geldstrafen auf, für „Schwätzereien und Albernheiten" wurde schnell ein Stundenlohn eingezogen. „Tausend Fabrikfenster beleuchten eine Gegend, die vorher nur vom Mond beschienen war", schrieb der Lörracher Mediziner Eduard Kaiser im Jahr 1877 zur wirtschaftlichen Dynamik während der Gründerzeit im Wiesental.

Plakat von Carl Liebich (1868 - 1937)

Alles Geschichte Von der Wiesentäler Textilindustrie ist so gut wie nichts übriggeblieben. Die Spinnerei und Weberei Zell-Schönau AG hatte in ihren besten Zeiten, zu Anfang der 1970er Jahre, über viertausend Mitarbeiter. Nur eine ihrer Marken wird bis heute von einem anderen Unternehmen weitergeführt – *Irisette.* Um an die hochwertige, farbige Bettwäsche zu kommen, nahmen die Hausfrauen der Nachkriegszeit Lieferzeiten von bis zu achtzehn Monaten in Kauf.

2007 gingen dann auch hier endgültig die Lichter aus. Nur in einer einzigen Halle in Zell wird bis heute gearbeitet, weil sich in der das Wiesentäler Textilmuseum befindet, das unbedingt einen Besuch wert ist.

Zu denen wenigen Übriggebliebenen der süddeutschen Textilepoche gehört die Firma Gütermann aus Gutach im Breisgau. Aus Wien hatte man den Standort einst in den Schwarzwald gelegt, vor allem um die deutschen Zölle zu umgehen, aber auch wegen des für die Produktion erforderlichen weichen Wassers der Elz. Die Fabrikanten waren auch im Export so erfolgreich, daß sie sich bekannte Schwarzwaldmaler wie Carl Liebich (siehe die elfte Kultour) als Werbegrafiker leisten konnten. Eine ganze Postkartenserie mit Liebichs Motiven wurde zum Beispiel für den französischen Markt gedruckt.

Klassische Rollenverteilung – auch in der Werbegrafik für den französischen Markt

Ein Familienunternehmen Gütermann lieferte noch 1995 die Nähfaden, mit denen Christo und Jeanne-Claude ihr Gewebe zur Verhüllung des Reichstages zusammennähten, besser zusammennähen ließen. Für die Beschichtung war dann ein weiteres Unternehmen vom Oberrhein mit im Boot, die Firma Rowo-Coating aus Herbolzheim.

Inzwischen gehört Gütermann längst zum US-Konzern American & Efird, einem der weltgrößten Nähfadenhersteller. Und der wiederum gehört – und es ist wahrscheinlich nur eine Momentaufnahme – dem New Yorker Finanzinvestor KPS Capital Partners.

Musterbücher im Stoffmuseum, Mulhouse

Ein Abstecher nach Mulhouse An sich wäre unsere heutige Kultour im Wiesental beendet. Die historischen Linien der Textilproduktion und Stoffveredlung führen aber seit jeher über den Rhein. Im Textildruckmuseum von Mulhouse, dem *Musée de l'Impression sur Étoffes* lässt sich die jahrhundertelange Entwicklung des Textildrucks wunderbar anschaulich nachvollziehen; auch von den Stoffen, die einst im Wiesental gefertigt wurden.

Farben, Muster und Techniken des Stoffdrucks sind zu sehen, auch jene historischen Druckmaschinen, die erst von Hand, dann von Dampf und schließlich von Elektromotoren angetrieben wurden. Versteht sich, daß wir uns nach dem Besuch des Maschinensaals nicht alle der einst rund sechzehntausend Musterbücher mit sechs Millionen Textilmustern ansehen können. Derzeit weiß ohnehin kein Mensch so ganz genau, wieviele dieser Exponate überhaupt noch vorhanden sind. Über Jahre hinweg wurde das Museum, wohl von Insidern, ausgeplündert. Sicher die Hälfte der Exponate, mag sein auch drei Viertel, wurden unterschlagen. Wenn Sie Glück haben, finden Sie Angebote davon im digitalen Kleinanzeigenmarkt *Leboncoin*. Die können Sie dann erwerben und dem Museum zurück erstatten – dies ist bereits geschehen. Aber der Besuch lohnt immer noch.

Das mindestens ebenso im Tapetenmuseum in Rixheim bei Mulhouse. Erfreulich schon einmal, daß dessen Bestände –

Inzwischen Nationalmuseum – Automobilsammlung Schlumpf

soweit heute bekannt – nicht dezimiert wurden. Im *Musée du Papier Peint* kommen Sie durch den Maschinensaal, bevor Sie im zweiten Obergeschoß durch die Sammlung der Panoramatapeten der ehemaligen Rixheimer Manufaktur Zuber flanieren können. Es ist eine kleine Welt- und Zeitreise. Wie wäre es mit einem Gang entlang des Panoramas des griechischen Unabhängigkeitskrieges oder einer exotischen Ansicht des Amazonas, als es dort nichts weiter gab als Flora und Fauna.

Bugatti satt Wenn Ihr Mann glaubt, zwei eher dekorative Museen an einem Tag nicht aushalten zu können, locken Sie ihn einfach mit dem Hinweis auf die handfeste Oldtimer-Sammlung der Gebrüder Schlumpf auf die andere Rheinseite. Dann haben Sie alle Zeit der Welt für die beeindruckende Vielfalt historischer Tapeten und Stoffe.

Obwohl, ohne Textilien ist auch das Automobilmuseum

400 Oldtimer – eine Ahnengalerie des Automobilbaus

nicht zu verstehen. Die Brüder Fritz und Hans Schlumpf kauften kurz vor dem Zweiten Weltkrieg Anteile einer Kammgarnspinnerei im südlichen Elsaß und legten so den Grundstock zu ihrem Vermögen; hinzu kam die Vernarrtheit in Automobile.

Alles begann 1936 mit einem Bugatti-Rennwagen als erstem Auto einer Sammlung, die bis 1965 geheimgehalten wurde. Zahlreiche Bugatti, Rolls Royce, Ferrari, Horch, Lotus und Bentley kamen im Lauf der Jahre dazu. Dann wurde eine drei Fußballfelder große Spinnereihalle zum Präsentationsraum, die ehemalige Werkstatt wird zum Restaurant und die Gebrüder Schlumpf inszenierten das unter 900 Straßenlampen, die an diejenigen der Brücke Alexandre III in Paris erinnern.

1976 ist die Firma Schlumpf wegen der Krise der europäischen Textilindustrie nicht mehr zahlungsfähig und meldet Konkurs an. Auch die Banken spielen nicht mehr mit. Zweitausend Arbeiter werden entlassen. Die Schlumpfs setzen sich nach Basel ab. Ein Jahr später entdeckten Arbeiter auf dem Gelände die Autosammlung, die der Staat übernimmt. Es wird ein Nationalmuseum gegründet, gleichzeitig das größte Automuseum der Welt, die *Cité de l'Automobile - Collection Schlumpf.*

Die Sammlung war ein Schnäppchen, weil der Staat sie weit unter Wert erworben hat. Bezahlt wurden gerade mal 44 Millionen Francs und weitere 25 Millionen nach einer Klage. Den tatsächlichen Wert hatte das Auktionshaus Christies auf 327 Millionen geschätzt. Daß die ehemaligen Eigentümer von Diebstahl sprachen, ist nachzuvollziehen. Etwas zu verkürzt und vor allem etwas zu nett wird die Geschichte auf der Museums-Homepage dargestellt.

Vielleicht in einem zweiten Band der Kultouren erzähle ich diesen Wirtschaftskrimi mal etwas ausführlicher. Und dann geht's natürlich auch nach Basel in die Museen – nur daß Sie nicht meinen, ich hätte das vergessen.

❖❖❖

Literaturmuseum Hebelhaus, Bahnhofstraße 1, Hausen im W iesental, 07622 68730

Textilmuseum Wiesental, Teichstraße 4, Zell im W iesental, 07625 91 1299

Hotel-Gasthaus Löwen, Schopfheimer Straße 2, Zell im Wiesental, 07625 92540

Berggasthof Schlüssel, 79669 Zell, Pfaffenberg 2, 07625 375

Musée de l'Impression sur Etoffes, 14 Rue Jean Jacques Henner (ca. 100 m vom Bahnhof), Mulhouse, 0033 389468300.

Musée du Papier Peint, Rixheim, La Commanderie, 28, Rue Zuber , 0033 389 652456

Musée National de l'Automobile (Collection Schlumpf), 17, Rue de la Mertzau, Mulhouse, 0033 389 3323 23. Geöffnet 365 Tage im Jahr.

Schöne Aussichten auf Küche und Tal – Berggasthof Schlüssel, Zell-Pfaffenberg

Dame mit Schirm im Badenweiler Kurpark – Emil Bizer

2

Nach Badenweiler, Müllheim und Buggingen. Meine zweite Kultour, in der Pfeilgift die Gesundheit befördert, ein Arzt ausreichend Zeit für seine Patienten hat, wir Markgräfler Urtugenden begegnen und in Buggingen die Langsamkeit zum zweitenmal entdeckt wird.

Ruhm im Ruhestand

Nach Badenweiler kommt man, um zu sterben, beerdigt zu werden oder auch, um von besseren Zeiten zu träumen. Dieser etwas böswillige Einstieg geht mir durch den Kopf, wenn ich an den Schriftsteller René Schickele, den Maler Emil Bizer, den US-Kriegsreporter Stephen Crane denke. Oder an den Jugendstilgrafiker Ephraim Lilien, den Schauspieler Charles Regnier und vor allem an den Dramatiker Anton Tschechow.

Natürlich kann man Badenweiler auch anders einführen, etwa so, wie Touristiker das gerne tun; hier verbinde sich „auf traumhafte Weise Tradition und Zukunft". Zur Tradition gehört die Kurtaxe, die hier als *Badpfennig* erfunden und bereits 1757 von den 108 Gästen, die in der sogenannten Jahresfremdenliste verzeichnet waren, kassiert wurde. Und die Zukunft? Um es mit Paul Henckels, dem Professor Bömmel aus der Feuerzangenbowle zu sagen: „Die krieje mer später." In Badenweiler sowieso.

Um 1900 kamen rund zehn Prozent der Kurgäste aus Rußland. „Badenweiler ist ein sehr origineller Kurort, aber wor-

Anton Tschechow

in seine Originalität besteht, ist mir nicht klar geworden. Aber ich kann mir vorstellen, welche Langeweile hier im allgemeinen herrscht!" Immerhin, das milde Klima behagte Tschechow: „Wenn du wüßtest, was hier für eine Sonne ist! Sie brennt nicht, sie liebkost!", schrieb er im Juni 1904 an seine Schwester, einen Monat vor seinem Tod. Letzte Tage von Tschechow taugen freilich kaum für eine Werbekampagne.

Erst recht nicht das Zitat einer Online-Literaturkritikerin, die ich zufällig im nostalgischen *Café Gerwig* kennengelernt hatte. „Hier will ich nicht tot überm Gartenzaun hängen", war ihr Kommentar zum Leerstand im Einzelhandel eines Kurorts, der mehr von seiner illustren Vergangenheit als von einer vagen Zukunft lebt. So ein Urteil schon nach 30 Minuten im Ort. Scheinbar muß Literaturkritik schnell urteilen, online noch schneller. Es schien so, als habe die Dame nichts als den Klappentext des Buches gelesen, den aus Zeitgründen aber nur quer.

Ich sterbe Lassen wir erst einmal geschlossene Geschäfte in der Luisenstraße, traurig blickende Schaufenster und die Mythen eines angezählten Kur-Tourismus. Anton Tschechow wußte als Mediziner genau, was ihm aufgrund seiner Tuberkulose bevorstand, als ihn der in Moskau tätige deutsche Arzt Julius Traube zur Kur in Badenweiler riet: „Ich verreise um zu sterben."

Nur war es gar nicht so einfach mit seiner ansteckenden Krankheit in einem Hotel unterzukommen. Im noblen Römerbad wurde er hinauskomplimentiert, in der Pension Friederike war er dann willkommen und letztlich auch noch im

Treffpunkt der Gesellschaft – Konversationshaus im Kurpark (1910)

Hotel Sommer, der heutigen Reha-Klinik Parktherme. An einem Balkon der ersten Etage erinnert eine Gedenktafel an den Schriftsteller. Gleich nebenan im Rathaus können wir den Tschechow-Salon des Literaturmuseums besuchen. Tschechows letzte Worte, nachdem er mit seiner Frau ein Glas Champagner getrunken hatte: „Ich sterbe."

Romanvorlage Badenweiler Inspiriert vom morbiden Charme des Ortes begann Gabriele Wohmann hier mehr als siebzig Jahre später ihren Kurz-Roman *Frühherbst in Badenweiler*. In einem Satz: Der hypochondrische und kompositionsblockierte Musiker Hubert Frey beschäftigt sich mit dem Tod Tschechows und braucht letztendlich die Begegnung mit einem Kind, um nach 170 Seiten zu gesunden und „kräftig und unanfechtbar" zu werden.

Am Badenweiler Burgberg sollte das weltweit erste Denkmal für Tschechow errichtet werden. Drei Meter hoch, ein Entwurf des russischen Vizekonsuls Nikolai von Schleiffer. Doch dem wurde vom badischen Amtsschimmel erst einmal gezeigt, wer

Durchwachsene Aussichten – Blick auf Badenweilers Ortsmitte 2023

am Fuß des Blauen das Sagen hatte. „Ob die Größe dieses Monuments der Bedeutung des Dichters auch für nichtrussische Kreise entspricht, darüber wird man sich noch zu verlässigen haben", beschied der Amtsvorstand den Vizekonsul.

Zwei Jahre später feierte dann der badische Großherzog Friedrich I. als dienstältester Herrscher Europas in Badenweiler seinen 80. Geburtstag. Bald darauf wurde die drei Meter hohe Statue, nicht Tschechows, sondern des Großherzogs im Kurpark aufgestellt. Das Verhältnis zwischen Politik und Kultur war wieder zurechtgerückt. Denn immerhin noch eine kleine und gut zu übersehende Bronzebüste war für den Russen, den Autor von Theaterstücken wie *Die Möwe*, *Drei Schwestern* und *Der Kirschgarten*, genehmigt worden.

Ein Großherzog an der Kaffemühle – Friedrich I. im Kurpark

Was der gute Amtsvorstand damals nicht ahnen konnte, bis heute gehört Tschechow zu den meistge-

Blick von der Burgruine um 1914, rechts das Hotel Römerbad

spielten Dramatikern auf deutschsprachigen Bühnen.

Im Zweiten Weltkrieg, als selbst Kirchenglocken eingeschmolzen wurden, konnte natürlich auch das Denkmal für einen russischen Literaten keinen Bestand haben. Fast erstaunlich, daß es überhaupt so lange dort stehen durfte. Schon 1933 hatte die Reichsschrifttumskammer den Autor als dekadent und damit unpassend zum deutschen Volkscharakter eingestuft.

Danach brauchte es rund 60 Jahre, bis 1992 erneut eine Tschechow-Büste im Badenweiler Kurpark aufgestellt wurde. Diesmal eine Etage über dem Großherzog, am Aufgang zur Burgruine.

Steht über dem Großherzog – das Tschechow Denkmal von 1992

Treffpunkt von Hermann Hesse und Albert Fraenkel – Villa Hedwig

Sanatorium Badenweiler Wer zwischen Reichsgründung und Erstem Weltkrieg nach Badenweiler kam, wollte sich fühlen wie in Baden-Baden – nur etwas ruhiger und preiswerter. Einige der Hotels und Villen machten tatsächlich und bis heute etwas her – Gründerzeit, Klassizismus und Jugendstil dominierten. So war Hermann Hesse mehrfach in der Villa Hedwig zu Gast, die damals damit warb, eine „diätetische Kuranstalt" zu sein.

Und heute? Vor Jahrzehnten wurde die Villa in Ferienwohnungen aufgeteilt, aktuell steht die Liegenschaft wieder einmal zum Verkauf: online für 2,5 Einheiten, wie man in der nahen Schweiz zu sagen pflegt. Den nostalgischen Stil des späten 19. Jahrhunderts, etwa in jener Ferienwohnung der Villa Hedwig, die nach dem Kurarzt Albert Fraenkel benannt wurde, muß man mögen. Am Rande: auch das aktuell in thailändischer Hand befindliche und seit Jahren im Tiefschlaf liegende Römerbad ist noch zu haben, für zehn plus x Einheiten, je nach Verhandlungsgeschick.

Fraenkel, der selbst an Tuberkulose litt, als er sich in Badenweiler als Landarzt niederließ, war der Krankheit zunächst, wie viele seiner Kollegen, mit Luftkuren im Schwarzwaldklima und kochsalzfreier Diät entgegengetreten. Zu seinem Spezialgebiet entwickelte sich dann aber die Erforschung von Behandlungsmethoden gegen Herzschwäche. Insbesondere setzte Fraenkel intravenöse Injektionen von Strophanthin ein, einem Wirkstoff aus afrikanischen Kletterpflanzen aus der Familie der Hundsgiftgewächse (*strophanthus gratus*; im Volksmund „Kletteroleander"). Die aus den Samen gewonnene Tinktur diente afrikanischen Jägern als Pfeilgift. Der Afrikaforscher David Livingstone und der Mediziner John Kirk waren fünf Jahre gemeinsam in Zentralafrika unterwegs. Dabei entdeckten sie die Wirkung von Strophanthus nur zufällig, als Kirk versehentlich eine geringe Menge des Pfeilgiftes einnahm; er hatte die Finger abgeleckt, mit denen er einen Pfeil gehalten hatte.

Das Ergebnis war erstaunlich. Sein Puls verlangsamte sich und seine Herzbeschwerden ließen nach. Fraenkel hat den Wirkstoff dann zum Einsatz in der Herzmedizin weiterentwickelt. Ein großes Wandbild von Diego Rivera, dem Mann von Frida Kahlo, das im Kardiologischen Institut der Universität Mexiko die weltweit wichtigsten Forscher abbildet, zeigt Fraenkel bei einer solchen Injektion, die lange als Standardbehandlung galt.

Erst gegen Ende des 20. Jahrhunderts geriet die Methode dann in Verruf, möglicherweise forciert von der Pharmaindustrie, die neue Medikamente am Markt durchsetzen wollte. Seine Forschungen zur Herzschwäche brachten Fraenkel eine Professur an der Heidelberger Universität ein. Bei seinem Weggang verlieh Badenweiler ihm die Ehrenbürgerwürde.

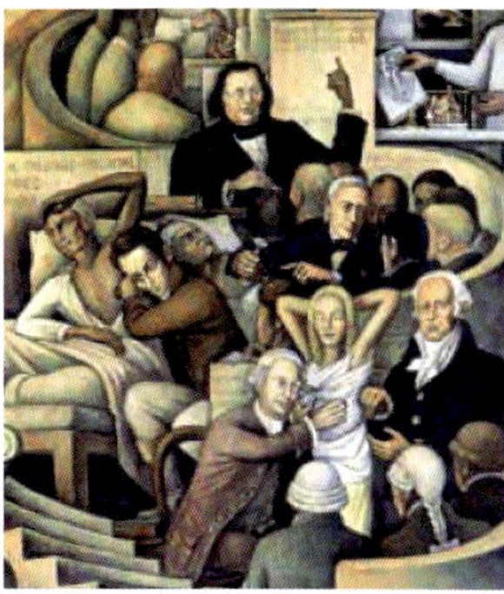

Fraenkel in Mexiko – Wandbild Diego Eivera

Obwohl Fraenkel schon anläßlich seiner Heirat, also noch vor der Jahrhundertwende, vom jüdischen zum

Albert Fraenkel

christlichen Glauben übergetreten war, haben ihn die Nationalsozialisten in Heidelberg zunächst entlassen, 1938 auch die Zulassung als Arzt aberkannt. Genau in dem Jahr ist er dann gestorben.

Fraenkel muß ein außergewöhnlicher Arzt gewesen sein. Mitarbeiter, etwa sein Assistenzarzt Wolfgang Heubner, bewunderten die Zeit, die er sich nahm: „Sobald er bei einem Patienten saß oder einen unterwegs traf, hatte er stets geduldig Zeit, sich alle körperlichen und seelischen Klagen und alle Sorgen und Ängste anzuhören." Von sechs Uhr morgens bis abends um zehn war Fraenkel für die Kranken da.

Für Hermann Hesse, den er erst behandelte und dem er später zum engen Freund wurde, war er der „König von Badenweiler" - ein sehr volksnaher allerdings. „Was mich an ihm am meisten in Erstaunen setzte, war seine seelische Offenheit, ein grenzenloses, scheinbar ganz passives Offenstehen für alles, was der Tag und die Stunde ihm vor die Augen und Ohren stellten, die Berichte und Fragen der Mitarbeiter und der Pflegerinnen, die Klagen und Leidensgeschichten der Patienten, der klugen und der dummen, der geschwätzigen und der gehemmten, der cholerischen und der geduldigen."

Künstlerkolonie Badenweiler Emil Bizer gilt als wichtigster Maler des Markgräfler Landes, obwohl er erst mit über dreißig Jahren hier seine Landschaften und in Badenweiler seine Heimat fand. Mit seinem Freund René Schickele machte er lange Spaziergänge, vor allem in der Zeit, als Bizer einen Bauplatz für sein Haus suchte. Schickele, ahnungslos, glaubte zunächst,

Gedenkstein am ehemaligen Schickele Hof, Kanderner Straße 14

es ginge um künftige Landschaftsmotive. Es fand sich glücklicherweise beides. Viele Gemälde Bizers befinden sich dank der großzügigen Dauerleihgabe seines Sohnes Bernd Bizer im Markgräfler Museum in Müllheim.

Mit seinen Maler-Kollegen Adolf Riedlin, Wladimir von Zabotin und Adolf Strübe gehörte Bizer zu den wichtigen Vertretern der *Badischen Secession*, einer Künstlervereinigung, die von den Nationalsozialisten zerschlagen wurde. Zabotin hatte sein Atelier in Karlsruhe und gab sich alle Mühe, den Vorurteilen des Bürgertums zu entsprechen. Da genügen einige Zeilen aus Carl Zuckmayers Autobiographie: „Das komfortabelste Atelier besaß Wladimir Zabotin, ein eingedeutschter Russe von generöser Gastlichkeit, man bekam dort Wodka, was die Besichtigung seiner Bilder erleichterte. Am ganzen Kopf kurzgeschoren, hatte er sich eine einzige Haarsträhne so lang wachsen lassen, daß sie ihm wie ein Wedel auf die Schulter herabhing, und da er sie auch zum Pinselauswaschen benutzte, schillerte sie in den Farben exotischer Tropenvögel."

Emigriert nach Innen Jan Merk, lange Jahre Museumsleiter des Markgräfler Museum in Müllheim, jetzt Leiter des Dreiländermuseums Lörrach, hätte Bizer eine Weltkarriere zugetraut.

Grau in braun – eine 1942 gemalte Grisaille von Emil Bizer: Auf dem Weg von Müllheim nach Niederweiler, Blick zum Blauen.

Hätte, wenn damals nicht alles anders gekommen wäre, wenn nicht Bizers Lehrauftrag an der Karlsruher Kunstakademie verhindert und seine Ausstellung dort abgebrochen worden wäre. Wie Zabotin, dessen Bilder etwa aus dem Freiburger Augustinermuseum entfernt wurden, galt auch Bizer als entartet. Nicht einmal Leinwand und Ölfarben durfte er mehr kaufen. Freunde helfen aus. Bizer emigriert nach Innen. In dieser dunklen Zeit entstehen seine *Grisaillen*, Gemälde, deren grauen Schimmer er aus viel weiß, daneben braun, ocker und blau entstehen läßt.

Die *Badische Secession* hatten 1927 ausgerechnet zwei Berliner Kunstprofessoren in Freiburg gegründet. Nach dem Krieg, Bizer war inzwischen im Rentenalter, gehört er zu den Mitbegründern der neuen Badischen Secession und wurde als Professor an die Freiburger Kunstakademie berufen. Mit der Schriftstellerin Annette Kolb, die in Badenweiler gleich neben René Schickele an der Kanderner Straße wohnte, blieb Bizer bis an sein Lebensende befreundet. Bizer und Schickele gehörten zu den Wenigen, die sie nicht als Fräulein Kolb anreden mußten; darauf legte sie ansonsten Wert bis ins hohe Alter.

Fäulein Anette Kolb

Furchbar nette Diven Die Vorteile jugendlicher Schönheit erkannte Annette Kolb früh und lieferte damit ein Charakterbild der Diva: „Je hübscher wir waren, desto incompriser oder unverständiger durften wir dann sein, desto eifriger erklärten andere Männer sich bereit, uns für unergründlich halten zu wollen und zu ergründen. Und dabei brauchten wir weiter gar nichts zu tun, als zu bescheinigen, was sie in uns hineinlegten, und uns für rein nichts zu interessieren als für das Interesse, das wir hervorriefen. Es war so furchtbar nett!“

Weniger nett war es dann 1917, als Kolb „wegen pazifistischer Umtriebe“, ins Schweizer Exil fliehen mußte, wie vor ihr bereits Schickele. Auslöser für die Flucht war, so eine Wirkung kann man sich heute überhaupt nicht mehr vorstellen, ein Vortrag vor wenigen Besuchern bei der Dresdener Literarischen Gesellschaft. Um jeden einzelnen Toten des Krieges müsse sie trauern, sagte sie dort und erzählte von dem „Schauspiel junger Krüppel, junger Blinder, überfüllter Narrenhäuser, zu Greisen geschlagener Jünglinge“.

Zweimal emigriert 1933 dann die nächste Flucht und das nächste Exil, als sie nach Paris und von da später nach Amerika ging. Kolb gehörte zu den ersten Exilanten, die wieder zurückkehrten. Wieder über Paris, wo sie das Glück hatte, von ihrem Schriftstellerkollegen, dem deutschen Botschafter Wilhelm Hausenstein unterstützt zu werden (siehe die elfte Kultour). In einem Radio-Interview zog sie mit 95 Jahren ihr Resümee: „Ich bin eben halb deutsch und halb französisch. Man liebt die Deutschen mit anderen Gefühlen wie die Franzosen. Aber man liebt beide.“

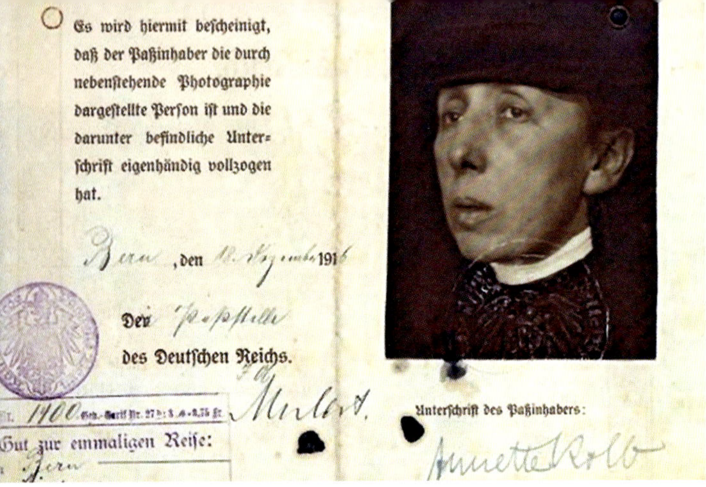
Es wird hiermit bescheinigt, daß der Paßinhaber die durch nebenstehende Photographie dargestellte Person ist und die darunter befindliche Unterschrift eigenhändig vollzogen hat.

Bern, den 1916

Der Paßstelle des Deutschen Reichs.

Unterschrift des Paßinhabers: Annette Kolb

Gut zur einmaligen Reise:

Von Bern nach Lindau – Reisedokument Annette Kolb

Wo Kolb einen deutschen Vater und eine französische Mutter hatte, war René Schickele, zwar mit französischem Vornamen und dem scheinbar deutschen Familiennamen, ein reiner Franzose – Elsässer hätte er lieber gehört. Vielleicht gerade wegen dieses Abstandes befürchtete er als einer der Ersten die Nationalsozialisten an der Macht. Seine Frühdiagnose des späteren Terrors war ihm in nationalsozialistischen Zeitungen übelgenommen worden: „Elsässer Jude, Vaterlandsverräter und Pazifist", hieß es da. Die gleichgeschaltete Presse nannte ihn später immer nur „Schickeles", wobei das zusätzliche „s" seinem Namen einen jüdischen Klang geben sollte. In bitterkluger Vorausahnung verließ er bereits 1932 sein geliebtes Badenweiler Haus mit dem weiten Blick ins Elsaß und zog nach Sanary ans Mittelmeer.

An die Freundin Annette Kolb schrieb er von dort: „Ich möchte ewig hinter dem Vorhang bleiben, der dieses elementare Sonnenland vom Reich der Nibelungen abschließt." Kaum daß der Krieg begonnen hatte, starb er in Vence, im Hinterland von Nizza. Es lohne sich nicht mehr zu leben, wenn der Ungeist siegt, schrieb er in seinem letzten Brief an Thomas Mann, der „Fräulein Kolb" und ihn mehrfach in

Badenweiler besucht hatte. Eigenartig, daß es ausgerechnet René Schickele war, der so wenig von Tschechow hielt; der sei nur ein „weit überschätzter Kopist der Novellen" des französischen Erzählers Guy de Maupassant. Schikkele wurde auf dem kleinen Lipburger Friedhof bei Badenweiler beigesetzt, Tschechow auf dem Nowodewitschi-Friedhof in Moskau.

Okkult engagiert – Fanny Moser

Eine Unbekannte Selbst wer aus Badenweiler kommt, kann mit dem Namen Fanny Moser wenig anfangen. 1872 kam sie hier zur Welt und wuchs dann behütet in einem Fabrikantenhaushalt am Zürichsee auf. Nach dem Zoologiestudium und der Promotion kam es im Februar 1914 in Berlin zu einer schicksalhaften Begegnung. Sie nahm an einer okkulten Sitzung teil. Ein Tisch, Fanny Moser war sich ganz sicher, habe sich mehrfach in die Luft gehoben. „Wie von einer Riesenfaust oder einem eisernen, aus dem Boden gewachsenen Bolzen gehoben, schoß der Tisch ungefähr einen halben Meter senkrecht in die Höhe,", schrieb sie. Für Moser das Ende ihrer wissenschaftlichen Tätigkeit. Sie beschäftigte sich bis zu ihrem Tod im Jahr 1953 nur noch mit okkulten Phänomenen. Einen Großteil ihres Vermögens vererbte sie dem Institut des Freiburger Parapsychologen Hans Bender, der sich zuvor an der damaligen Reichsuniversität Straßburg mit Wünschelruten beschäftigt hatte.

Verwahrlost – Schlemmerhaus an der Sehringer Straße 13

Baumeister Schlemmer Wie ein über Jahre verwilderter Friedhof sieht das Grundstück an der Sehringer Straße aus, auf dem das Haus von Oskar Schlemmer steht. Zwei Jahre lebte er in Badenweiler, der Künstler, den

Foto der Webereiklasse auf der Bauhaustreppe 1927, und wie Oskar Schlemmer das 1932 sah

Walter Gropius 1921 als Lehrer ans Staatliche Bauhaus nach Weimar geholt hatte; Wandmalerei, Bildhauerei und Bühnenbild waren seine Fächer. Schlemmer hatte das Bauhaus Ende der zwanziger Jahre verlassen, bevor die Nationalsozialisten es nach Berlin verlegten, schikanöse Durchsuchungen vornahmen und es schließlich schlossen. Auch Schlemmer gehörte zu den verfemten Künstlern und parallel mit seinem Umzug nach Badenweiler konnte man 1937 fünf seiner Bilder in der Münchener Ausstellung über die sogenannte entartete Kunst sehen.

Zwei von Schlemmers Bildern mit einer ganz besonderen Geschichte sind heute im Basler Kunstmuseum zu sehen. Der damalige Direktor Georg Schmidt hatte sie im Berliner Schloss Schönhausen, das den Nationalsozialisten als Depot für die über zwanzigtausend aus Museen entfernten Werke diente, gekauft. Je Bild hatte er 330 Franken bezahlt; für ein drittes, heute verschollen, hatte sein Geld nicht mehr gereicht.

Die NS-Jahre waren schlimm für Schlemmer. Aus dem Bauhaus-Lehrer wurde ein Anstreicher, der für einen Stuttgarter

Betriebsversammlung in der Kantine von Witzig & Frank, Offenburg 1936, im Hintergrund Wandbilder von Oskar Schlemmer; rechts: Zustand heute.

Malerbetrieb arbeitete. Tarnanstriche für kriegswichtige Industriebetriebe gehörten zu seinen „Werken“. Neben dem Lackfabrikanten Herberts aus Wuppertal gab es auch Unterstützer am Oberrhein. In einer Offenburger Maschinenfabrik gestaltete Schlemmer die Kantine mit großformatigen Wandbildern, etwa mit einem Blick in Richtung des Straßburger Münsters (Bild unten). Schlemmer bedankte sich beim Fabrikanten Wilhelm Kaufmann, indem er ihn in seinen Gemälden als „schlauen Fuchs“ versteckte.

Grüne Lunge – Kurpark mit Burgruine und Kurhausterrassen

Im Badenweiler Kurpark Das Gegenteil des verwilderten Gartens um das Schlemmer-Haus ist der weitläufige aus dem 18. Jahrhundert stammende Kurpark von Badenweiler. Die milde Witterung aus der Burgundischen Pforte und die geschützte Hanglage am Fuß des Hochblauen lassen subtropische Pflanzen gedeihen, der artenreiche Gehölz- und Baumbestand im 22 Hektar weiten Park ist einzigartig in Deutschland.

Einfach mal durchschlendern, ein Klassiker ist der Rundweg *Kaffeemühle*, eine beliebte Promenade, die traditionell mehrfach „gedreht“ wurde. Der ebene Weg führt in zehn Minuten vom Kurhaus über die großzügige Kaffeeterrasse rund um den Burgberg. Auf halber Strecke ein Panoramaplatz mit dem bereits vorne gewürdigten Großherzog Friedrich Denkmal und der wenige Schritte darüber stehenden Tschechow Büste. Von dort vielleicht hoch zur Burgruine, deren begehbare Wehrmauer ein herrliches Panorama bietet. Oder runter in den Gutedelgarten unterhalb der Kaffeemühle, wo ein Rebhäusle als Bizers Malerwinkel steht.

Auf alle Fälle auch zur römischen Badruine *Aquae Villae*. Sie ist ein imposantes Beispiel, wie geschickt die Römer die Be-

Frühe Wellnessanlage – Römische Badruine

wohner ihrer eroberten Gebiete assimilierten. Der Weihealtar wurde nicht nur für die römische Jagdgöttin Diana, sondern auch für Abnoba, die keltische Fruchtbarkeitsgöttin errichtet.

In einen Kurpark gehört natürlich auch ein Kurorchester, in Badenweiler gibt es eines seit 1853, Rationalisierung im Gesundheitswesen macht allerdings auch vor der Musik nicht Halt. Das einst stattliche Orchester wurde zwischenzeitlich zum „Kurensemble Da Capo“ geschrumpft. Gespielt wird in wechselnder Besetzung von selten mehr als einer Handvoll Musikanten. Nur den *Badenweiler Marsch* werden Sie hier nicht hören. Das Stück des bayrischen Militärmusikers Fürst bezieht sich auf das lothringische Dorf Badenweiler/Badonviller, wo er 1914 mit seinem Regiment ein Gefecht gewonnen hatte.

Weihealtar für Römer und Kelten

Gralshüter – Hermann Dörflinger senior in seiner Probierstube

Nachwort mit Gutedel Ach richtig, um das Kapitel mit „meiner" Literaturkritikerin abzuschließen: Immerhin hat sie ihr Urteil über Badenweiler noch revidiert, als wir bei Gastgeber Dieter Supé in der 1760 erbauten *Klemmbachmühle* in Müllheim-Niederweiler den Tag Revue passieren ließen. Jetzt wolle sie doch tot über dem Gartenzaun hängen. Da war bereits die zweite Flasche des durchgegorenen Gutedel von Hermann Dörflinger zur Neige gegangen. Der Winzer führt das Müllheimer Familienweingut jetzt in vierter Generation, der Vorname wird seit drei Generationen weitergegeben.

Hermann Dörflinger senior hat nun etwas mehr Zeit, sich um gereifte Jahrgänge und den Ausbau seiner Sammlung von geschnitzten Fassdauben zu kümmern, manche stammen aus romanischer Zeit. Seit Generationen schätzen Stammkunden die Rundumbetreuung in der gastfreundlich geführten Probierstube des Familienweingutes. Der Feinköstler und Autor Christoph Wirtz hat die Dörflingers in der Zeitung *Die Welt* zurecht als „Gralshüter Markgräfler Urtugenden" geadelt; in der Ortenau würde dieser Ehrentitel dem Durbacher Heiner Männle zustehen.

Bugginger Entschleunigung – Nadolny auf 1500 Tontafeln

Nicht nur das Dörflinger-Weinsortiment, auch alles andere erscheint in der ehemaligen Gipsmühle am Klemmbach regional und höchstpersönlich. Dieter Supé führt die Nostalgiestube wie einen halböffentlichen Club, mit kleinem Speisenangebot, das auf eine handliche Schiefertafel paßt und persönlicher Ansprache zum Gast. Die Forellen kommen aus Schweighof, die Bratwürste von nebenan, der Comté richtigerweise vom Käsehändler *Butterblume* in Mühlhausen, was sich näher anhört als Mulhouse; beides liegt aber nur 35 Kilometer entfernt.

Exkurs nach Buggingen Zu meinen Lieblingsbüchern gehört Sten Nadolnys *Entdeckung der Langsamkeit*; ich habe das Buch sicher vier- oder fünfmal gelesen. Wenn wir schon im Markgräfler Land sind, dann gehört sich in dem Zusammenhang der Besuch bei Andreas Benrath in Buggingen, einer nördlichen Nachbargemeinde von Müllheim. Nadolnys Buch hat der Ofenbauer Benrath vielleicht nur einmal gelesen, dafür aber kennt er jeden einzelnen Buchstaben. Im wahrsten Sinne des Wortes. Benrath hat den Roman, einen Buchstaben nach

Die Entdeckung der Tontafel – Andreas Benrath, Buggingen

dem anderen, in Tontafeln geprägt. Die Keramikstempel dafür hat er selbst geschnitten und jeden Tag rund eine Stunde für das Projekt gearbeitet – neben seinem Beruf als selbstständiger Baukeramiker und Kachelofenbauer.

„John Franklin war schon zehn Jahre alt und noch immer so langsam, daß er keinen Ball fangen konnte." So beginnt der Roman und so begann Benrath die ersten 350 Zeichen in eine Tontafel von 35 mal 30 Zentimetern zu prägen. Mehr als 1.500 Tafeln und 27 Monate später war er fertig. Zweihundert Quadratmeter Langsamkeit und fünf Tonnen Gewicht.

Natürlich kam Nadolny nach Buggingen, prägte seine eigene Tafel und ist inzwischen mit Benrath befreundet. „Langsam und fehlerlos ist besser als schnell und zum letzten Mal", sagte sich Nadolnys Hauptfigur John Franklin auf Seite 118, als es für ihn um Leben und Tod ging. Viele Schlachten und drei Arktis-Expeditionen hat er so überlebt. Nur bei der vierten war er zu schnell und machte den Fehler. Eine Besichtigung der Bugginger Langsamkeit ist – nach Terminabsprache – im Atelier von Andreas Benrath möglich.

Ruhm im Ruhestand – das geschlossene Hotel Römerbad, dahinter das ehemalige großherzogliche Palais

Café Gerwig, Badenweiler, Luisenstraße 15, 07632 279

Literarisches Museum Badenweiler, Tschechow Salon, Ernst-Eisenlohr-Straße 4, 07632 72-121

Römische Badruine im Kurpark, Badenweiler, Ernst-Eisenlohr-Straße 1, 07632 218960

Markgräfler Museum, Müllheim, Wilhelmstraße 7, 07631 801520

Klemmbachmühle, Müllheim-Niederweiler, Römerstraße 7, 07631 2800; täglich ab 15.00 Uhr, Reservierung nur telefonisch.

Weingut Hermann Dörflinger, Müllheim, Mühlenstraße 7, 07631 2207

Andreas Benrath, Buggingen, Gewerbering 5, 07631 10967; nur nach Voranmeldung.

Nostalgisches Nest, kleine Karte, intime Stimmung, Weine von Dörflinger – in der Klemmbachmühle, Müllheim-Niederweiler.

Arbeit ohne Ende – Baustellenmodell im Museum für Stadtgeschichte

3

Nach Freiburg. Meine dritte Kultour, in der ein Turm manchmal einer zu wenig ist, in der Baumeister nach der Anamnese zu einer bestimmten Therapie raten und der SC Freiburg seine Devotionalien mit dem Segen der Gottesmutter verkauft.

Der Turmbau zu Freiburg

Einhundertsechzehn gegen 157 Meter. Wenn jetzt vom Freiburger Dom und dem Kölner Münster die Rede ist, zucke wahrscheinlich nicht nur ich zusammen und doch ist einer dieser Begriffe sogar richtig. Das Kölner Münster nämlich, denn das Freiburger Münster ist kirchenrechtlich ein Dom. Die ehemalige Stadtkirche wurde nach der Gründung des Erzbistums, zu Beginn des 19. Jahrhunderts, zur Bischofskirche und damit vom Münster zum Dom. Und der ehemalige Münsterpfarrer wurde zum Dompfarrer, auch wenn er das andere lieber hört.

Auch von der Wortherkunft lässt sich das erklären. Der Dom hat seinen Ursprung im lateinischen *Domus,* dem Haus. Das Münster geht zurück auf *Monasterium,* was erst das gesamte Kloster, dann nur noch die Klosterkirche bezeichnete. Und der Domus war ursprünglich die Kapelle im Wohnhaus des Bischofs, aus der später die Bischofskirche wurde. Aber natürlich belassen wir es wie gewohnt beim Freiburger Münster. Da dürfen beim Hochamt auch der Domkapellmeister und die Chöre der Domsingschule die richtigen Töne treffen.

Blick vom Schloßberg auf das Freiburger Münster, Postkarte 1909

Normalerweise müßte das Gotteshaus, wie die meisten Bischofssitze, zwei Türme haben, nur residierte der für Freiburg zuständige Bischof während der Bauzeit in Konstanz. Dort konnte er stolz auf zwei Türme blicken, die natürlich nicht umgezogen sind, als er in Freiburg seinen Amtssitz nahm. Im Südwesten nimmt man es mit den Begriffen ohnehin nicht so genau, hier gilt jeder große Pfarrkirche als Münster.

Kosten eines Kirchturms Die angefragte Kostenhochrechnung für den zweiten Freiburger Turm konnte mir die Münsterbauhütte – schade, aber verständlich – wegen des Aufwandes einer solchen Berechnung nicht liefern. Dabei sind mittelalterliche Bautechniken und gotische Baurisse das Spezialgebiet der jetzigen Münsterbaumeisterin, mit denen sie sich unter anderem am KIT in Karlsruhe beschäftigte. Ihre Promotion schrieb Anne-Christine Brehm quasi über einen ihrer Vorgänger, den Grazer Hans Niesenberger, der das Amt 1471 übernommen hatte. Niesenberger, manchmal auch nur Hans von Graz genannt, war letzten Endes Bauunternehmer und Projektentwickler, der auch für das Straßburger Münster, den Mailänder Dom und andere Kirchen in Basel, Luzern und weiteren Orten tätig war. So erklärt sich vieles zum damaligen Wissenstransfer zwischen den Bauhütten.

Für diejenigen, die das selbst mal durchrechnen wollen, gab es von der Münsterbaumeisterin noch folgenden Hinweis: „Entwerfen Sie die Fassade und ermitteln Sie die Menge der Steine, die Menge an Zierelementen und so weiter; je weniger Zierelemente desto geringer die Arbeitskosten. Dann könnten Sie bei einem Steinbruchunternehmen nach den Materialkosten fragen und anschließend auch nach den Kosten, die Blöcke exakt zuzusägen; dann fehlen nur noch die Kosten für die Zierelemente, bei denen die Kosten von der Größe und der Komplexität abhängen, das können 10.000 Euro oder auch 100.000 Euro und mehr sein.“

Ich bin gespannt, bei welcher Summe Sie landen. Grund-

Münsterbauhütte

sätzlich sollte die Finanzierung das kleinere Problem sein. Der Abriß des bestehenden Turmes könnte allerdings einigen Widerspruch hervorrufen.

Wer einen plastischen Eindruck davon gewinnen will, wie und mit welchen Werkzeugen damals eine solche Kirche gebaut wurde, muß nur in den ersten Stock des barocken Wentzingerhauses *Zum Schönen Eck* gehen, in dem sich das Stadtmuseum befindet.

Steinmetz- und Bildhauerwerkzeuge haben sich in den vergangenen 500 Jahren nicht besonders geändert. Die verschiedenen Eisen, wie der Berufsstand seine Meißel nennt, das Schlag- und das Spitzeisen, Hundezahn genannt, dann die verschiedenen Hämmer, klein und leicht das Schrift-Fäustel, groß und schwer der Setzhammer. Für die Betrachtung des Modells sollte man sich seine Zeit nehmen. Unglaublich, welche Einzelheiten dort zu entdecken sind.

Für die Instandhaltungsarbeiten müssen die alten Konstruktionen auf Schäden und deren Ursachen untersucht werden. Spezialunternehmen wie die Münchener Ingenieure und Architekten-Gesellschaft von Christian Kayser und Mark Böttges, die auch bei der Instandsetzung des Freiburger Münsters eingebunden sind, arbeiten eher wie Stein-Ärzte, also ganz klassisch mit Anamnese, Diagnose und Therapie. Hilfsmittel sind beispielsweise Endoskop, Inkrementbohrer für dendrochronologische Probenentnahmen, Rotationslaser und 3D-Scanner.

Freiburg ohne Münster geht nicht Man mag sich nicht vorstellen, wie der Münsterplatz ohne die Kirche ausgesehen hätte. Aber irgendwie hat der liebe Gott am Abend des 27. November 1944 wenigstens die Hand über seine Kirche gehal-

Digitale 3-D Animation von Schadstellen

ten. Nicht über die die 2797 Toten und die fast zehntausend Verletzten. Immerhin, das Münster bekam in der Bombennacht keinen direkten Treffer ab, wurde aber dennoch so stark beschädigt, daß man noch Jahrzehnte später daran restaurierte. Sprengbomben, die gerade mal 15 Meter entfernt vom Querschiff explodierten, katapultierten Bombensplitter und Pflastersteine des Marktplatzes bis oben in die Türme und zerstörten das Dach fast vollständig. Die englischen Bomber hatten das Münster nicht, wie manchmal vermutet wurde, verschont, sondern nur zufällig nicht getroffen.

So konnte das Freiburger Münster seinen Titel als angeblich „schönster Turm der Christenheit" behalten. Ob der Basler Kunsthistoriker Jacob Burckhardt das tatsächlich im 19. Jahrhundert irgendwo oder irgendwem geschrieben hatte, war lange Zeit völlig unbewiesen, wurde aber immer munter weiter zitiert. Tatsächlich waren in einem Brief Burckhardts Straßburg und Freiburg als die schönsten Türme der Christenheit genannt worden. Raffiniert hatten die Freiburger das Zitat auf den eigenen Turm beschränkt. Erst im 21. Jahrhundert hat

Filigranarbeit – Blick zur Turmspitze

dann der emeritierte Freiburger Geschichtsprofessor Ernst Schulin bei der Durchsicht der weit über viertausend Seiten umfassenden Burckhardt-Monumentalbiographie von Werner Kaegi die Auflösung gefunden. Burckhardt hatte 1869 einen Vortrag über gotische Kirchen gehalten, in dem es wörtlich hieß: „Und Freiburg wird wohl der schönste Turm auf Erden bleiben." Natürlich wegen seiner offenen Streben und filigranen Ornamentik. Noch besser also, als bisher, nicht nur der Christenheit, sondern der Erde!

Am schönsten Turm auf Erden sind links am Eingang seltsame Kreise und Ovale eingeritzt, die jeder Stadtführer erklärt. Für die Wenigen, die eine solche Führung noch nicht mitgemacht haben: Es handelt sich um Maße für Brote, an denen Käufer noch auf dem Markt überprüfen konnten, ob der Laib die vom Bäcker zugesagte oder die von der Obrigkeit geforderte Größe hatte.

Auch die Menge für einen Zuber Holzkohle ist in den Sandstein eingeritzt. Das zu überprüfen war insofern etwas schwieriger, als die Maße je nach Herkunft des Händler variieren konnten. Kam der Verkäufer aus Schaffhausen, galt folgende

Im rechten Seitenschiff – Blick zum südlichen Hahnenturm

Regel: 1 Zuber waren 25 Viertel oder 2 ½ Malter, was 18.905 Pariser Kubikzoll entsprach, was heute 375 Liter wären. Ganz ohne die Grundrechenarten kam man beim Einkauf von Energie schon damals nicht aus, heute muß man beim Energieverbrauch gerade in Freiburg mit strengen Fragen rechnen.

Kostenfalle Kirchenaustritt Mit dreißigtausend Mitarbeitern gehört die Erzdiözese neben der Universität zu den größten Arbeitgebern in der Region. Der Haushaltsplan hat rund 350 Seiten und zeigt auf der Titelseite des Jahres 2022/23 vielleicht aus gutem Grund keinen Geistlichen mehr.

Gegenläufige Entwicklung – mehr Einwohner, weniger Kirchensteuer

Kultur kostet, deshalb in einem Kulturführer ein kurzer Blick auf die Kostenstelle *Kirchliches Kunstgut und Diözesanmuseum,* die mit einem Negativergebnis von rund 700.000 Euro zu Buche schlägt. Die Hälfte davon sind

Personalkosten; auf der Einnahmenseite stehen 400 Euro. Nur, daß wir die Zahl mal im Hinterkopf haben: Jedes Jahr überweist der deutsche Staat insgesamt 7 Milliarden Euro, um es einfach zu sagen, an den Papst und 6 Milliarden an Luther – von sonstigen Staatsleistungen nicht zu reden.

Das „Forschungszentrum Generationenverträge" der Universität Freiburg hat den Kirchen vorgerechnet, wie sich Mitglieder und Einnahmen in den nächsten vierzig Jahren entwickeln werden. Kurz: Bis 2035 verlieren die Kirchen 25 Prozent ihrer Einnahmen, bis 2060 sind es dann 50 Prozent bezogen auf die heutige Kaufkraft. Eine interessante Studie, deren lineare Weiterschreibung bis zum Jahr 2100 das Ende des Kirchensteueraufkommens in Deutschland aufzeigt.

Auf Schatzsuche Eine Lösung für die Finanzmisere könnte sich aus dem Fund eines Schatzes ergeben, der sich unter dem Freiburger Münster befindet oder sagen wir vorsichtiger, befinden könnte. In rauen Zeiten wollte der Adel sicher in den Gottesdienst gelangen, also ließen sich die Herzöge einen unterirdischen Gang ins Münster graben. An den soll das Gewölbe stoßen, in dem sich der Münsterschatz befindet. Nur, Gang und Gewölbe sind bisher nicht gefunden oder es hat sie nie gegeben.

Fraglich auch, ob es diesen „Hüttenherrn" aus der Münsterbauhütte gegeben hat, der überzeugt war, daß es im Hahnenturm einen Verschlußstein mit den Buchstaben A, B und C gibt, der den Eingang zum Schatzgewölbe markiert.

Die Hahnentürme sind die Chorflankentürme, die ihren Namen von den Wetterhähnen auf der Spitze haben. Der gute Mann versicherte auf dem Totenbett, er habe lange Jahre danach gesucht, sei aber nicht fündig geworden.

Tatsache ist: Die Eingangstüre zum Hahnenturm hat ein rundes, mit Eisen geschütztes Loch, durch das man, ungesehen von übrigen Gottesdienstbesuchern, auf den Hochaltar des ehemaligen Chores sehen konnte. Durchaus möglich

Gerücht oder Hinweis zur Schatzkammer – im südlichen Hahnenturm

also, daß Herzog Berthold V. und nachfolgende Grafen diesen Raum so nutzten. Daraus mag die Geschichte entstanden sein, daß die Adeligen auch durch den geheimen Gang ins Münster gekommen seien.

Den Stein mit den Buchstaben A, B und C kann man heute im Durchgang des südlichen Hahnenturms finden; er ist über dem Bilderfries, das den Wolf in der Schule zeigt. Die Ausgrabungen fortzusetzen wäre eine Bußaufgabe für all die Kirchenmänner, die sich nicht im Sinne ihres Gottes verhalten haben.

Freiburger Gedenktage, einst und heute Wie die Kirchen überall, so ist auch das Freiburger Münster an Ostern gut besucht. Der höchste katholische Feiertag ist immer am Sonntag nach dem ersten Frühlingsvollmond, er kann also nur zwischen dem 22. März und dem 25. April liegen. Weniger bekannt

Exklusiv – Fanartikel mit Gottes Segen in der Rathausgasse

ist, daß auch der 11. August 2000 und der 3. September 2022 zu den hohen Gedenktagen in Freiburg gehören. Nicht nur für Katholiken, sondern vor allem die Liebhaber des Freiburger Fußballs, völlig konfessionsunabhängig.

An beiden Tagen stand der im Jahr 1912 gegründete Sport-Club, hervorgegangen aus dem FC Union und dem Freiburger Fußball Verein, auf Platz 1 der Bundesliga-Tabelle. Daß Freiburg in Vor-SC-Zeiten sogar einmal Deutscher Fußballmeister war, wissen nicht einmal alle Fans. Das waren jedoch nicht die Kicker des ehemaligen Arbeitervereins, sondern die vom vornehmen Freiburger Fußball Club von 1904.

Hammel statt Geißbock – Wappen über dem SC-Fanshop

Längst gehören auch die Pressekonferenzen zu den Höhepunkten eines Spieltages. „Mit jedem Spiel, in dem du wieder nit gwinnsch, steigt dann die Wahrscheinlichkeit,

Voll im Flow – Bächle-Frühstück in der Kaiser-Josef-Straße

daß du eher gwinnsch", sagt welcher Fußballphilosoph? Richtig! Dummerweise gilt das aber auch fürs Verlieren.

Ob beten und klingeln gegen verlieren hilft? Über dem Eingang des Hauses „Zu unser Frauen Berg" in der Rathausgasse 15 befindet sich die Gottesmutter. Wenn Sie das Haus nicht gleich finden, fragen Sie einfach nach dem Fan-Shop vom SC – der ist nämlich im Erdgeschoß. Über der Maria ist ein Wappen, dessen rechte Hälfte so aussieht, als wäre hier der FC Köln zuhause. Es zeigt aber nicht den Geißbock, sondern den schwarzen Hammel der vorderösterreichischen Beamtenfamilie Bayer von Buchholz. Im Fanshop gibt es unter manch' anderem auch eine vom SC gesegnete Fahrradklingel.

Viel Freiburg für 9,90 € – Fahrradklingel im SC-Design

Freiburger Berufsverkehr – vor der Uni-Bibliothek

Nachhaltige Nabelschau Freiburg ist aber nicht nur die Stadt von Münster, Sportclub sowie empörten Radfahrern, sondern auch die der virtuos praktizierten Nabelschau. Wenn Sie mal an einem Wochenende überhaupt nichts Sinnvolles vorhaben, dann können Sie in und um Freiburg eine Steinkreiswanderung zur Astralreise erweitern und sich vielleicht bei einer Rast am Wegesrand gesundtrommeln, weil die Trommeln ja unsere heilkräftigen Schwestern sind. Oder Sie besuchen die Akademie für Vergebungsmethoden und lassen sich mit einem transformationalen Coaching aushelfen, falls es mit der Vergebung nichts geworden ist. Was am Chakra liegen könnte, weil Ihres die falsche Farbe oder Schwingung hat. Dagegen könnten Sie dann mit Schokoladenmagie ankämpfen.

Doppeldeutig – Wegweiser zum Freiburger Vorzeige-Stadtteil Vauban

Green City – Feierling Biergarten

Bereits heranwachsende Freiburger werden mit komplexer Begrifflichkeit an die Welt herangeführt. Anderswo schicken wir unsere Kinder zur Nachhilfe im Rechnen, in Freiburg müssen sie dafür zu einem *Dyskalkulietherapeuten*.

Und das alles an nur einem Wochenende und annociert in den unterschiedlichsten Kostenlos-Blättchen, wobei ich die allermeisten Angebote leider unberücksichtigt lassen mußte. Darunter die Tanzaufführung der „Omas LSBT*Q gegen Rechts“ und eine Demo zur „Vernetzung queer-feministischer Kämpfer“. So bleibt höchstens die Frage, ob es nicht wenigstens Kämpfer*innen sein müßten.

Black Power in Green City – Besuchender auf dem Augustinerplatz

Zentral einkehren In der warmen Jahreszeit wird die obere Altstadt um den Augustinerpaltz zur Drehscheibe und eine Altstadtrunde ruft nach einer kleinen Stärkung im *Feierling Biergarten*. Hier wird das naturtrübe Helle von fixen und freundlichen Bedienungen serviert. Das Bier ist gut und glücklicherweise auch nahrhaft, denn mit dem Essen hat man es hier nicht so. Weißwürste mit warmer Brezel sind ok, für alles andere sind Sie in jeder mittelmäßigen Kantine besser aufgehoben. An sich unverständlich, weil in der direkt gegenüberliegenden Hausbrauerei ja eine ordentliche Küche angeboten wird, die aber im Biergarten nicht serviert wird. Hier gilt die sogenannte „Vesperkarte" auch schon mittags um zwölf, obwohl Vesper, lateinisch *Vespera*, ja nichts anderes heißt als Abend. Morgens die *Laudes*, das Morgenlob, die Vesper als Abendlob, das nach Abschluß der Tagesarbeit gesprochen wird. So war das in den Klöstern. Und, ähnlich wie im Biergarten, hoffte man, etwas Gutes zu essen zu bekommen.

Im Biergarten oder an einem ähnlich „friedlichen und behaglichen" Ort in Freiburgs oberer Altstadt muß es gewesen sein, wo Ernest Hemingway (siehe die zehnte Kultour) Mütter auffielen, „die ihren rosigwangigen Kindern Bier aus Halbliterkrügen zu trinken gaben". Heute würde sich Hemingway vermutlich zum Publikum auf dem Freiburgs zentralen Plätzen äußern, das mal sitzt, mal lagert, nachts auch gerne lärmt, was zuverlässig für Anwohnerklagen sorgt. Die garantieren wiederum Planstellen für städtische *Nachtmediatoren* und *Kommunales Konfliktmanagement*. An der Dreisam heißt das auch „Freiburger Lösung".

Klassenlos, volksnah – Goßer Meyerhof

Bei ausbleibendem Biergartenwetter empfiehlt sich der nahe *Große Meyerhof* zur Rast. Der ehemalige Riegeler-Brauereiausschank in der Grünwälderstraße gehört wie der nahe Augustinerplatz zum Inventar der Freiburger Altstadt. Geboten wird robuste Allzweckgastronomie, Frühschoppen, wechselnder Mittagstisch, danach bis 22 Uhr Warmes und Suppen aus der Terrine, alles mitten in der Altstadt. Dazu volksnah-unverzärtelte Stimmung. Ähnlich wie auf dem Augustinerplatz kreuzen sich auch im klassenlosen *Meyerhof* die Wege von letzten Freiburger Innenstadtbewohnern, Touristen und stillen Beobachtern aus der Tiefe des Gastraumes.

Fast schon schwäbisch sparsam das Freiburger Haus des kaiserlichen Schatzmeisters. Unten ein paar Nummern größer: Villandry, das Schloss seines französischen Pendants.

Erasmus in Freiburg Sauberkeit ist seit Jahrhunderten ein Thema in der Stadt. Im Bermudadreieck rund ums Martinstor sieht es nach langen Freiburger Nächten, trotz Mehrwegbechern und Videoüberwachung, auch nicht viel besser aus als im 16. Jahrhundert. Ersamus von Rotterdam warnte damals Besucher Freiburg: „Hier herrscht große Unreinlichkeit. Durch alle Straßen läuft ein künstlich geführter Bach. Dieser nimmt die blutigen Säfte von Fleischern und Metzgern auf, den Gestank aller Küchen, den Schmutz aller Häuser, das Erbrochene und den Harn aller, ja sogar die Fäkalien von denen, die zuhause keine Latrine haben. Mit diesem Wasser werden die Leintücher gewaschen, die Weingläser gereinigt, ja sogar die Kochtöpfe."

Erasmus war 1529 nach Freiburg gekommen, weil ihm sein bisheriger Wohnort Basel zu re-

Juwel unter den Loire-Schlössern – Schloss Villandry am Cher

Freiburg in den 2000er Jahren – Strohschuhe auf dem Münstermarkt

formatorisch geworden war. Er nahm Quartier im „Haus zum Walfisch“, was heute nicht mehr möglich wäre, weil hier die Sparkasse residiert. Den Traufseitbau mit seinem Satteldach, den Staffelgiebeln und dem beeindruckenden spätgotischen Portalerker hatte sich der Schatzmeister von Kaiser Maximilian bauen lassen, damals eines der schönsten Häuser in Freiburg. Zwei bis drei Klassen luxuriöser wohnten allerdings die Finanzminister französischer Könige, die sich Schlösser an der Loire bauen ließen. Musterbeispiel ist sicher das Schloss Villandry an der Loire, Sie erinnern sich, das mit den Gärten.

Erasmus konnte seine Zeit in Freiburg weder genießen noch intensiv für seine Schriften nutzen. Er war im Leben angekommen, Streit mit der Stadt, Streit mit der Vermieterin und Streit mit Mietern des Hauses, fast wie in einer modernen Wohngemeinschaft. Er ging dem Zank aus dem Weg, indem er sich in der Schiffstraße das „Haus zum Kind Jesu“ kaufte. Sehr viel später, 1865, wurde hier von Ludwig Ganter eine Brauerei gegründet. Als erster Brauer in Freiburg investierte der bereits zwei Jahre nach der Gründung in eine Dampfmaschine. Die direkte Befeuerung in den Sud- und Malzhäusern fand ein Ende und die Umsätze von Ganter gingen durch die Decke.

Freiburg in den 1980er Jahren – „Tote Hosen" im Walfisch

Vom Walfisch zum Flamingo Damit sind wir bei der ehemaligen Ganter-Kneipe *Walfisch*, die sich, wie viele Freiburger Gastro-Legenden, zuletzt mehrfach gehäutet hat und nun *Flamingo* heißt. Die einst legendäre Schnitzelbank *Grünhof* in der Belfortstraße wurde bereits zu Beginn der 2000er hochsaniert, zu einem pastellfarbenen „Coworking Space mit maximaler Heimeligkeit und moderner Office-Infrastruktur". Was vieleicht mehr über Freiburger Varianten der Gentrifizierung sagt, als noch ein Gutachten zum städtischen Strukturwandel.

Der Walfisch-Wirt war jedenfalls ein Original, angeblich der erste Freiburger mit Irokesenschnitt. 1983, als kein Mensch die Band kannte, ließ er *Die Toten Hosen* auftreten. Inzwischen hat sich das „Unternehmen Hosen" ein Gemeinschaftsgrab für Bandmitglieder und enge Mitarbeiter auf dem Düsseldorfer Südfriedhof reservieren lassen. Auch so ändern sich die Zeiten.

In Bamako, nicht in Freiburg – Zweierpasch auf Tournee

Heute würde statt der Toten Hosen wahrscheinlich *Zweier-*

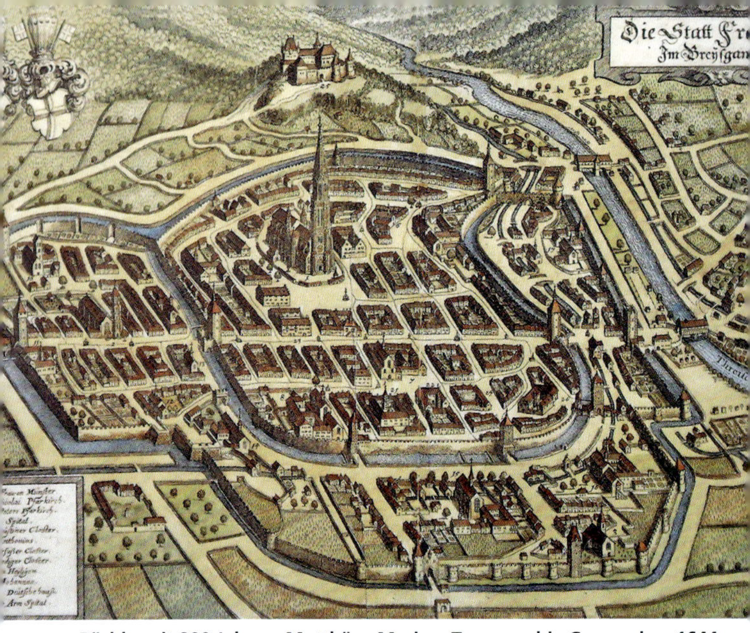

Bächle seit 800 Jahren: Matthäus Merian, Topographia Germaniae, 1644

pasch im Walfisch spielen. Die Gruppe ist so etwas wie ein Deutsch-Französisches Jugendwerk, nur daß es Spaß macht, zu den Konzerten der Hip-Hop-Gruppe zu gehen. Die Band, gegründet von Till und Felix Neumann, gibt es seit gut zehn Jahren. Zweierpasch im Jahr 2018 und das Jugendwerk 2013 haben den Adenauer-de Gaulle-Preis für deutsch-französische Zusammenarbeit erhalten.

Die Neumänner rappen deutsch-französisch, oft politisch, kein Wunder, wenn die Texte von einem Journalisten und einem Politologen geschrieben werden. Seit einigen Jahren touren die Zwillinge immer wieder auch mit örtlichen Musikern durch Länder wie Kasachstan, die Ukraine und Mali.

Und zum Schluß nochmal Bächle Die Freiburger Kanäle, die sich auf rund fünfzehn Kilometer durch die Altstadt ziehen, waren an sich eine Notlösung. Wegen des tief gelegenen Grundwassers, hatte man schon vor Jahrhunderten Wasser der Dreisam und Quellwasser vom Fuße des Brombergs in die

Stadt geleitet. Fast jeder Haushalt nützte die Kanäle zum Abtransport der Abfälle.

In einer Ratsverordnung aus dem 16. Jahrhundert hieß es, daß „nymandt sein mist, stroh, stain in die bäch schütten“ solle. Von Erasmus haben Sie bereits erfahren, wie das umgesetzt wurde.

Freiburg nach der Bombennacht (Operation Tigerfish) vom 27. November. 1944

Bei dem Bombenangriff der Royal Air Force auf Freiburg im November 1944 hätte man viele Gebäude ohne das Wasser der Bächle nicht löschen können; darunter auch das Historische Kaufhaus und das Wentzinger Haus, das heutige Stadtmuseum. Im Hotel Oberkirch wurden die Flammen angeblich auch mit Vorräten aus dem Weinkeller bekämpft, weil das Bächle direkt vor dem Hotel durch den Bombenangriff verschüttet war.

❖❖❖

Museum für Stadtgeschichte, im Wentzingerhaus, Freiburg, Münsterplatz 30, 0761 201 25 15

Münsterbauhütte-Münsterladen, Freiburg, Schoferstraße 4, 0761 214 02 70

Feierling Biergarten, Freiburg, Gerberau 15.

Großer Meyerhof, Freiburg, Grünwälderstraße 1, 0761 383 73 97.

Haus zum Walfisch, Freiburg, Franziskanerstraße 5

Haus zum Kind Jesu, Freiburg, Schiffstraße 7

Allzweckgasthaus Großer Meyerhof

Verschneite Schwarzwaldhöhen, Karl Hauptmann

4

Nach Hinterzarten, Menzenschwand, Feldberg. Meine vierte Kultour, in der Schneemaler auch grüne Wiesen können, in der manche schöner aussehen wollen, als sie tatsächlich sind und von den eintausendfünfhundert Bildern eines Malers dreitausend nach Amerika verkauft wurden.

Schneemalers Farben

So wie Offenburg nur dazu da sei, daß man nach Hornberg komme, wie der natürlich aus Hornberg stammende Schriftsteller Wilhelm Hausenstein schrieb, so ist Freiburg dazu da, daß man zu den Schwarzwald-Malern kommt. Nach Bernau zu Hans Thoma, nach Menzenschwand zu Franz Xaver Winterhalter und zu Karl Hauptmanns „Molerhüsli“ unterhalb des Herzogenhorns. Von dessen Gipfelkreuz aus hat man diesen wunderbaren Blick auf und über die Schwarzwaldhöhen. Zu den Schwarzwaldmalern gehört neben Hauptmann natürlich noch ein weiterer Freiburger, Hermann Dischler, der sein „Künstlerhaus“ in Hinterzarten hatte.

Enkelin Gaby Hauptmann kann sich Bilder ihres Großvaters jeden Tag zuhause ansehen. 1995 suchte sie per Roman den impotenten Mann fürs Leben, stellte ein Jahr später fest, daß nur ein toter Mann ein guter Mann ist und dann auch noch, daß sie lieber einen Liebhaber zu viel als einen zu wenig bevorzuge. Mehr als vierzig Bücher und Millionenauflagen

Mehrfarbiges Weiß – Karl Hauptmann

sind es inzwischen geworden. Die Schriftstellerin hat mir eine Reihe von Fotos und einen Privatdruck der Familie über den Großvater überlassen, den sie gemeinsam mit ihrer Schwester Karin Hauptmann zusammengestellt hat. Darin wird deutlich, daß Karl Hauptmann immer die Angst hatte, daß der Schwarzwald, wie er ihn malte, in ein paar Jahren nicht mehr existieren würde. „In fünfzig Jahren wird nichts mehr so sein wie heute. Bewahrt meine Bilder. Sie sind ein Blick in die Vergangenheit." Wie recht Hauptmann hatte, können wir sagen, wenn sich der Schwarzwald in ein paar Jahren Windmühlenbestanden und schneefrei zeigt und da sind wir ja auf einem guten Weg.

Weiß in allen Farben Wer bei Hauptmanns Bildern genau hinsieht, erkennt schnell, daß Schnee nicht einfach weiß ist. Schnee im Schatten sehen wir in fein differenzierten grauen und bläulichen Abstufungen und im Sonnenaufgang von hellorange über rosa bis dunkelviolett bei Sonnenuntergang.

Neuschnee – Karl Hauptmann

Damit hat sich schon Goethe in seinen Gesprächen über die Farbenlehre mit Eckermann beschäftigt. Schnee sei ja an sich gar nichts, farblos, transparent und „eine erlogene Reinlichkeit". Fallen Ihnen übrigens auf Anhieb die Vornamen des Mannes ein, der so getreulich seine Gespräche mit Goethe dokumentierte und der immer nur *der Eckermann* war. Ich habe auch im Lexikon nachsehen müssen. Johann Peter hieß er.

Zu den Liebhabern und Bewahrern von Hauptmanns Bildern gehört ein Mann, den ohne sein Lebenselement Schnee niemand kennen würde, Georg Thoma. Sie erinnern sich an die Goldmedaille in Squaw Valley, den schnellsten Postboten der Welt auf Skiern, den Hirtenbub, das *Jörgle*? Ein Mann, der mehr für den Tourismus im Schwarzwald bewirkt hat als alle nachfolgenden Destinationsmanager zusammen – wenn man sich schon so nennt.

Im Museum in Bernau-Innerlehen sowie in Georg Thomas Ski-Museum in Hinterzarten hängen einige Bilder von Karl

Karl Hauptmann liefert aus – auf dem Feldberg

Hauptmann, darunter auch Hauptwerke. Das Interesse an der Kunst könnte Georg Thoma von seiner Mutter geerbt haben, die mit dem in Menzenschwand geborenen Franz Xaver Winterhalter verwandt war, einem der bedeutendsten deutschen Portraitmaler.

Brand im Depot Die meisten seiner rund 1.600 Gemälde hat Karl Hauptmann an Privatleute verkauft, einige davon direkt von seinem Berghütten-Atelier am Herzogenhorn aus, aber meist über die Hotels der Feldbergregion. Auf Skiern hat er dort angeliefert. In manchen Hotels, etwa dem *Feldberger Hof,* hingen seine Bilder an den Wänden, in anderen hatte er Depots eingerichtet, etwa im *Hirschen* in Sankt Märgen, in dem er auch regelmäßig zu Gast war.

Als das Haus 1943 in Brand geriet, war Hauptmann gerade mit seiner Frau dort. Sie hatte den Brand nachts bemerkt, die Mitbewohner geweckt und schon begonnen, Matratzen, aber auch Gemälde ihres Mann aus dem Fenster zu werfen. Dennoch verbrannten zahlreiche Bilder. Der Sportler Thoma hat den Künstler Hauptmann zwar nie persönlich kennengelernt, der starb, als Thoma zehn Jahre alt war. Aber ungezählte Male ist Thoma bei seinen späteren Touren am *Molerhüsli* vorbeigekommen.

Flugpioniere vom Feldberg Heute ist das einsam gelegene Haus das Ferienhaus der Familie Hauptmann. Lange gab es einen Miteigentümer, der von allen nur nach seinem Flugzeug,

Gemütlich – Hauptmanns Haus am Herzogenhorn

einem gelben Doppeldecker, *Yellow Dog* genannt wurde. Der Gelbe Hund war ein doppelt promovierter Chaot, Postflieger vor und Jagdflieger im Ersten Weltkrieg, dem Alkohol zugetan und traditionell bei seinen Flügen selten nüchtern. Der angetrunkene Mut war damals durchaus berechtigt, wenn man an die vielen Bruchlandungen und tödlichen Abstürze dieser frühen Maschinen denkt.

Schneemalers Hüsli

Alle Verpflegung, jede Flasche Wein, jedes Brot mußte von Todtnau zum Malerhaus hinaufgeschleppt werden. 700 Meter Höhenunterschied. „Von Todtnau am Kriegerdenkmal vorbei, über den sogenannten staubfreien Weg links der Autostraße bis Fahl. Von Fahl aus den Schleifweg zum Fahler Loch, hoch zur Straßburger Hütte und von dort zum Molerhüsli." Mit bis zu 35 Kilogramm war man da

Prinz Heinrich von Preußen als Flugschüler von August Euler

mehrere Stunden unterwegs; „man“, das war in dem Fall meist Heidi Roth, Hauptmanns Haushälterin und spätere Schwiegertochter.

Der Konstrukteur des *Yellow Dog* war August Euler, der in der Nähe des Feldberger Hofes lebte und Karl Hauptmann oft besuchte. Er war der erste deutsche Flieger, der 1910 einen Pilotenschein erhielt. Euler hatte sich als Fluglehrer einen solchen Ruf erworben, daß er auch Prinz Heinrich von Preußen, den Bruder von Kaiser Wilhelm II. ausbildete. Auch Ernst Heinkel, mit fast zweitausend Patenten und Schutzrechten der „Patentkönig“ der Flugzeugkonstrukteure, gehörte häufig zu Hauptmanns Gästen. In den 1920er Jahren gründete er die Heinkel Flugzeugwerke und konstruierte für die Lufthansa mit der He70, die es auf 400 Stundenkilometer brachte, das damals schnellste Passagierflugzeug der Welt.

Nach dem Zweiten Weltkrieg ging es den Landschaftsmalern der Schwarzwald-Idyllen so wie im Jahrhundert zuvor den französischen realistischen Naturmalern Camille Corot und Gustave Courbet. Ihre Bilder wurden massenhaft kopiert. Ob Corots ironische Bemerkung „von den 1500 Bildern, die ich gemalt habe, befinden sich 3000 in Amerika" auch auf die Schwarzwaldmaler übertragen werden kann, ist zu bezweifeln. Deren Gemälde mit dem vielfarbigen und vielschattigen Schnee waren einfach weit schwieriger zu kopieren.

Vom Wälderbub zum Hofmaler

Für Franz Xaver Winterhalter wurde der Schwarzwald bald zu eng. Als Dreißigjähriger war er bereits Hofmaler in Karlsruhe. Aber er kündigte dort bald nach seiner Ernennung im Jahr 1834, ging nach Paris und hatte dort einen Riesenerfolg im *Salon de Paris*. Auf dieser Kunstmesse war er mit dem Gemälde *Decamerone* vertreten, in dem er zehn seiner Portraits vereinigt hatte.

Winterhalter konnte sich vor hochbezahlten Aufträgen für Portraits kaum retten. Als Hofmaler von Louis Philippe portraitierte Winterhalter die gesamte französische Königsfamilie. Kaiser in Petersburg und Wien und Königinnen in England und Belgien warteten mehr oder weniger geduldig auf ihn.

Franz Xaver Winterhalter

Winterhalters Lieblingsmodell – Leonilla zu Sayn-Wittgenstein-Sayn

So jung und schön wie auf dem Decamerone wollten alle sein oder wenigstens aussehen und eine war es auch. Besonders angetan hatte es ihm Leonilla Iwanowna Barjatinskaja, eine spätere Fürstin zu Sayn-Wittgenstein-Sayn, die in Paris gleich mehrfach Modell für Winterhalter saß und lag.

Auch der Fürstin Gatte ließ sich portraitieren; er war durch das Erbe seiner ersten Frau, Stefanie Radziwill, zu einem der größten Landeigentümer Russlands geworden. Über 100.000 Leibeigene waren auf den 13.000 Quadratkilometern Grundbesitz des Fürsten tätig; auf einer Fläche so groß wie das gesamte deutsch-französischen Oberrheingebiet.

Fürst Ludwig zu Sayn-Wittgenstein-Sayn wäre der richtige Ansprechpartner für den Vorstand des Vereins *Winterhalter in Menzenschwand* gewesen. Der hat zwar vor einigen Jahren die aus dem 17. Jahrhundert stammende Dorfkir-

Ein Gönner wäre kein Schaden – Winterhalter Museum, Menzenschwnd

Winterhalters Decamerone (1837)

che gekauft, aber nun fehlt das Geld, hier ein angemessenes Museum für den Maler einzurichten. Über die nicht besonders großzügigen fünfzehntausend Euro, die der Verein kürzlich als sogenannten *Xtra-Preis* von Lotto bekommen hat, hätte der Fürst mit Sicherheit nur gelächelt und zwei Nullen drangehängt.

❖❖❖

Schwarzwälder Ski-Museum, Hinterzarten, Erlenbrucker Str. 35, 07652 982 192

Hans-Thoma-Museum, Bernau-Innerlehen, Rathausstraße 18, 07675 160 040

Winterhalter Museum, „Le Petit Salon", Menzenschwand, Hinterdorfstraße 15, 07675 929 69 88

Gasthof Waldeck Menzenschwand, Vorderdorfstraße 74, 07675 905 40

Gepflegt-bürgerlich einkehren beim Winterhalter-Museum: Waldeck, Menzenschwand

a Statue De la Liberté. – hauteur
Janvier 1884
Bartholdi

5

Nach Colmar. Meine fünfte Kultour, in der auf dem Isenheimer Altar Himmel und Hölle eng beieinander liegen, Bagger gelb sind, Hansis bissigen Karikaturen unterschätzt werden und Jean Linnhoff seine Streetart nicht nur auf der Straße präsentiert.

Alles Bartholdi

Colmar hat siebzigtausend Einwohner von denen 49.611 bei Liebherr arbeiten. Ist natürlich etwas übertrieben, da das Unternehmen seine gelben Bagger, Baumaschienen, Raupen, Schwerlaster und Kräne auch an anderen Standorten produziert. Für jeden Franzosen ist Liebherr ein rein elsässisches Unternehmen, obwohl es von Hans Liebherr 1949 in Kirchdorf an der Iller gegründet wurde und heute seine Zentrale in der Schweiz hat.

Wer sonst in Colmar arbeitet, das ist nun keinesfalls übertrieben, lebt vom Verkauf von Bretzeln, Hansi-Postkarten und Plüsch-Störchen – zu Liebherr kommen wir nochmal ganz am Schluß dieser Kultour.

Von Colmar in die Welt – Liebherrs Baumaschinen

Post aus Colmar – Brunnendenkmal für Admiral Bruat

Bartholdi allerorten Der Gang durch Colmar ist wie ein Gang durch eine Dauerausstellung der Werke von Bartholdi, der 1834 hier zur Welt kam. Da begegnet man seinen Brunnen und Denkmalen unter anderem für Colmars klügsten Kopf, den Physiker, Mathematiker und Philosophen Gustave Adolphe Hirn. Weiter für den bekanntesten Colmarer Maler, Martin Schongauer nämlich, und weiter für den ebenfalls aus der Stadt stammenden napoleonischen General Jean Rapp.

Die Skulptur des besonders gegen deutsche Truppen erfolgreichen Militärs Rapp hatte die Wehrmacht zu Beginn des Zweiten Weltkrieges vom Sockel gestürzt – jetzt steht er wieder am alten Platz und blickt draufgängerisch wie eh und je. Nach Rapp wurde das ehemalige Fort Moltke in Reichstett bei Straßburg umbenannt, das nach dem Krieg von 1870 zur Verteidigung des dann mal wieder deutschen Straßburg gedacht war. Der Besuch lohnt vor allem, weil das Fort nie in kriegerische Handlungen verwickelt war und völlig unzerstört geblieben ist; heute gehört es der Stadt.

Ebenfalls im Park Champ de Mars steht das von Bartholdi gestaltete Denkmal für Admiral Armand Joseph Bruat. Und auch das war von den Deutschen 1940 zerstört worden. Nicht allerdings wegen Bruat, sondern wegen der Schmuckfiguren, welche die vier Kontinente versinnbildlichten: Ozeanien, Asien, Amerika und Afrika. Denn ein Denkmal mit dem Kopf eines Afrikaners war mit der NS-Ideologie nicht zu vereinbaren.

Albert Schweitzers Motivator für sein Engagement in Afrika

Albert Schweitzer war stolzer Besitzer einer Gipskopie dieses afrikanischen Kopfes, dessen Melancholie ihn schon als Jugendlichen immer beeindruckt hatte. In seinen Erinnerungen bezeichnet Schweitzer dieses Kunstwerk als den Auslöser für sein medizinisches Engagement in Afrika. Jedesmal, wenn er nach Colmar kam, habe er vor der Statue innegehalten, die zu ihm „von dem Elend des dunklen Erdteils sprach. Schon als Kind warf ich jeden Sonntag einen Groschen für die armen kleinen Neger in eine Sparbüchse".

Den Kopf gerettet Es gehörte während der deutschen Besetzung schon Mut dazu, daß Bürger der Stadt die Köpfe aus dem Schutt bargen und nach dem Krieg ins Museum brachten. Die junge Frau, die Bartholdi für Ozeanien Modell stand, war die Halbmexikanerin Emelie Leblond. Später hat sie den Rechtsanwalt Jules Saint-Laurent geheiratet, Urgroßvater des Modeschöpfers Yves Saint-Laurent.

Stolz auf „eroberte" Tokaier-Trauben – Lazarus von Schwendi

Einen anderen Krieger, Lazarus von Schwendi, hat Bartholdi ebenfalls auf einem Brunnen verewigt. Von dem noch etwas weiter entfernt, fragt man sich, warum ein Oberster Kaiserlicher Feldhauptmann ein Bündel ausgerissenes Unkraut in der Hand hält und

Blick in das Esszimmer der Familie – im Bartholdi-Museum

nicht das übliche Kriegsgerät. Beim Näherkommen erkennt man das Unkraut als abgeschnittene Rebzweige, an denen noch ein paar Trauben hängen. Während der Türkenkriege im 16. Jahrhundert erzielte Schwendi im heutigen Ungarn, in Rumänien und der Ukraine bedeutende Geländegewinne und brachte nebenbei den Ruländer, die Rebe, aus der dort der Tokajer gekeltert wird, mit ins Elsaß. Als Pinot gris oder Grauburgunder macht der inzwischen auf beiden Seiten des Rheins eine gute Figur.

Nun ins Museum Wer den Skulpturenweg absolviert hat, war dann noch nicht einmal im selbst für Amerikaner besuchenswerten Bartholdi-Museum, weil hier in Zeichnungen und Entwürfen die Geschichte der Freiheitsstatue dokumentiert wird. *La Liberté éclairant le monde*, die Freiheit, die die Welt erleuchtet, hieß das Monument ursprünglich.

Die Statue war als Geschenk der Franzosen zum einhundertsten Jahrestag der Unabhängigkeitserklärung gedacht.

Colmars Schilderwald – historische Werbung

Aber Geschenke dieser Größenordnung können Kosten verursachen und brauchen dann auch schon mal länger, bis sie fertig sind. Wer zahlt den Sockel, wer den Transport? Ein unwürdiges Gezerre, das Sie bei Bedarf im zweiten Stock des Museums im Detail nachlesen können. Die amerikanisch-jüdische Schriftstellerin Emma Lazarus hatte die Inschrift für den Sockel der Statue verfasst:

„Gib mir deine Müden, deine Armen,
deine niedergedrückten Massen,
die sich danach sehnen, frei zu atmen,
das armselige Strandgut deiner überfüllten Küsten
sende sie, die Heimatlosen, die vom Sturm Gestoßenen zu mir,
ich erhebe meine Fackel neben dem goldenen Tor!“

Als es darauf ankam, war diese Inschrift eher ein Hohn, denn mehrfach wurden zwischen den beiden Weltkriegen, als sich die faschistischen Repressalien in Europa abzeichneten, die

Honoratioren-Ambiente – Restaurant Bartholdi

US-Einwanderungsgesetze verschärft. Etwa mit Quoten, die sich speziell gegen osteuropäische Juden richteten.

Ehrwürdige Namen Natürlich trägt auch ein Restaurant Bartholdis Namen. Historische Sehenswürdigkeiten und Berühmtheiten werden in Colmars Altstadt besonders gerne zur Nobilitierung von Dienstleistungen herangezogen. Weitere Beispiele sind die *Brasserie Unterlinden*, die *Bier- und Wistub Schwendi* oder das *Café Rapp*. Keineswegs alle Häuser mit großen Namen sind empfehlenswert.

Das ehrwürdig-alteingesessene *Bartholdi* der Familie Foit mit seiner gediegenen Inneneinrichtung, in der sich eher ältere Sester heimisch fühlen, aber schon. Die Karte liest sich wie ein Verzeichnis kulinarischer Elsaß-Klassiker; beruhigend zu wissen, daß die Zubereitung eines Steak Tartare erst nach der Bestellung begonnen wird, das Rinderfilet wird hörbar noch mit dem Fleischermesser gehackt. Das *Bartholdi* ist aber eher etwas zur abendlichen Belohnung, also auch eher drinnen, als im zwar schattigen, aber doch engen Innenhof.

Manchmal erst auf den zweiten Blick böse – Hansi-Zeichnungen

Auch Hansi allerorten Mittags vor dem Museumsbesuch hatte ich überlegt, das *Chez Hansi* auszuprobieren. Sehr überzeugt und in offiziösem Tonfall hatte *Restaurant-Ranglisten* es so eingestuft: „Das Restaurant Chez Hansi in Colmar gehört zu den besten Restaurants in Frankreich." Der *Restaurant-Guru* setzt *Chez Hansi* auf Platz 113 der 533 Restaurants in Colmar. Ich bin früh da, möchte drinnen noch ein paar Fotos machen. In einer Viertelstunde wird das Restaurant öffnen, sagt das Internet. Nur, die Nachbarin ist aktueller: „Die haben's aufgegeben, sind jetzt immer zu," sagt sie. Da, wo früher draußen die Speisekarte aushing, kann man noch erkennen, daß sie dreisprachig war und es Lachs in Riesling gab – was auch sonst.

Politik folkloristisch verbrämt – Jean-Jacques „Hansi" Waltz

Also wieder nichts mit den Bedienungen in Landestracht, die dem heilen Elsaß der naiven Bilder des Colma-

Steckbrief für sich selbst – Oncle Hansi sollte 15 Monate ins Gefängnis

rer Malers Jean-Jacques Waltz entsprungen schienen. Mit *Hansi* hat er seine Zeichnungen signiert. Verfolgt haben die mich den ganzen Vormittag schon. Kein Andenkenladen ohne Hansi-Postkarten, Hansi-Schürzen, Hansi-Teller. Wie vielen Kindern im Elsaß hatte man auch dem kleinen Jean-Paul aus Pfaffenhofen die Hansi-Bücher geschenkt, in denen die Deutschen als „dicke Männer aus rosa Zuckerguß“ gezeichnet waren. „Ich empfand keinerlei Antipathie gegen sie, die so stark an meine elsässischen Onkel erinnerten“, schrieb Jean-Paul Sartre später in seiner Autobiographie (siehe achtzehnte Kultour).

Hansis Feindbilder Aber aufpassen mit *Oncle Hansi,* wie sich Waltz auch nannte. Das zeigt der Besuch seines Museums im ersten Stock des Hauses, das im Erdgeschoß, quasi als Strafe, zum Gang durch einen Hansi-Shop zwingt. Die Bilder von Waltz sind alles andere als der Folklorekitsch, für den sie meist gehalten werden. Bei genauerem Hinsehen wird schnell klar, daß der Zeichner weit eher ein mutiger und manchmal auch gehässiger politischer Karikaturist in jener Zeit war, als der deutsche Kaiser sich auch für den des Elsaß hielt.

Die Deutschen schätzten seine Zeichnungen so zersetzend und gefährlich ein, daß sie Waltz bei Kriegsbeginn zu einer

Wo gehts zur hier Front – Hansi 1915

fünfzehnmonatigen Gefängnisstrafe verurteilten. Vor Strafantritt floh er in die Schweiz und arbeitete dann für die Propaganda der französischen Armee. Sogar seinen Steckbrief verarbeitete Hansi zu einer hochauflagigen Postkarte. Nach dem Einmarsch der Wehrmacht im Zweiten Weltkrieg ein ähnliches Spiel. Waltz floh in den unbesetzten französischen Süden, wurde aber in Agen, auf halbem Weg zwischen Toulouse und Bordeaux, von der Gestapo aufgespürt und halbtot geschlagen.

Für den Straßburger Zeichner Tomi Ungerer war Waltz ein Vorbild, eines allerdings, dem er auch besonders kritisch gegenüberstand. Das Künstlerische, die vielen kleinen Anspielungen und Boshaftigkeiten in den Zeichnungen schätzte er, nicht aber den Fanatismus von Waltz. Ungerer gewohnt derb: „Ich bin in der antideutschen Welt von Onkel Hansi aufgewachsen, bis mir klar wurde, daß er ein Schwein war, das den Kindern Hass beibrachte."

Himmel und Hölle in Unterlinden Jetzt gibt's keine Ausrede mehr, wir gehen ins Unterlinden Museum, das seinerzeit auch von Waltz und davor schon von seinem Vater André, einem ehemaligen Metzger, geleitet worden war. Natürlich führt für einen disziplinierten Touristen am Isenheimer Altar kein Weg vorbei – jedenfalls, wenn Sie nicht gerade dienstags in der Stadt sind. Nicht wie sonst in Frankreich jedes andere Museum am Montag, nein am Dienstag ist geschlossen. Bei meinem ersten Besuch in Colmar war ich auch am Dienstag da und habe vor dem Eingang viele unchristliche Flüche in vielen Sprachen der Welt gehört.

Bis in die Mitte des 19. Jahrhunderts war der Isenheimer Altar irgendwie nur „da“, nicht weniger, aber auch kaum mehr beachtet als andere Kirchenkunst. Manchmal wurde er Dürer zugeschrieben oder galt als ein Werk von Hans Baldung, weil der nicht nur malen, sondern auch holzschnitzen konnte. Erst der Basler Kunsthistoriker Jacob Christoph Burckhardt machte den Altar in seinen Veröffentlichungen zwischen 1844 und 1885 zum Schlüsselwerk einer ganzen Epoche und dem des Malers Grünewald sowieso.

Bei der Verkündigung – Grünewalds doppelte Maria

Lyriker, Maler, Musiker Und dann kamen sie alle. Den meisten war die Zeit vor dem Altar ein Ausflug in den Himmel, nur Wenige glaubten hier einen Blick in die Hölle getan zu haben. Rainer Maria Rilke konnte sich von dem Anblick nicht trennen und notierte abends: „Nun habe ich wirklich alle heutige Zeit bis zum letzten vor den Grünewaldschen Bildern verbracht“. Paul Hindemith inspirierte das Werk zu seiner Oper „Mathis der Maler“. Für

Otto Dix war der Altar eine Inspirationsquelle, die sein gesamtes Werk durchzog und Picasso fertigte dreizehn Tuschezeichnungen für seine Reisetagebuch. Für den Bernauer Maler und späteren Karlsruher Kunstprofessor Hans Thoma war der Altar „der größte Schatz an Malerei“ und Lovis Corinth, erst Impressionist und späterer Expressionist, bewunderte „die dramatische Kraft“, die auch Angst machen könne: Leid und Qual, Verrenkungen und Verkrampfungen.

Nach der Geburt – Grünewalds doppelte Maria

Paul Klee war hingegen „furchtbar erschreckt“, Gerhart Hauptmann fand die Malweise Grünewalds nur „widerwärtig“. Und Josef Beuys vermutet gar, daß Grünewald „wahrscheinlich immer wieder weggelaufen ist von seinen Bildern“. Wahrscheinlich und verständlicherweise waren Beuys solche Fluchtgedanken vom eigenen Hantieren mit WachsFilzFett vertraut.

Die Altarbilder sind jedenfalls nichts für kleine Christenkinder, denen hier die Geburt ihres Christkindes ohne die Heiligen Drei Könige, ohne Ochs, Esel und Josef gezeigt wird – mit einer Maria, die in edlen Stoffen mit kunstvoll frisiertem Haar und laszivem Blick mehr Sinnlichkeit ausstrahlt als Mütterlichkeit. Und für kleine Heidenkinder auch nicht, wenn sie abends gut einschlafen sollen.

Nicht zu verkaufen Bayerische Kurfürsten und deutsche Kaiser hatten immer wieder mal versucht, den Isenheimer Altar zu kaufen, also legal zu erwerben. Erst gegen Ende des Ersten Weltkrieges kam das gotische Schmuckstück dann tatsächlich in die *Alte Pinakothek* nach München, als Kriegsbeute, trat aber schon 1919 wieder die Heimreise nach Frankreich an.

Le Retable d'Issenheim, wie die Franzosen sagen, stand jahrhundertelang in der Spitalkirche der Antoniter, die vor allem Kranke aufsuchten, um für die Heilung vom „Mutterkornbrand", der auch „Antoniusfeuer" genannt wurde, zu beten; die Krankheit war eine durch Pilze im Roggen – für die Spezialisten *Claviceps purpurea* – ausgelöste Vergiftung. Das kam damals häufig vor; bei bis zu einem Viertel der Ernten waren die giftigen Pilze im Mehl enthalten. Jedenfalls hatten die Antoniter gut zu tun, sie betrieben fast vierhundert Spitäler, verteilt über ganz Europa.

Es war eine bewundernswerte Arbeit, die die Ordensmitglieder in ihren Pflegeheimen leisteten, inmitten der Schreie und des Gestanks der Kranken. Aus einer zeitgenössischen Chronik: „Diese verfaulten an ihren zerfressenen Gliedern, die schwarz wie Kohle wurden. Entweder starben sie elendig, oder sie setzten ein noch elenderes Leben fort, nachdem ihre verfaulten Hände und Füße abgefallen waren." Gelegentlich wurde vermutet, der erschreckende Realismus in den Bildern des Isenheimer Altars deute darauf hin, daß Jesus am Kreuz ähnliche Schmerzen habe aushalten müssen, wie die am „Antoniusfeuer" Erkrankten.

Nicht jeder Kahn ist zu empfehlen – Petite Venise an der Lauch

Romantik und Markthalle Das Viertel *Petite Venise* kann man im Sommer auch ohne Stadtplan kaum verfehlen. Einfach nur im Menschenstrom mitschwimmen und sich dann an der Brücke Saint-Pierre am Quai de la Poissonnerie anstellen, um von dort genau das

Von Austern bis Bio-Bio – Markthalle Colmar

Selfie zu machen, das alle anderen auch knipsen. Für dieses Viertel zu Venedig zu bemühen, ist maßlos übertrieben. Ein paar Meter am Ufer der Lauch könnte man spazieren oder eine Kahnfahrt machen, die nach zwanzig Minuten auch schon vorbei ist – das war's.

Lohnender ist ein Besuch in der überdachten Markthalle, dem *Marché Couvert*. Sei es, weil man sich an einer der langen Schlangen vor den Toiletten anstellen möchte, was aber nicht den Hauptgrund hergibt. Der hat zu tun mit der Qualität des Angebots, etwa an einem Stand, der lokale Produzenten mit ihren Bio-Produkten vereint. Allein aus diesem Angebot lässt sich ein wunderbares Picknick-Menü zusammenstellen,

Außen historisch, innen modern – Colmars Markthalle; Markt am Di, Do, Fr, Sa

das dann von mir aus sogar im *Petite Venise* verzehrt werden kann.

Weder bio noch lokal ist *Dimitris* Fischstand in der Markthalle. Viel Mittelmeer, das jede Nacht aus Le-Grau-du-Roi und Sète hierher gefahren wird, vor allem aber bretonische Austern, die auf Wunsch direkt am Stand geöffnet werden. Sind Sie zu zweit oder besser zu viert, gehört ein Flasche Muscadet dazu, am besten eine von denen, die ein paar Monate auf der Faßhefe gelagert wurde - *sur Lie* sollte auf dem Etikett stehen. Dann hat der Wein die richtige Balance zwischen trocken und fruchtig. Nur mit dem Platz ist das so eine Sache bei Dimitri: Acht Sitzplätze und zwei Stehtische erfordern eine frühzeitige Reservierung, aber Austern und ein Schluck Weißwein gehen auch schon um elf oder halb zwölf. Dann können Sie den Mittagsansturm, mit vielen neidvollen Blicken, im Sitzen an sich vorüberziehen lassen.

Straßenkunst überdacht – Jean Linnhoff sprayt Bartholdi in die Markthalle

Empfehlenswert ist in der Markthalle auch der mit Käse überbackene Flammkuchen, die Tarte Flambée Gratinée, im Restaurant *Terrasse du Marché*, wo Sie ein paar Schritte tiefer auch am Wasser sitzen können. Auch hier gibt es in der Saison Wartezeiten, die Einheimische oben im Bistro mit einem Glas Colmar-Pils überbrücken.

Schräg gegenüber ist der Imbiß *Légumez-Moi* fleischlos und erwartbar fest in Damenhand. Deepl, neben anderem Falschem, übersetzt den Namen der Raststätte mit *Leg mich ins Gemüse* – kann man machen, muß man nicht.

Keine Davidssterne auf den Bierkrügen, sondern das identische Zunftzeichen der Brauer und Mälzer

Graffiti und Austern Das für mich Beeindruckendste an der Colmarer Markthalle sind die großflächigen Graffitis des Künstlers Jean Linnhoff. Bartholdi samt Freiheitsstatue und dem Löwen von Belfort oder auch der schwarzweiße Blick ins „Kleine Venedig“ befinden sich in den Eingangszonen der Halle. Linnhoff, Jahrgang 1978, ist längst ein arrivierter Künstler, Buchillustrator, speziell für Rollenspielverlage, und Bühnenbildner. Im Jargon des Sprayer-Jungvolks wird er damit zur „Bitch“, die legale Aufträge ausführt und dafür honoriert wird, sich also prostituiert; nichts als spießiger Neid, der da zum Ausdruck gebracht wird.

Des öfteren können Sie Linnhoff bei Ida und Gregoire Sanchez im *L'Arpège* treffen, laut Selbstauskunft ein „Restaurant biologique et culturel“. Sie finden das Lokal ganz in der Nähe des Bartholdi-Museums. Hier kann man sich auch durch die kleinen lokalen Brauereien probieren; von *Uberach* und *Sainte Cru* über *S'Humpaloch* bis zum *Boum'R*. Die Lieferanten werden sorgfältig ausgesucht und allesamt aufgezählt, für das

Monothematisch – Salz-Boutique in der Rue des Marchands

Gemüse Les Saveurs du Ried aus Holtzwihr, Sirup und Tees kommen von Luc und Martine Hurter aus Soultzeren, das Fleisch von Michel Herrscher und die meisten Weine von der Domaine Valentin Zusslin aus Orschwihr.

Bierkrüge und Jahrgangssalz Anders als manche größere Stadt hat Colmar noch Einzelhandel mit teilweise extrem spezialisiertem, auch kuriosem Angebot. So könnten Sie ihr Bier demnächst aus einem deutschen Reservistenkrug der Jahre 1870 bis 1914 trinken, mit kleiner Beschädigung kostet der dann 350 Euro, sonst ab 700. Immerhin aufgrund der eingearbeiteten Lithophanie, einer Art Wasserzeichen im Porzellan des Krugbodens, mit einer hohen Echtheitsvermutung.

Ein paar Schritte weiter in der Rue des Marchands verkauft ein Laden nichts als Salz und zwar nur Sel de Guérande. Neben dem reinen Meersalz auch aromatisiertes, etwa mit dem Geschmack von rotem Pfeffer, Safran oder Bitterschokolade.

Andacht nur gegen Eintritt Es gibt ja im Internet diese Reiseseiten mit Hinweisen, wie man mit zehn Euro am Tag Urlaub machen kann. In Colmar geht das nicht, denn in manche Kirchen, darunter die Dominikanerkirche, kommt nur herein, wer Eintritt zahlt. Nicht viel, ein paar Euro, aber für ein stilles Gebet zu viel. Auf die Frage nach dem Warum heißt es rabulistisch: „Wir sind ja keine Kirche, sondern ein Museum.“ Und was steht auf dem Schild am Eingang? *Église des Dominicains.*

Daß Kerzen etwas kosten, ist ja durchaus üblich, aber bis zu fünf Euro ist doch ungewöhnlich; zeitgemäß kontaktlos per Kreditkarte wird hier abgebucht. In der Martinskirche gibt es noch einen analogen Münzeinwurf. Für ein oder zwei Euro geht ein Licht an, das ein Altarbild ausleuchtet. Und wer dann eine Postkarte dieses Bildes mitnehmen möchte, zahlt dafür doppelt so viel wie im Andenkenladen gegenüber. Kundenbindung geht anders. Allerdings bekommt man am Ausgang den Gratis-Ratschlag, den Rucksack vor dem Bauch zu tragen „wegen der Taschendiebe". Offen bleibt, ob die in der Kirche gemeint waren oder die davor.

Auch Street-Art – Liebherrs Baufahrzeuge

Ein Dementi von der Firma Liebherr bleibt nachzutragen: Kleine Jungs können hier ihre Schwester keinesfalls gegen einen Bagger eintauschen. Auch Ehefrauen, die ihren Mann an der Pforte abgeben wollen, werden wieder weggeschickt.

❖❖❖

Restaurant Bartholdi, 2 Rue des Boulangers, 0033 389 410774

Museum Bartholdi, 30 rue des Marchands, 0033 389 419060

Museum Unterlinden, Place des Unterlinden, 0033 389 20 15 50

Musée Hansi, 28 rue des Têtes, 0033 389 414420

Sel de Guérande, 19 rue des Marchands

Jean Linnhoff, Atelier, 21 Rue Sainte-Catherine, 0033 6601 91 531

La Poissonnerie Dimitri, Markthalle, 0033 390 505 236

Légumez-Moi, Gemüse-Imbiss von Chrystelle, Markthalle, 0033 675 349 841

L'Arpège, 24 rue des Mar chands, 0033 389 242 964

Liebherr-France SAS, Colmar, 2 Avenue Joseph Rey, 0033 389 213 030

Kleine Pause in der Markthalle Colmar – Flammkuchen auf der Terrasse du Marché

Breitenwirkung – Jean Linnhoffs Albert Schweitzer Portrait

6

Nach Orschwihr, Gunsbach und Kaysersberg. Meine sechste Kultour, in der Albert Schweitzer gleich zwei Museen hat und der Winzer von einem Bären angegriffen wird. In Illhäusern sorgen wir für reichlich Leergut und bei Julien Binz kommen gastro-erotische Verführungen auf uns zu.

Nichts als Versuchungen

Wer Ortsnamen wie Ammerschwihr, Illhäusern und Orschwihr hört oder liest, weiß eines ganz genau: Jetzt müssen frau und man stark sein. Denn hier reiht sich ein Weingut ans andere, umgeben von höchstbesternter Gastronomie und urwüchsigen Fermes Auberges, die Zimmer anbieten, in denen man morgens aufwacht, weil es so still ist; zu anderen Preisen und etwas stilvoller geht das auch in Schlosshotels. Wer auf dieser Strecke allem nachgibt, wonach gerade der kulinarische Sinn steht, wird für die paar Kilometer, wenn's nur reicht, leicht zwei bis drei Tage brauchen.

Nebenbei sollten wir nicht vergessen, daß wir an sich auf einer Kultour sind und auf der dann noch dem Multitalent Albert Schweitzer, dem wortgewaltigen Theologen Johannes Geiler von Kaysersberg und dem für seine erotisch angehauchten Bilder bekannten Maler Jean-Honoré Fragonard begegnen wollen.

„Wenn wir der Versuchung widerstehen, dann gewöhnlich deshalb, weil die Versuchung schwach ist und nicht, weil wir

Lust und Last der Versuchung – Antonius in der Kapelle bei Orschwihr

stark sind", wußte schon im 17. Jahrhundert der, seltsame Verbindung, Moralist und Soldat François de La Rochefoucauld. Was ich Ihnen jetzt schon sagen kann: Diesmal wird es nichts mit dem Widerstehen, denn um Colmar herum sind die Versuchungen stark bis übermächtig.

Die vesteckte Kapelle Wem in Colmar oder Mulhouse die zum Teil meterhohen Wandbilder von Jean Linnhoff gefallen haben, der sollte unbedingt auch ins Dorf Orschwihr fahren. Am Ende der Rue du Val de Pâtre lassen Sie das Auto stehen und wandern am Quierenbach entlang. Bald sind Sie an der Kapelle, die versteckt am Bach liegt und von der Straße kaum zu sehen ist. Sie wurde von Jean-Claude Lehmann, einem Privatmann, erworben und wieder aufgebaut; nur deshalb konnte Linnhoff sie so phantasievoll ausgestalten. Nicht in der Art, wie man das in einem alten Kapellchen erwartet; aber die Versuchung des Heiligen Antonius wird regelrecht spürbar. Wer noch nie einen Alptraum hatte, aber gerne einmal einen haben möchte, brauchte nur im Schlafsack eine Nacht auf dem Kapellenboden zu verbringen. Die Chancen stehen gut.

Schweitzer Museum in Gunsbach

...und in Kaysersberg

Zweimal Schweitzer Wer von Orschwihr die D 40 über Osenbach gen Münstertal nimmt, fährt zunächst auf der Rue Albert Schweitzer. In Soultzbach im Münstertal angekommen, kommt nach wenigen Kilometern bereits die Abzweigung nach Gunsbach, freilich ohne einen Hinweis auf Albert Schweitzer. „Man sieht nur, was man weiß“ wirbt ein deutscher Reiseführer-Verlag richtigerweise und deshalb fahren hier sicher auch viele vorbei. Hier das Maison Schweitzer in Gunsbach bei Munster und dort, gerade mal zwanzig Kilometer entfernt, nur ein Tal weiter im Norden, das Musée Schweitzer in Kaysersberg; letzteres gleichzeitig sein Geburtshaus, in dem er aber nur ein paar Monate lebte.

Beide Häuser sind nicht vorbehaltlos zu empfehlen, zusammen könnten sie es sein. Das eine behandelt das afrikanische Engagement zu wenig, das andere ist eher eine Sammlung von Dokumenten und Postkarten. Im Maison Schweitzer gibt es auch noch einen langen Film, neunzig Minuten, den sich bei einem Museumsbesuch ja wohl kaum jemand zu Ende ansieht. Das machen wir lieber zuhause mit dem 1957 gedrehten Dokumentarfilm von Erica Anderson, die dafür einen Oskar

Interniert im 1. Weltkrieg – Albert Schweitzer 1917 in Garaison

bekam. So lange her, daß Albert Schweitzer dem Erzähler noch seine Stimme leihen konnte. Auf der DVD sind zusätzlich die ersten Aufnahmen aus dem Urwaldhospital von 1935 zu sehen. Es lohnt sich.

Der erste Aufenthalt der deutschen Staatsbürger Helene und Albert Schweitzer in der französischen Kolonie Gabun wurde von den Franzosen 1917 rigoros beendet. Beide wurden gefangen genommen und für ein Jahr in den südfranzösischen Internierungslagern Garaison in den Pyrenäen und Saint Rémy in der Provence eingesperrt.

Sammlung statt Museum Im Obergeschoß des Gunsbacher Rathauses befindet sich noch das sogenannte „Afrikanische Museum“, das Sie sich wirklich schenken können. Es ist der etwas hochtrabende Name für kunstgewerbliche Gegenstände, die Schweitzers Mitarbeiterin Emma Haussknecht – Spitzname „Bummele“ – eher unsystematisch zusammengetragen hat. 1931 war sie, mit Führer und Trägern, auf eine mehrmonatige Expedition durch den Süden des Landes aufgebrochen.

Insgesamt wird das Alles dem Theologen, Orgelkünstler, Musikforscher, Philosophen, Mediziner und Friedensnobelpreisträger nicht gerecht. Vor allem nicht, wenn wir an den von Schweitzer so bewunderten Oberlin – nur ein Bild von Oberlin und das seiner Mutter hingen im Arbeitszimmer – und dessen Schmuckstück von Museum in Waldersbach denken (siehe die neunte Kultour). In Gunsbach wäre sogar das Musée de la Maison du Fromage des Münstertals eine bessere

Alternative, denn dort gibt wenigstens etwas zu essen. Ein wenig unfair, aber es geht ja ausdrücklich nicht gegen die Person von Albert Schweitzer.

Skulptur von Fritz Behn, einem Schüler Rodins

Mit dem Hinweis auf zwanzig Minuten steilen Aufstiegs, versucht uns das Schild gegenüber seinem Haus in Gunsbach vom Albert-Schweitzer-Weg abzuschrecken. Doch tatsächlich dauert es bis zu seinem Monument höchstens zehn Minuten oder, wenn Sie einigermaßen trainiert sind, nur fünf.

Wen die Sandsteinskulptur an ein Werk von Auguste Rodin erinnert, der hat sich nicht versehen, denn der Künstler war der aus Mecklenburg stammende Fritz Behn, ein Schüler Rodins. Insbesondere wenn es feucht ist, ist der Weg allerdings selbst für Bergziegen gefährlich. Einige dieser Passagen werden von einem morschen Geländer mehr gekennzeichnet, als daß es Halt bieten könnte. Der Weg erfordert auch ein klein wenig pfadfinderisches Orientierungsvermögen, wenn Sie ihn nachgehen wollen. Aber da er insgesamt nur einen Kilometer lang ist, stehen die Chancen gut, daß Sie in Gunsbach nicht endgültig verloren gehen.

Weiter also nach Kaysersberg Im Geburtsort von Albert Schweitzer ist der Prediger Johannes Geiler von Kaysersberg zwar nicht geboren – das war in Schaffhausen – aber doch bei seinem Großvater aufgewachsen. Sein Vater war auf eine sehr ungewöhnliche Weise ums Leben gekommen. Ein Bär hatte ihn im Weinberg angegriffen.

Immer wieder wird Geiler von seinen Biographen als „wort-

Charismatischer Prediger – Johannes Geiler von Kayerberg

gewaltig und charismatisch“ bezeichnet, man könnte ihn aber auch weniger elegant als derbwitzigen Populisten bezeichnen. Eine Predigt, bei der die Kirchenbesucher nicht immer wieder Grund zum lachen hatten, hielt er für mißlungen. Bevor er mit 33 Jahren als Prediger nach Straßburg ging, hatte er schon eine komplette Universitätslaufbahn hinter sich gebracht. Fast unglaublich, wie schnell das alles bei ihm ging. Drei Jahre nach dem mit 15 Jahren begonnenen Studium war er Magister, mit 20 Mitglied der Fakultät, mit 24 Dekan und mit 31 Rektor der Universität Freiburg. Aber dieses mit Verwaltungsaufgaben belastete Repräsentationsamt war nichts für ihn.

Früher Showmaster Geiler liebte das Rampenlicht, er suchte das große, lieber einfache Publikum, dem er unverblümt sagen konnte, daß ihm die Verweltlichung der Amtskirch ebenso wenig gefiel wie die sozialen Mißstände um die Wende des 15. zum 16. Jahrhundert. Mit seinen Allegorien, Gleichnissen und bekannten Sprichworten verstanden ihn die Menschen. Auch wenn er die Entwürfe zu seinen Predigten meist in lateinischer Sprache schrieb, predigte er auf deutsch. Geiler, dessen Lebenszeit sich um 27 Jahre mit der von Martin Luther überschnitt, hätte auch ein protestantischer Prediger sein können.

Zwei Generationen später war Geiler von Kaysersberg immer noch so aktuell, daß Papst Paul IV. seine und auch die ihm zugeschriebenen Veröffentlichungen auf den Index der verbotenen Bücher setzte.

Rund gestreichelt – Geilers Hündchen im Straßburger Münster

Als Geiler das Amt des Universitätsrektors in Freiburg niederlegt, standen die Abgesandten zahlreicher Bischöfe Schlange, um ihn mit finanziellen Argumenten zu sich zu lokken. Nach einem kurzen Zwischenspiel in Würzburg wurde es aber Straßburg. Die Straßburger waren so stolz auf ihren neuen Münsterprediger, daß sie ihm eine neue Kanzel bauten und auch den kleinen Hund verewigten, der Geiler stets zu seinen Predigten begleitete. Ob sein Hund tatsächlich bellte, wenn jemand im Kirchenschiff einschlief, gehört wohl eher ins Reich der Fabel; Geiler hätte diese Geschichte wahrscheinlich so gefallen, daß er sie in die nächste Predigt eingebaut hätte.

Wer heute der Hündchen-Skulptur bei einem Besuch im Münster über den Kopf streicht, habe einen Wunsch frei, sagen Straßburger. Inzwischen ist das steinerne Fell weggestreichelt und so hat man das Gefühl, direkt über den Schädelknochen zu fahren.

Ammerschwihr Wer trotz aller Vorhaltungen des Johannes Geiler wieder einmal seinen Versuchungen nachgeben möchte, der ruft im Restaurant von *Sandrine* und *Julien Binz* an und fährt, wenn's mit der Reservierung tatsächlich so kurzfristig

Leergut aus Anlass einer Verabredung zum Mittagessen in Illhäusern

geklappt hat, ein Weindorf weiter nach Ammerschwihr. Dort können Sie unter einem freizügigen Gemälde von Fragonard so, und zudem besternt, speisen, daß alle Besorgnisse wegen Hexen und Werwölfen verfliegen. Binz ist *Maître Cuisinier de France*, wobei Émile Jung einer seiner Paten war. Auch sonst war Binz in namhaften Häusern, etwa bei Antoine Westermann im Straßburger *Buerehiesel* und vor allem aber bei Marc Haeberlin in Illhaeusern. Über dessen Auberge geht ja nun gar nichts, also muß ich auch nicht viel schreiben. Mag der Michelin auch mal einen Stern wegnehmen, dann bekommt er den wieder von mir oder sogar einen dazu. Bei Haeberlin hatte ich mich mit dem Literaturkritiker Franck Nouveau verabredet, den ich vor ein paar Jahren an der Rhone im Château Rayas kennengelernt hatte. Und wieder, als hätten wir nichts anderes zu tun, ging das Menue in den Spätnachmittag über.

Nach dem Ruinart einen Pinot Gris von Hugel, Jahrgang 2011, *Grossi Laüe*, was Große Lage auf Elsässisch bedeutet – weitere Stationen unserer Tour de France können Sie dem Bild oben entnehmen.

Versuchung in Ammerschwihr – La salle Fragonard, Restaurant Binz

Sinnliches Menü Bei Julien Binz wäre meine Empfehlung das *Menue Binz'tronomie*, sie müssten es allerdings gleich bei der Reservierung bestellen. Dann erwarten Sie Les mignardises salées zum Aperitif, l'amuse-bouche, l'entrée, le plat, le dessert et les mignardises sucrées, trois verres de vins sélectionnés, l'eau et le café. Mit rund 100 Euro ist das Menü inklusive Getränke etwas kostspieliger als ein Rucksackvesper in dem Kapellchen bei Orschwihr, aber immerhin sind die Versuchungen kostenlos, die Ihnen aus der Freske *Der Liebesbrunnen* von Jean-Honoré de Fragonard so anregend wie leichtbekleidet entgegen eilen.

Nein, kein Original. Dessen Maße wären mit 64 mal 53 Zentimeter für diesen Speisesaal zu klein; ansehen könnten Sie sich das im Getty Museum in Los Angeles. Eine zweite Version dieses letzten Gemäldes, das Fragonard malte, befindet sich in einer Londoner Sammlung. Der Künstler stammt aus der Parfumhauptstadt Grasse, hat aber mit der gleichnamigen Parfummarke nichts zu tun. Eugène Fuchs, der das Unternehmen 1926 gründete, hatte einfach nach einem marketingträchtigen Namen gesucht und ihn mit Fragonard gefunden.

Schutz gegen Auskühlen und Mundraub – Teigrand am Baeckeoffe

Grand Cru Ganz in der Nähe des Restaurants Binz liegt das Weingut von Nathalie und Christophe Freyburger in der Grand Rue. Acht Hektar, davon vierzig Prozent Steillagen werden bewirtschaftet, darunter auch der legendäre *Kaefferkopf,* die älteste Grand Cru Lage des Elsaß. In vierter Generation machen Nathalie und Christophe hier ihren Wein. Nach 1944 hatte es einen Neustart geben müssen, als bei den Bombardements durch die Amerikaner und Engländer das Haus der Freyburgers zerstört wurde. Nur ein Teil der Eingangsfront des benachbarten Rathauses blieb übrig und wurde bis heute erhalten.

Da eine kurzfristige Reservierung bei Julien und Sandrine Binz in aller Regel scheitern wird, noch ein Hinweis auf die *Domaine de Basil* oberhalb von Orbey – zugleich eine gute Möglichkeit das Abendessen mit einer Übernachtung zu verbinden. Im Sommer kommen Sie leicht hierher und können die Aussicht genießen. Im Winter ist es fast noch schöner und vor allem ruhiger, Allrad wäre dann gut. Das solid-bürgerliche Restaurant der Domaine heißt *La Cocotte Rouge,* nach dem gußeisernen Bräter, den viele von uns zuhause haben.

Hier einen Platz mit Blick auf den Holzherd und vor sich

einen Baeckeoffe und ein Glas Kaefferkopf – was braucht es mehr. Heutzutage wird die elsässische Winterspezialität meistens nicht mehr mit dem Brotrand um den Deckel serviert.

Als in älterer Zeit die Frauen ihre Terrinen noch tatsächlich beim Ortsbäcker in den Ofen stellten, um in der Restwärme des morgendlichen Brotbackens ihr Mittagsgericht zu schmoren, war der Brotrand eine doppelte Sicherungsmaßnahme. Einmal als Dichtung gegen Wärmeverlust, aber auch gegen die Entnahme eines besonders schönen Stückes Lammschulter, das sich dann womöglich in der Terrine der Nachbarin wiederfand. War das Brot-Siegel beim Abholen nicht aufgebrochen, konnte der Baeckeoffe beruhigt nach Hause getragen werden.

Und am Ende bleibt nur noch festzuhalten, daß, wenn die Versuchung aufhört oder wir ihr nachgegeben haben, die Tugend kein Kunststück mehr ist.

❖❖❖

Restaurant Binz, Ammerschwihr, 7 Rue des Cigognes, 0033 389229823

Domaine Freyburger, Ammerschwihr, 13 Grand Rue, 0033 389782572

Restaurant Haeberlin, Illhäusern, 2 rue de Collonges au Mont d'Or , 0033 389718900

Albert-Schweitzer-Museum, Geburtshaus, Kaysersberg, 126 Rue du Général de Gaulle, 0033 389473655

Domaine de Basil, Restaurant La Cocotte Rouge, Orbey, 72 la Housserousse, 0033 389712815

Maison Albert Schweitzer, Gunsbach, 8 Rue de Munster, 0033 389 773142

Musée de la Maison du Fromage – Vallée Munster, Gunsbach, 23 rue du Munster, 0033 389779000

Baeckeoffe am Originalschauplatz – La Cocotte Rouge, Orbey

Entführung aus dem Glück – Ettenheimer Prinzengarten

7

Nach Ettenheim und Rust. Meine siebte Kultour, in der ein reicher Kardinal ärmer stirbt als eine Kirchenmaus und die Intrigantin Jeanne de la Motte zur Marquise ohne Namen wird und die Oberstudienrätin dazulernen muß, jedenfalls was den Europapark angeht.

Barock und Intrige

Das nur vorab, die Figur des Jesus mit den Wundmalen an Händen und Füßen, wurde nicht versehentlich quer eingebaut. Er liegt einfach im Grab, seine geöffneten Augen sind vielleicht ein Hinweis auf die bevorstehende Auferstehung. Gut möglich, daß die einfache Steinmetzarbeit im Stil des 15. Jahrhunderts aus der zerstörten mittelalterlichen Kirche Ettenheims stammt. Zum Glück wurde sie gerettet und in einem alten Ackerbürgerhaus in der Ettikostraße gut sichtbar verbaut.

Zwei Stunden Zeit hatte ich mir für Ettenheim vorgenommen, neun sind es dann geworden und wegfahren konnte ich nur, nachdem ich mir versprochen hatte, demnächst mit mehr Zeit wiederzukommen. Barockstadt hieß es schon auf dem Autobahnschild, aber gleich so viel Barock und kaum ein Haus, das keine Geschichte erzählen könnte.

Jesus im Grab - in der Ettikostraße

„Prinzenschlössle“ – Ichratzheimsches Haus, Ettenheim

Rohan allerorten Im Jahr 1637, während des Dreißigjährigen Krieges also, wurde die Stadt fast komplett zerstört und bis auf „3 heußer verbrennt“. Und der damals moderne Neuaufbau erfolgte in barocker Bauweise, aus der sich das bis heute sehr einheitliche Bild der Altstadt ergibt. Dazu gehört auch der sogenannte Prinzengarten, der aber einem Baron gehörte, nämlich Franz von Ichtratzheim. Dennoch ist die Bezeichnung des Gartens gerechtfertigt, weil der Baron den Garten dem Prinzen Louis de Bourbon, zur Nutzung überlassen hatte. Hier spielte der Prinz den Gärtner, niemand durfte ihn dort stören, außer Charlotte de Rohan, die Nichte des Kardinals, die er gegen den Wunsch der eigenen Familie geheiratet hatte. 1804 wurde Louis Antoine Henri de Bourbon-Condé, Duc d'Enghien, so sein vollständiger Name, auf Befehl Napoleons entführt und zur Abschreckung seiner königstreuen Gegner in den Gräben des Schlosses von Vincennes erschossen.

Gut einhundert Jahre später ereilte dieses Schicksal am gleichen Ort auch die Holländerin Margaretha Geertruida Zelle, bei der es immer erst dann zum Aha kommt, wenn ihr Künst-

Barock pur – in der Altstadt von Ettenheim

lername Mata Hari fällt. Aber bleiben wir besser in Ettenheim und bei Rohan. Vom Rohan-Café zur Rohan-Apotheke, vorbei am Rohan-Palais und durch die Rohanstraße, so kann leicht der Eindruck entstehen, jeder zweite Ettenheimer heiße Rohan. Dem ist aber nicht so und im Telefonbuch taucht der Familienname überhaupt nicht auf. Die Bennungen gehen alle zurück auf Kardinal Louis de Rohan. Der liebte die Frauen, was bei Kirchenfürsten nicht nur im 18. Jahrhundert durchaus an der Tagesordnung war. Nur, er konnte mit den Damen nicht umgehen, die dafür umso besser mit ihm. Das brachte ihn mehrfach in ziemliche Schwierigkeiten.

Als französischer Botschafter in Wien charakterisierte er Kaiserin Maria Theresia in einem Brief als eine Frau, die in der Diplomatie ihre Tränen als Mittel der emotionalen Erpressung einsetze und immer darauf aus sei, weitere Staaten ihrem Herrschaftsgebiet einzuverleiben. Eine gezielte Indiskretion machte diesen Brief bekannt. Aufgrund der Beschwerde, die Maria Theresia gegen Rohan erhob, wurde der vom französischen König Ludwig XVI. seines Postens enthoben und fiel in

Louis Rohan (Büste von Roettiers de la Tour)

Ungnade. Kurz vor seinem Tod ging er nach Ettenheim, seiner rechtsrheinischen Hauptstadt, ins Exil, wo er 1803 auch starb. Ärmer als eine Kirchenmaus, um den Kalauer nicht auszulassen, also hochverschuldet.

Ehrwürdig, aber nicht bibelfest Als Louis de Rohan 1795 vom evangelischen Theologen Friedrich Christian Laukhard im Ettenheimer Exil besucht wurde, wunderte der sich nicht wenig über die Umstände, in denen der Kardinal und sein Neffe, der Prinz von Rohan, lebten. Nichts mehr vom Straßburger Prunk oder der Weitläufigkeit des Schlosses in Saverne. Sein Palais Rohan in Ettenheim wäre in Saverne allenfalls als Torwärterhaus durchgegangen. Jeder Mainzer Domherr, so Laukhard, betreibe einen größeren Aufwand. Für einen Skandal hielt er es, daß ein Rohan sich von einer Mätresse aushalten ließ. „Es war ein dickes Saumensch aus dem Emigrantengesindel und, wie ich gehört habe, die Frau eines gewesenen Pächters, welche der Prinz von Rohan ihres Reichtums wegen unterhielt und sich von ihr Geld vorschießen ließ."

Laukhard mußte auch feststellen, daß der Kardinal es für die damalige Zeit mit den Feinheiten katholischer und lutherischer Religion nicht genau genug nahm. „Das ist einerlei! Die Liebe zum Guten macht die wahre Religion, der Name tut dazu nichts." Die vernünftige Ansicht wurde kurz darauf, als Laukhard das Benediktinerkloster in Ettenheimmünster besuchte, wieder zurechtgerückt. Ein Mönch meinte nur: „Der Kardinal hat als Prinz wenig Theologie studiert; er weiß also nicht recht, wie wichtig der wahre Glaube ist."

Laukhard hatte sich den Kardinal zunächst anders vorgestellt. „Ich dachte da einen alten abgemergelten Wollüstling zu sehen, der die Spuren seiner Ausschweifungen auf dem Gesichte trüge, denn ich hatte von dem Herrn Kardinal viel Skandalöses gehört und gelesen. Allein ich fand ein wirklich ehrwürdiges Gesicht eines schon in den Jahren stehenden hohen Prälaten der römischen Kirche. Sein anständiges Wesen und seine schön modulierte Stimme würden mir Ehrfurcht eingeflößt haben, wenn ich nicht gewußt hätte, daß er schon durch die fatale Begebenheit mit dem Halsbande und durch grobe Verletzung des Völkerrechts an der traurigen Revolution auch stark schuld gewesen ist."

Halsbandaffaire Dieses Halsband, das in den Augen der Zeitgenossen die Französische Revolution befördert hatte, war ein Collier, dessen reines Edelsteingewicht 2.800 Karat, also rund 560 Gramm betrug. Zurückhaltend und ohne den Wert der Verarbeitung und der Fassungen kalkuliert, würde es heute 14 Milllionen Euro kosten. Und obwohl das wertvolle Schmuckstück dem leichtgläubigen Rohan mittels eines Trickbetrugs – natürlich von einer Frau – abgenommen worden war, mußte er hinterher alles bezahlen. Da er keine Mittel hatte, wurden seine Erben herangezogen, um den Betrag von 1,6 Millionen Livres abzustottern.

Schwer zu fassen – das Collier der „Halsbandaffaire".

Nur, damit wir ein Gespür für die Summe bekommen: Ein Drucker verdiente damals etwa 625 Livres im Jahr und hätte von seinem Jahresgehalt ein Pferd kaufen oder fünfmal eine der feinen Prostituierten am Palais Royal aufsuchen können. Zweieinhalbtausend Jahre hätte es für unseren

Drucker gedauert, bis er den Schmuck abbezahlt hätte. Und heute? Für das Collier müßten selbst Nationalfußballer ein Jahresgehalt investieren, ein deutscher Durchschnittsverdiener bräuchte dafür fast 300 Jahre.

Zu den bestbewachten Häusern in Ettenheim gehört das heutige Museum, ein ehemaliges Gefängnis. Videokameras und Alarmanlagen schützen das Halsband, obwohl hier natürlich nur die Kopie aufgehoben wird; aber auch die hat ihren Wert. Sie ist ein Geschenk der im Jahr 2012 gestorbenen Gräfin Marguerite Kottulinsky-Rohan. Christina Mohari vom Staatstheater Karlsruhe hat für das Foto von Wolfgang Hoffmann die Rolle der Madame de la Motte übernommen und das Collier angelegt.

Das Ettenheimer Museum ist nur an wenigen Tagen im Jahr geöffnet, aber Sie können ja mal mit Thomas Dees, dem Leiter des Museums und zugleich Vorsitzenden des Historischen Vereins, wegen einer Sonderführung verhandeln. Er weiß weit mehr als Alles über Ettenheim.

2.800 Karat – aber leider nur eine Kopie

Kurz, es geht um die Halsbandaffaire oder *L'Affaire du Collier de la Reine*, die sich aber kaum kurz erzählen läßt. Kein Wunder, bei einer Gemengelage aus Politik, verführerischen Frauen und abgefeimten Schurken, Geld und Leidenschaft, Komik und Justiz.

Kurz erzählt Probieren kann ich es ja trotzdem: Louis de Rohan wollte der französischen Königin Marie Antoinette zu einem wertvollen Halsband verhelfen, um wieder am Hof zugelassen zu

Der Komödienstadel – Hauptbeteiligte der Halsbandaffaire (vlnr): Königin Marie Antoinette, die von dem Schmuckstück erst hörte, als der Skandal da war. Louis de Rohan, der auf Madame de la Motte hereinfiel. Die Prostituierte Nicole Leguay d'Oliva, die Rohan bei einem nächtlichen Rendez-Vous für die Königin hält. Jeanne und Nicolas de la Motte, ein ehemaliger Gendarm, der die Diamanten auslöste und in London verkaufte. Gräfin und Graf de la Motte haben sich ihre Titel selbst verliehen.

werden. Es war eine Arbeit von Pariser Juwelieren, die dafür über Jahre ihre schönsten Diamanten aufgehoben hatten. Der Schmuck war aber so teuer, daß selbst ein absolutistischer Herrscher wie Ludwig XVI. ihn nicht bezahlen mochte. Um das Vertrauen Rohans zu gewinnen, stellte eine Gräfin de la Motte, angebliche Vertraute der Königin, dem Kardinal ein Rendez-Vous mit Marie Antoinette in Aussicht. Aber statt der Königin kam eine Bekannte der Gräfin, die Prostituierte Nicole Leguay d'Oliva, die der Königin hinter ihrem Schleier so ähnlich sah, daß Rohan auf den Schwindel hereinfiel. Dem Kardinal, der für den Kaufpreis bürgen soll, wird ein Papier zugespielt, in dem die Königin ihre Kaufabsicht mit ihrer Unterschrift bestätigt. Doch diese Unterschrift ist ebenso falsch wie die Gräfin de la Motte, der Rohan das Schmuckstück daraufhin aushändigt.

La Motte übergibt das Collier ihrem Mann, der die Edelsteine ausbricht und in England weit unter Wert verkauft. Als aber der Kaufpreis nie bei den Juwelieren an-

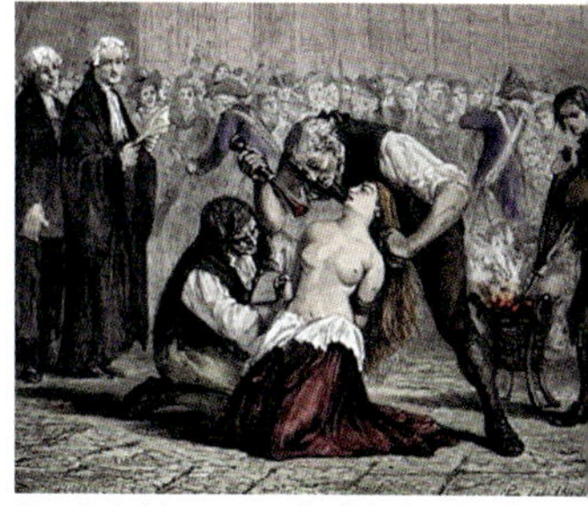

Das Spiel ist aus – die falsche Gräfin de la Motte wird gebrandmarkt

kommt, läßt der König Rohan verhaften und in die Bastille sperren. Im anschließenden Prozeß wird Rohan seiner staatlichen Ämter enthoben und zur Zahlung des Schmuckstücks verurteilt. Zudem wird er in ein Kloster verbannt, aus dem er später ins rechtsrheinische Ettenheim ausreisen darf. Die falsche Gräfin wird ausgepeitscht und gebrandmarkt, mit dem „V“ für Voleuse, also Diebin, das künftig ihre Schulter zierte.

Sicher zehn weitere Personen, die ebenfalls in die Geschichte eingebunden waren, habe ich weggelassen. Das alles war so intrigant und in den Rechtfertigungsversuchen vor Gericht so widersprüchlich, daß wahrscheinlich nicht einmal Shakespeare die Geschichte für die Bühne hätte aufarbeiten können. Das hat dann ein anderer besorgt – wer? Natürlich Goethe.

Genug Stoff für Goethe *Der Groß-Cophta* nannte der Meister sein nur zwei Jahre nach der Französischen Revolution fertiggestelltes Lustspiel. Er hätte es auch „Kardinal Collier“ nennen können, denn so wurde Rohan auf den Flugblättern der Zeit genannt, ein Spitzname, den man am französischen Hof gerne übernahm.

Prunksitzung – Rohans Sessel im Chor der Ettenheimer Kirche

Im Chor der Bartholomäuskirche befindet sich auf der linken Seite das Grab Rohans. Gegenüber steht sein Prunksessel, allerdings kein Original aus dem Besitz des Kardinals, sondern später im Pariser Antiquitätenhandel erworben. Schräg darüber ein Rundbogenfenster mit verdunkelten Scheiben, hinter dem sich der Kardinal gerne aufhielt, nicht nur um die Güte des Meßwein zu probieren, gerne in Anwesenheit ausgesuchter Weinkennerinnen.

Die Gegenrevolution Rohan hat mit seiner Beteiligung an der Halsband-Affaire den Zorn auf König und Adel und damit auch auf die Französische Revolution sicher befördert. Er versuchte von Ettenheim aus – ohne jede Erfolgsaussicht – eine Gegenrevolution, *La Contre-Révolution*, in Gang zu setzen. Gutes Thema für damalige Karikaturisten. Heute muß man aber genau hinschauen: Rohan führt als Trommler ein paar zerlumpte Soldaten an. Statt mit Bajonetten sind einige mit Heugabeln oder Sicheln bewaffnet. Sein königlicher Orden des Heiligen Geistes hängt nicht am üblichen blauen Band, sondern in Anspielung an die Affaire an einer Kette. Alles andere als zufällig reitet Madame de la Motte auf einem Esel hinter ihm vorbei; wahrscheinlich mal wieder mit einem gefälschten Brief in der Hand. Statt der Mitra wird der Kardinal so von zwei Eselsohren gekrönt. Auch eine barbusige Jeanne d'Arc der Konterrevolution befindet sich, ebenfalls auf einem Esel sitzend, im Gefolge. Aber gegen den mächtigen Felsen der französischen Verfassung und die Fahne der Freiheit kommt die traurige Prozession natürlich nicht an, zumal die Kriegskasse nicht prall gefüllt war.

Galeristin Linda Treiber, Ettenheimmünster

In der Kunstfabrik Als Nichtraucher in einer Zigarrenfabrik leben und arbeiten? Ob das wohl gut geht? Für Linda und Heinz Treiber kein Problem, da bereits vor vierzig Jahren in Ettenheimmünster die letzte Zigarre gedreht wurde. Sie die Galeristin, er der Künstler – wie praktisch für ihn, könnte man meinen. Aber für ihn gilt ihr gleicher strenger Blick aufs Werk, wie für alle anderen auch. Das Haus liegt in Ettenheimmünster quer zur Hauptstraße und ist nicht zu übersehen; eine „Kunstfabrik" vorrangig im Bereich Zeichnung inzwischen. Wenn Sie Glück haben, kommen Sie am Tage eines der Konzerte mit namhaften Künstlern hier vorbei. Dahinter winken, und zwar jeden Tag, schon die ersten Schwarzwaldtannen.

Linda Treiber stellt arrivierte Positionen aus und kümmert sich aber ebenso, engagiert und behutsam, um ihre Neuentdeckungen. Manchmal jahrelang, bis es zur ersten Einzelausstellung reicht. Wie jede Fachsprache versteckt auch die des Kunstmarktes manchmal mehr als sie erklärt. Und wer hier etwas von „arrivierten Positionen" liest, kann sich darunter so wenig vorstellen wie ich. Allein schon deshalb ist der Besuch in der Galerie Pflicht. Am Telefon können auch eher ungewöhnliche Besuchszeiten vereinbart werden, denn in der Fabrik wird gelebt und gearbeitet. Gelegentlich führt Treiber auch Schulklassen durch die schier endlosen Räume. Das kann zu einem Termin werden, in dem man viel über Kunst und die Kunst des Sehens lernt. Sie könne, fasst Linda Treiber ihre „Position" zusammen, mit jener Kunst nichts anfangen, die sich dekorativ oder belanglos wichtig mache.

Garantiert gute Küche im Weingut – Stephanie Weber, Ettenheim

Im Weingut Das diskutieren wir gerne zu Ende, am liebsten hoch über der Rheinebene und genießen dabei die Küche von Stephanie Weber im Restaurant des gleichnamigen Weingutes. Für die Köchin spricht zunächst, daß spätestens am Mittwoch einen Tisch reservieren sollte, wer zwischen Freitag und Sonntag hier zu Abend essen möchte. Eine eventuell mitgebrachte Kindermahlzeit wird gewärmt und die passende Stühle stehen schon am Tisch, wenn Sie bei der Reservierung das Alter der Kinder angeben.

Für die Großen gibt es jahreszeitlich wechselnde Viergangmenüs. Eine feine bürgerliche Küche, die nie vergißt, daß dies vor vielen Jahren einmal eine Straußwirtschaft war. Bratkartoffeln mit einem so raffiniert angemachten Wurstsalat habe ich sonst nirgends gegessen (außer natürlich bei meiner Madame, schreibe ich mal besser dazu).

Die Weine kommen alle aus dem eigenen Anbau, was allenfalls schade ist, wenn einem nach einem kräftigen Merlot oder Syrah in französischem Ausbau der Sinn steht. Am besten, Sie probieren einmal fünf Weine in den Minigläsern und entscheiden dann, wie der Rest des Abends weitergehen soll. Echten Freunden können Sie ein Glas mit schwarz eingelegten Walnüssen mitbringen. Fein aufgeschnitten sind die ein i-Tüpfelchen auf Weichkäse oder sehr guten gekochten oder leicht angebratenen Kartoffeln; badische Trüffel kommen einem in den Kopf.

Wenn es das Wetter zuläßt, bei den Webers unbedingt einen Tisch auf der Terrasse reservieren. Von der aus können wir gegen den Sonnenuntergang gleich zwei Silhouetten bewundern, die natürliche der Vogesen und die künstliche des Europaparks.

Kunst- und Europapark Die europaparkferne Oberstudienrätin, die, kunsthistorisch beflissen, sich das Barockstädtchen Ettenheim und seine Geschichte zu Gemüte geführt hat, mag sich fragen, was denn nun noch der Europapark in meiner Kultour zu suchen habe. Viel, kann ich da nur antworten. Regelmäßig finden hier Kunstausstellungen statt, etwa zu Marc Chagall, dessen Enkelin Meret Meyer *Die Magie des Zirkus* präsentierte, und Ottmar Hörl, der eine Statue der Europa als Steh-auf-Frau ersann.

Dann natürlich Lokalmatadoren von Raymond Waydelich bis Tomi Ungerer. Im Park befindet sich übrigens auch das größte je von Ungerer geschaffene Werk im Format von 4 x 2,80 Meter. Es ist ein Geschenk von Jean-George Mandon und Jean-Claude Klinkert, den Präsidenten der *Fondation Entente Franco-Allemande (FEFA)*, an Miriam und Michael Mack. Die FEFA hatte die im Zweiten Weltkrieg zwangsrekrutierten Elsässer entschädigt, bevor sie selbst zwangsbeendet wurde. Das Gemälde zeigt Vögel in den Farben der deutschen und der französischen Flagge, die auf Drähten sitzen. Diese Fäden bleiben nur gespannt dank der Solidarität und der gegenseitigen Hilfe letztlich des gesamten Schwarms.

Ungerers Spatzen, Bildübergabe im Europapark.

Der Europapark bringt den

Illusion klösterlicher Stille – Hotel El Andaluz im Europapark Rust

Künstlern eine Besucherfrequenz, die sie sonst nie bekämen; mehr als einhunderttausend Besucher sahen sich beispielsweise die Originale von Chagall an.

Wenn Sie keine schwerwiegenden Erziehungsfehler gemacht haben, werden Kinder oder Enkel gerne mit Ihnen in den Park fahren und Sie können sich als Kulturvermittler noch ein paar Pluspunkte zurechnen. Nur sollten nicht zu früh sagen, daß Sie an sich wegen der Kunst und den im Park verteilten historischen Industriemaschinen nach Rust fahren. Tomi Ungerer oder die schwarzwaldtypische Gattersäge der Firma Linck aus Oberkirch sollten Sie höchstens kurz erwähnen.

Galerie Linda Treiber, Ettenheim, Münstertalstraße 34, 07822 5464

Weingut und Restaurant Weber, Ettenheim, Im Offental 1, 07822 894813

Europapark, Rust, Europa-Park-Straße 2, 07822 776 688

Platzhirsch in Sélestat – die Humanisten-Bibliothek

8

Nach Rhinau, Sélestat, Ebersmünster. Meine achte Kultour, in der ein Humanist dauernd über den Rhein schippert, wir uns wegen der Löwenspuren keine Sorgen machen müssen und eine hoch gelegene Königsburg vorsätzlich nicht besichtigt wird.

Sélestat hin und zurück

Auf nach Sélestat, der Stadt, die für viele immer noch Schlettstadt heißt. Die vielleicht am Meer liegt, in der vielleicht der Weihnachtsbaum und vielleicht sogar die Druckkunst erfunden wurden. Mal sehen, wie sich die Vielleichts auflösen. Ganz sicher jedenfalls wurde hier *Beatus Rhenanus* geboren. Mit der Fähre, die so heißt wie der hochgelehrte Humanist, setzen wir von Kappel nach Rhinau über, einem französischen ehemaligen Fischerdorf, das bis heute auch Flächen auf der rechtsrheinischen, also deutschen Seite des Flusses besitzt. Bevor es im 19. Jahrhundert durch den Ingenieur Johann Gottfried Tulla zur Begradigung des Rheins kam, die den Flusslauf um 90 Kilometer verkürzte, lag Rhinau erst lange rechtsrheinisch und wanderte, als der Fluss sich wieder mal ein neues Bett suchte, auf die linke Seite, bevor das Dorf kurz nach 1500 wieder ein paar Jahre auf der rechten Seite lag.

Die heutige Tour kann etwas später und entspannt beginnen, weil in Sélestat die Bibliothek der Humanisten erst um zehn Uhr öffnet. Aus welcher Richtung wir auch kommen, der

Land in Sicht – auf der Fähre nach Rhinau

Weg führt durch horizontweite Maisfelder. Das Landschaftbild um Rhinau erinnert an Hase und Igel. Egal wie wir fahren, der Mais ist schon da. Und im Sommer so hoch, daß er schönste Aussichten verdeckt. Wo wir uns heute über Monokulturen ärgern, stand im 18. Jahrhundert noch die Freude darüber im Mittelpunkt. „Soweit das Auge hinauslaufen konnte, sah ich nichts als Welschkornfelder, und freute mich der großen Ernte, die jetzt eben zur Sichel reif war", so 1780 der Karlsruher Lehrer und Naturforscher Heinrich Sander.

Mitten im Maismeer

Sélestat am Meer Das ist keine Übertreibung der städtischen Touristiker, sondern eine Idee der Stadtreinigung, die uns überall daran erinnern soll, wo die achtlos weggeworfenen Zigarettenkippen und Plastikverpackungen letzten Endes landen werden. Weitaus pfiffiger jedenfalls als all die einfallslosen Hinweise sonstwo.

Wer im *Office de Tourisme* von Sélestat nach einem Stadtplan fragt, bekommt, was ausgesprochen selten ist in Frankreich, eine gut übersetzte Broschüre, informativ noch dazu. Als Deutscher müssen Sie zudem nur *Bonjour* sagen und die kompetenten Damen drücken Ihnen die deutsche Version in die Hand; samt zusätzlicher Prospekte zum Affenfelsen und zur Bergfestung Hoh- oder Hochkönigsburg oder Haut-Koenigsbourg. Dort oben hat der Isenheimer Altar, den wir uns in Colmar ja bereits angesehen haben (siehe Seite 104), den Zweiten Weltkrieg unbeschadet überstanden. Wirklich lohnend ist allein der Ausblick, der je nach Wetter bis zu den Alpen reicht. Zum Glück ist's heute aber bewölkt und so können wir uns die Gesellschaft einer halben Million Besucher pro Jahr ersparen und gleich unten bleiben.

Hinweis in Sélestat: Hier beginnt das Meer – Nichts hineinwerfen!

Auf dem Weg vom Parkplatz in die Stadt sind mir die vielen kleinen Hundespuren aufgefallen, die in den Asphalt eingelassen sind. Auch auf dem Umschlag des Stadtplans finden sie sich wieder, in der Stadtgeschichte lese ich, daß es Löwenspuren sein sollen – der Löwe ist das Wappentier der Schlettstädter. So hießen sie, als der Riese Schletto irgendwann in grauer Vorzeit die Stadt gründete. Und als Riese wurde er von einem Löwen begleitet, der überall die Spuren seiner Pranken hinterließ. Es ist natürlich auch der Löwe der Staufer, zu deren Reich die Stadt im ausgehenden Mittelalter gehörte, der ersten Blütezeit von Schlettstadt. Nur die Spuren, die man heute sieht, stammen eher von einem Schoßhündchen.

Tannenbaum Gedenkbrunnen

Geschichte satt Ein erster Rundgang in der Altstadt führt an zahlreichen Türmen, Zunfthäusern und dem Zeughaus, dem Arsenal Sainte Barbe, vorbei. In der Nähe des Tour Neuve und steht ein Brunnen, dessen Bedeutung sich nicht gleich erschließt. Was soll das Buch, das an einen kleinen Tannenbaum auf der Spitze des Brunnenstocks lehnt?

Es ist das Rechnungsbuch der Stadt mit einem Eintrag vom 21. Dezember 1521, dessen Original sich unter der Signatur CC53 im Stadtarchiv befindet: „Item IIII Schillings den förstern die meyen an Sanct Thomas Tag zu hieten." Da sind also den Waldarbeitern vier Schillinge dafür bezahlt worden, daß sie im Gemeindewald die Meyen, wie man früher zu den Tannen sagte, ab der längsten Nacht des Jahres für vier Tage gehütet, also bewacht haben. Das Recht sich kostenlos einen Weihnachtsbaum zu schlagen, stand nur den Bürgern von Sélestat zu. Damit ist ein ordentlicher Beweis für die „Erfindung" des Weihnachtsbaumes zwar nicht geführt, aber wenn sich Straßburg schon „La Capitale de Noel" nennt, wollen wir den Schlettstädtern doch wenigstens ihre kleine Freude lassen.

„Und Karl der Große hat bei uns im Jahr 775 sogar Weihnachten gefeiert," wird mir im Archiv als zusätzliches Argument mit auf den Weg gegeben. „Damals allerdings noch ohne Weihnachtsbaum!" Den Baum könnte allerdings auch der Seifensieder Theodor aus Wolfach erfunden haben. Sein Weihnachtsbaum hatte aber keinen christlichen Hintergrund. Er wollte seine Liebste für sich gewinnen. Ob es gelang, lesen Sie ab Seite 194.

Die Bretzel, auch in tragender Funktion, im Zunftsaal der Bäcker

Bäcker, Brezel und Bretzel Das eigentliche Brotmuseum des *Maison du Pain d'Alsace* ist in den oberen Stockwerken, im Erdgeschoss befindet sich bis heute eine Schaubäckerei. Das Museum, zugleich ein Ausbildungsbetrieb für zwei Bäckerlehrlinge, wird von einem Verein mit rund achtzig Mitgliedern am Leben gehalten. Wir sind im Elsaß, also geht es, neben einer für Frankreich untypischen Brotvielfalt – achtzehn Sorten werden gebacken, nicht alle überzeugen – natürlich auch um die Brezel, die hier *Bretzel* heißt.

1477, so genau will man das jedenfalls im Brotmuseum wissen, sei die Bretzel von einem Bäcker aus dem Elsaß erstmals gebacken worden. Der hatte sich nicht an die vorgeschriebenen Brotgewichte gehalten und hätte im Kerker landen sollen. Wenn es ihm allerdings gelänge, so der Richterspruch, ein Brot zu backen, durch das man die Sonne dreimal sehen könne, würde die Strafe ausgesetzt. Seine Frau glaubte, da könne nur noch ein Gebet helfen. Dabei kreuzte sie, wie in jener Zeit üblich, die Arme über den Schultern, was bei ihrem Mann das Bild eines Brotes mit drei Löchern hervorrief. Die Breztel

Brotmuseum Sélestat

war geboren. Er kam frei. In Bayern und Schwaben wird die Geschichte ähnlich erzählt, nur kommt dort die echte und ursprüngliche Brezel nie aus dem Elsaß.

„A Brezn is a boarisches Laugngebäck und wead aus am Doag aus Woaz, Geam, Wossa und Soiz gmocht. Voam Bocha kimt de Brezn no in a Laung und griagt omdrauf no a groubs Soiz." Die Bayern kennen mit Anton Nepomuk Pfannenbrenner sogar den Namen des Erfinders, der seine Brezn statt mit Zuckerwasser versehentlich mit einer Salzlauge überstrich. Und man kennt dort auch den Namen des königlich württembergischen Gesandten am Bayerischen Hof, der diese Brezn gegessen haben soll. Der habe Wilhelm Eugen von Ursingen geheißen. Allerdings existierte der ebenso wenig wie ein Bäkker namens Pfannenbrenner. Karl Valentin könnte die Geschichte erzählt haben.

Wie war es nun tatsächlich? Historisch belegt ist die erste Abbildung einer Brezel in einem im Elsaß geschriebenen Buch, dem *Hortus deliciarum* aus dem 12. Jahrhundert. Die Äbtissin Herrad von Landsberg hatte diese erste von einer

Zur Einkehr zwischendurch

Frau geschriebenen Enzyklopädie nicht weit von hier in ihrem Kloster auf dem Odilienberg verfasst.

Kleine bis mittlere Stärkung Vor dem Bibliotheksbesuch könnte ein Imbiss erfolgen, mit der Betonung auf „klein", denn für heute Abend empfehle ich ein Fischrestaurant in Rhinau. Für zwischendurch gibt es in Selestat das *Troc Café*, bei dem zunächst nicht sicher ist, ob es sich um einen Antiquitätenladen oder ein Café handelt. Irgendwie ist es beides, serviert wird alles, verkauft dagegen keinesfalls. Die passende Umgebung für eine Tarte flambée oder eine Tartine, was sich besser anhört als belegtes Brot. Hier ist es tatsächlich ein Sauerteigbrot, das im Ofen mit geröstet und je nach Geschmack belegt wird.

Oder wir gehen etwas weiter in Richtung Stiftskirche Sankt Fides und bestellen einen Probierteller mit Schinken und Käsen der *Petite Ferme Riedwasen*. An sich ein Hofladen-Feinkostgeschäft, das mittags vor dem Haus ein paar Plätze anbietet. Perfekt für einen Imbiss, die Stühle sind mir zu unbequem – aber besser so als umgekehrt. Deutlich komfortabler sitzt und ißt man im gutbürgerlichen Restaurant *Au Bon Pichet;*

Zweisprachig grüßt die Bibliothek

das heben wir uns aber auf, denn soviel, daß zwei Menüs am Tag abgegolten werden, können wir garnicht besichtigen.

Schriftwechsel Doch jetzt in die Humanisten-Bibliothek – ihretwegen sind wir ja hauptsächlich nach Sélestat gekommen. Auch hier werden wir deutsch begrüßt, schriftlich sogar. Wenn wir uns nämlich von jener Seite nähern, an der jedermann den Haupteingang erwartet, finden wir das Gebäude unübersehbar gekennzeichnet mit „Stadtbibliothek-Museum“. Das gut lesbare Mosaik, das noch in deutscher Zeit 1907 angebracht wurde, sollte natürlich nach dem ersten Weltkrieg durch eine französische Inschrift ersetzt werden.

Um es sich einfach zu machen, wollte man das Mosaik nur überkleben. Trotz einiger Versuche wollte die französische Schrift auf dem deutschen Untergrund nicht halten und so beließ man es bei der ursprünglichen Fassung. So konnten die Deutschen dann im Zweiten Weltkrieg auch alles so belassen, wie es war und bis heute ist. Nur über dem ehemaligen Hauptportal wurde der Schriftzug BIBLIOTHEQUE HUMANISTE in goldglänzenden Metallbuchstaben ergänzt.

Wer hat's erfunden – Gutenberg oder Mentel?

Unschätzbare Werte Zur Sammlung, die Beatus Rhenanus seiner Geburtsstadt überließ, gehören je fünfhundert Manuskripte und Wiegendrucke, Inkunabeln nach dem lateinischen *incunabula,* also Windel oder Wiege. Viele davon kann man nach der 2018 abgeschlossen Renovierung der Bibliothek in bester Museumstechnik digital durchblättern.

Lange Zeit, um genau zu sein bis 1927, waren die Bände dort ungeschützt und für jedermann zugänglich. Erst dann ließ die Stadt ein schmiedeeisernes Gitter anbringen, das bereits sieben Jahre zuvor vom Kunstschmied Joseph Andrès gefertigt worden war. Da möchte ich gar nicht wissen, wieviel einzelne Seiten, vor allem die mit Karten und Abbildungen, oder sogar ganze Bände seither in irgendwelchen Privatsammlungen verschwunden sind.

Im 18. Jahrhundert bediente sich das Jesuitenkolleg, dem die Bücher als Dauerleihgabe überlassen worden waren; die Pater änderten zahlreiche Eigentumseinträge zu ihren Gunsten. Wenig später war es, sowas hat Tradition in Frankreich, die Hauptstadt, die den Magistrat der Stadt zwang, vierzig

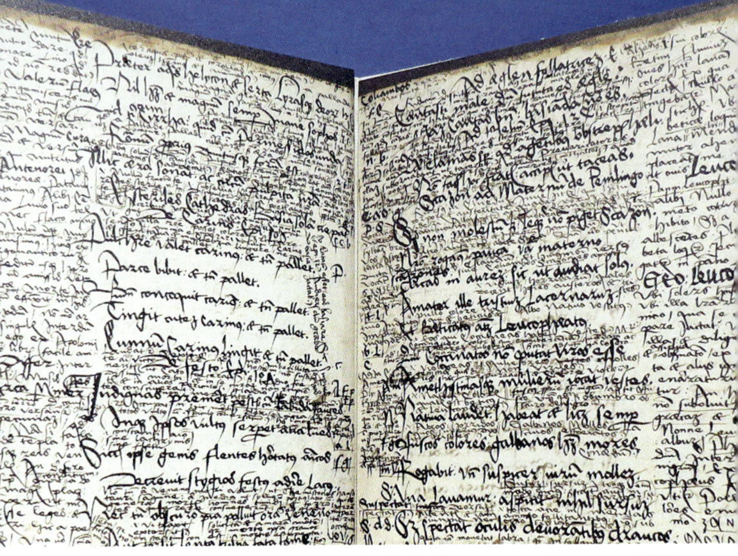

Den freien Platz ausgenutzt – Schulheft des Beatus Rhenanus 1498

Wiegendrucke gegen zeitgenössische Literatur nach Paris „zu tauschen." Die nun vorhandene elektronische Sicherung schützt aber nicht vor weiteren Begehrlichkeiten aus Paris.

Etwas zu selbstbewusst und unkommentiert steht unter der Büste des in Schlettstadt geborenen Druckers Hans Mentel oder Johannes Mentelin: *Inventeur de L'Imprimerie*; die Ehre der Erfinders der Druckkunst belassen wir nun doch bei Johannes Gutenberg. Immerhin hat Mentelin 1466 die erste Bibel in deutscher Sprache gedruckt.

Erasmus von Rotterdam hat Stadt und Lateinschule gewürdigt. Den Text finden Sie während eines Stadtrundgangs vor dem *Arsenal Sainte Barbe* ins Pflaster eingelassen.

„Edles Schlettstadt - glücklicher Genius.
Welch edles Gestirn
leuchtete dir zur Geburt?
Deine besondere Gabe ist es,
daß du so viele Männer erzeugt,
reich an Geist und Verdienst.

So viele edlen Gesteine,
so viele Leuchten dem Erdkreis,
so viele Meister des Geistes."

Beatus Rhenanus

Mit Beatus Rhenanus hatte sich Erasmus, der sich den Beinamen des „Fürsten der Humanisten" verdient hatte, angefreundet. Beide hatten sich im Haus des Basler Druckers und Verlegers Johann Froben kennengelernt, wo Rhenanus zunächst als Korrektor arbeitete. Der anerkannteste Gelehrte seiner Zeit vertraute ihm später sogar die Herausgabe seiner gesammelten Werke an, die 1540, vier Jahre nach dem Tod von Erasmus in Basel erschienen. Erasmus stand der alten Kirche kritisch gegenüber, er gehörte zu denen, die die Reformation mit ihren Schriften vorbereiteten, hielt dennoch nicht viel von Luthers radikaler Vorgehensweise. Umso erstaunlicher – es zeigt die Achtung, die er genoss – daß Erasmus im Münster des mittlerweile protestantisch gewordenen Basel beigesetzt wurde.

Eine frühe Kaderschmiede Wer die prestigeträchtige Lateinschule von Schlettstadt absolviert hatte und dann ein Studium anschloss, wurde Universitätslehrer, konnte mit einer kirchlichen Karriere rechnen oder als Jurist, Schatzmeister und Geheimsekretär in der Verwaltung des Heiligen Römischen Reiches Deutscher Nation unterkommen. Manche wurden auch direkte kaiserliche Ratgeber. Und alle waren Multiplikatoren für ihre Schule und rekrutierten dann die nächste Generation der Schlettstädter Absolventen.

Mit dem Geschenk der Bibliothek an seine Heimatstadt sicherte sich Beatus Rhenanus das Recht in der Kirche Saint Georges bestattet zu werden. Die Kirche war ursprünglich mit zahlreichen Skulpturen ausgestattet, die wie so oft den Revo-

Reservierung stets empfohlen – Restaurant Bord du Rhin, Rhinau

lutionshorden zum Opfer fielen. Die Jakobiner haben diese Kunstwerke nach 1792 zerstört; nur die Figur eines Teufels haben sie verschont und so die Kirche umwidmen wollen. In der Vorhalle zum Haupteingang, finden sich auch schon die Grabinschriften des Vaters und Großvaters von Beatus, nämlich Antoine und Eberhard Bild. Das war noch der althergebrachte Name, den die Familie aus Rhinau mitgebracht hatte; erst Beat Bild latinisierte dann seinen Namen in Beatus Rhenanus.

Hostellerie familiale Bevor uns die Fähre Rhenanus wieder auf die andere Seite bringt, wäre in Rhinau die Einkehr im *Aux Bords du Rhin* kein schlechter Gedanke. Hostellerie familiale nennt man sich dort wirklich zurecht. Patrice Berna ist seit 1883 der fünfte Küchenchef aus der Familie und die sechste Generation, sein Neffe Mathieu, ist im Service tätig. Wenn Sie das erste Mal dort sind, ist der kurz gebratene Zander, klassisch mit der opulenten Buttersauce und immer mit Salzkartoffeln erste Bürgerpflicht. Nach Pommes als Beilage zu fragen wäre ein Sakrileg.

Und hinterher ein kurzer Spaziergang auf den nahen Rheindämmen, dem Beatus nachhängen und den nächsten Tag planen. Wenn es im Elsaß weitergehen soll, wäre es gut, wenn Sie Ihr *Chambre d'Hôte* in der historischer Umgebung des *L'Ancien Couvent de Petra* in Friesenheim schon reserviert hätten. Nach einer Klausur dort könnte der neue Tag dann sittlich und fromm mit einem Besuch in der nahen Pilgerkirche Notre Dame de Neunkirch beginnen.

Fruchtbar – Gemüsegarten beim Kloster Neunkirch bei F-Friesenheim

Erst beten, dann tafeln Nach den Gottesdiensten vom 15. August und 8. September, also an Mariä Himmelfahrt und Marias Geburtstag, an denen vor dem Altar im Schatten hoher Plantanen mehr als zweitausend Menschen teilnehmen, geht es fast schon unchristlich weiter, nämlich mit einem Hauen und Stechen um die Plätze im Restaurant *Aux deux Clefs* von Colette Petit. Also gehen wir am besten unter der Woche hin.

Auf die Mittagskarte wartet man in Neunkirch vergebens, da es eh nur ein Menü gibt. Serviert wird solide Hausmannskost, etwa eine Suppe mit Markklößchen oder eine hausgemachte Terrine mit Crudités, dann ein Schäufele in Senfsauce, dazu Bratkartoffeln und Salat. Fast nur Stammgäste auf

Alles besetzt, aber nur an Marienfesten

Alles besetzt, an jedem Tag – Aux deux Clefs, Neunkirch

den rund 40 Plätzen in der guten Stube. Gezahlt wird an der Bar und selbst mit einem Glas Riesling und dem abschließenden Café kommt man kaum über 15 Euro. *À demain*, bis morgen also, heißt es beim Abschied. Wer am nächsten Tag nicht kommt, meldet sich bei Colette entschuldigend ab. „Dann aber übermorgen wieder", sagt sie streng.

Zurück, aber noch nicht zuhause Wenn Sie mit der Autofähre von Rhinau wieder nach D-Kappel übersetzen, könnte sich der Abstecher zur Ölmühle Kirner und dem angeschlossenen Museum lohnen. Das schon deshalb, weil die unübersichtliche Homepage kaum eine Hilfe ist. Wenn Sie bei der Ölmühle vor 17 Uhr vorbeikommen möchten, müssen Sie einen Termin vereinbaren. Erst dann gibt's Lein-, Sesam- und Hanföl aus erster Hand.

Und vielleicht noch in der Grafenhausener Hauptstraße auf ein Gedenk-Bier in den *Engel*. Einst die Gaststätte des Buchbinders Johann Nepomuk Winkler, der viel für die Verbreitung der freiheitlichen Gedanken vor der Revolution von 1848 getan hat und zwar lange bevor es im Offenburger Gasthaus „Salmen“ losging. Zahlreiche Flugblätter wurden von den Gendarmen des Großherzoglichen Bezirksamtes in Winklers Haus gefunden. Nach Verhaftung und Freilassung zerstörte er mit über 200 Helfern – Kaufleute, Lehrer, Landwirte – bei Orschweier die Bahnstrecke, um die Verlegung von Soldaten ins Revolutionsgebiet zu verhindern. Winkler floh über das Elsaß nach Paris, wo er auch starb.

Fast nur Stammgäste – im Deux Clefs in Neunkirch-Friesenheim.

Restaurant Aux deux Clefs, Neunkirch-Friesenheim, 4 Rue Notre Dame, 0033 388 748 087

Humanisten-Bibliothek, Sélestat, 1 Place Dr Maurice Kubler, 0033 388 580 720

Troc Cafe, Sélestat, 31 Rue Pr esident Poincaré. 0033 388 584 690

La Petite Ferme Riedwasen, Sélestat, 44 rue des Chevaliers. 0033 388 584 822

Au Bon Pichet, 10 place du Mar ché au Choux, Sélestat, 0033 388 829 665

À l'Ancien Couvent de Petra, F-Neunkirch-Friesenheim, 2 rue du Couvent, 0033 632 156 855

Aux Bords du Rhin, Rhinau, 10 rue du Rhin, 0033 388 746 036

Maison du Pain d'Alsace, Sélestat, 7 Rue du Sel. 0033 388 584 590

Ölmühle Kirner, Hauptstraße 88, Kappel-Grafenhausen, 07822 6336.

Klassischer elsässer Teller von Henri Loux (siehe neunzehnte Kultur).

Theaterplakat von BAAL zu Georg Büchners Lenz

9

Nach Wildersbach, Waldersbach und Founday. Meine neunte Kultour, in der ein Hahn ein Ei legt, der arme Lenz nach einer Wanderung ins Gebirg' von Oberlin nicht geheilt werden kann und Olivenöl die einzigen Arznei ist.

Oberlin in Sibirien

Wer einen Hang zum Depressiven hat, sollte nicht gerade an einem neblig verhangenen Novembervormittag vorbei am Friedhof von Andlau über Le Hohwald und viele, viele Kurven der D 425 nach Waldersbach fahren. Als rezeptfreies Gegenmittel deshalb die gute Nachricht ganz zu Anfang: Da das Oberlin-Museum in Waldersbach nur nachmittags geöffnet ist, beginnen wir den Tag mit einem Mittagessen.

Und zwar in der *Ferme Auberge de la Perheux*, die gerade mal eine halbe Stunde Fußweg vom Museum entfernt liegt, nördlich in Richtung Wildersbach. Dann haben wir es auf 700 Meter geschafft und können, wenn das Wetter mitspielt, den Panoramablick vom Col de Perheux genießen. Bert Brecht hätte das kommentiert: „Erst das Essen, dann die Kultur", um nicht von Fressen und Moral zu reden.

Soll man Kinder anschwindeln? „Sollen nicht, dürfen manchmal schon ", sagt meine pädagogische Beraterin. Kleiner Tip also für den Fall eines Familienausflugs: Erzählen Sie nicht unbedingt, daß wir das Haus eines Sozialreformers be-

Vom Garten auf den Teller – Ferme-Auberge de la Perheux

suchen, der nebenbei noch verdienstvoller Lehrer war. Eher vielleicht, daß wir zu einem Bauernhof gehen, wo es Eis zum Nachtisch gibt und hinterher noch in ein Museum, in dem man mit schönen Dingen basteln und sogar alle Schubladen öffnen darf.

Zwanzig Jahre lang kannte man auf Perheux nur die Familie Höffgen, die dann aus Altersgründen aufgab. Auf das neue, junge Team der Auberge – die Geschwister Violette, Per-Loup und Léon Botter – ist aber Verlass. Im Prinzip führen sie eine Familientradition weiter, denn die Eltern betreiben den Bauernhof *La Bouille* in Sainte-Croix-aux-Mines. Viele Gerichte werden, wie es sich gehört, nur saisonal angeboten. Deshalb ist die Karte eine Mischung zwischen Überraschungsei und Wundertüte; das heißt dann

Es gibt, was es gibt – gemischte Vorspeisen, Ferme Perheux

Entrée du moment, Plat du moment und *Désert du moment.*

Probieren sollten Sie die gemischten kleinen Vorspeisen. Was dann kommt, kann ich allerdings nicht vorhersagen, den Teller bestückt der Chef nach Lust und Laune, also *suivant les envies du chef.* Kurz: Gegessen wird, was auf den Tisch kommt. Auf alle Fälle sollten Sie vorher anrufen, da an manchen Tagen nur mit entsprechender Reservierung bewirtet wird. Personalmangel also auch hier, zudem ist ein größerer Umbau geplant.

Die Ortsrunde Nach dem Mittagessen sollte die Motivation reichen für den Rest des Oberlin-Rundweges, also auch noch zum Besuch seines Grabes in Fouday und wieder zurück zum Museum in Waldersbach. Wie Sie genau dorthin kommen, muss ich in einem Ort von 131 Einwohnern nicht beschreiben. Alles zusammen macht noch eine gute Stunde Gehzeit.

Der 1740 in Straßburg geborene Friedrich Oberlin, sein Geburtshaus steht am Place du Temple Neuf Nr. 17, wurde als evangelischer Pastor nach Waldersbach geschickt. Das war und ist Elsässisch-Sibirien. Der Pastor lebte, ähnlich bescheiden wie seine Schäfchen, in einer Hütte, von der er nur als der „Rattenfalle" sprach. Erst später wurde ein Pfarrhaus von der Industriellenfamilie de Dietrich finanziert. Deren Geschichte, vor allem aber, warum Eugène de Dietrich den zwanzigjährigen Ettore Bugatti einstellte, erzähle ich bei anderer Gelegenheit.

Oberlin glaubte sich im rauhen Waldersbach eine andere Welt versetzt. Die wenigen Bauern und Tagelöhner waren bettelarm. Im Winter lebten sie oft von Grassuppe, manchmal mit einem verrührten Ei und ein paar aufgeweichten Brotstükken. Oberlin erweiterte die Speisekarte um selbstentwickelte preiswerte Gerichte. Die bisher nur von den Wildschweinen geschätzten Eicheln sollten „in ein Tüchlein gebunden und mit Asche und ein wenig Salz" gekocht werden. So wurden sie weich und konnten lange in dem Kochwasser aufbewahrt werden. Oft wurden sie als Salat angemacht, „besonders, wenn

Vogesenwinter sind lang – noch 300 Meter zur Ferme Col de Perheux

sie zuvor in der Salattunke zerdrückt wurden". Krank durfte niemand werden. Als einzige Medizin hatte man Olivenöl, dem Branntwein zugegeben wurde; mal zum Einreiben, mal zum Trinken.

Die Böden im Steintal waren karg, der Weg nach Straßburg im Winter schneeverweht unpassierbar. Manche der Höfe bekommen zwischen November und Februar keinen Sonnenstrahl ab. Fast sechzig Jahre wirkte Oberlin hier. Auf dem Friedhof von Fouday, einem 300-Seelen Örtchen anderthalb Kilometer westlich Waldersbach, erinnert ein handgeschmiedetes Kreuz an „Papa Oberlin".

Mißlungene Psychotherapie Franzosen kommen vor allem wegen Oberlin nach Waldersbach und die Deutschen wegen Lenz. Da tauchte eines Tages dieser psychisch labile Schriftsteller und Goethe-Verehrer namens Jakob Lenz auf, der sich in der Einsamkeit von Oberlins Tal Genesung oder wenigstens Linderung erhoffte. Vom 20. Januar bis zum 8. Februar 1778 lebte Lenz bei und mit den Oberlins. Minutiös, wie immer, zeichnete der Pfarrer alles über den Besucher auf. Und so beginnen die Notizen, die sich im Straßburger Stadtarchiv befinden, und die später als teilweise wörtlich übernommene Vorlage für Georg Büchners Erzählung „Lenz" dienten: „Den 20 Jan. kam er hieher. Ich kannte ihn nicht. Im ersten Blik sah ich ihn, den Haaren und hängenden Loken nach, für einen Schreinergesell an. – Seyen Sie Willkommen, sacht ich, ob Sie mir schon unbekannt."

Alles scheinbar normal, doch schnell kommen bei Lenz die Ängste, die nächtlichen Ausflüge, die Stürze in eiskaltes Wasser bis zum Versuch, sich mit einem Messer umzubringen. Oberlin nimmt sich Zeit für viele Gespräche; seine Frau und die übrigen Bewohner bis zum Schulmeister fürchten sich immer mehr. Es bleibt nichts, als Lenz in eine Anstalt nach Straßburg zu schicken. Zwei Wachen und zwei Fuhrleute begleiten ihn. Gesund wird er nicht mehr. Ein paar Jahre später wird er in Moskau tot in einer Straße aufgefunden. Niemand weiß, wo er begraben liegt. Sein Biograph, der Mediziner und vorrevolutionäre Schriftsteller Georg Büchner stirbt mit gerade 23 Jahren an Thyphus. Die düstere Geschichte einer mißlungenen Therapie.

Papst des Steintals Seinen Ehrentitel „Papa" trug Oberlin zu Recht, denn bei aller Glaubensstrenge lagen seine Verdienste auch darin, daß er den Ackerbau durch Kompostierung und Düngung revolutionierte, den Obstanbau und eine Vorratswirtschaft einführte, das Bewusstsein für den Zusammenhang zwischen Hygiene und Gesundheit schuf und vor allem den Schulunterricht für Jungen und, gegen Widerstände aus dem Dorf, für Mädchen einführte. Oberlin war mehr Entwicklungshelfer, denn Pfarrer, obwohl er manchmal sogar der „Papst des Steintals" genannt wurde.

„Pabst" in elsässsich Sibirien – Friedrich Oberlin

Anfangs war die Arbeit für Oberlin auch deshalb so frustrierend,

Oberlin, kein geborener Jäger . . .

weil die Dörfler ihren eigenen Dialekt sprachen, sein französisch nicht verstanden und seine Muttersprache deutsch erst recht nicht. Wichtige Gespräche und seine Predigten mussten zunächst also aus dem Französischen in eine Art lothringisches Patois übersetzt werden.

Naturkundliches Sammelsurium Auch wenn das Pfarrhaus noch ein paar Stockwerke mehr gehabt hätte, wäre doch alles voll mit den Sammlungen Oberlins. Alles brachte er von seinen Spaziergängen mit - Versteinerungen, Knochen, Zweige, Kräuter – alles wurde aufgehoben, gezeichnet und sortiert in kleine Schachteln. Vor allem die lokale Pflanzenwelt hatte es ihm angetan. Weit mehr als eintausend Blatt umfasst sein Herbarium, das sich anzusehen lohnt.

Sogar das berühmte Ei eines Hahnes will er gefunden haben und hat es auch so beschriftet. Angeblich entsteht aus diesem Ei, wenn es von einer Schlange ausgebrütet wird, ein Basilisk, ein Fabelwesen, halb Hahn, halb Schlange. Dessen Blick soll versteinern können, sich aber gegen das Wesen selbst richten, wenn man ihm einen Spiegel vorhält. „Es gibt keinen Grund, eine Wahrheit zu bezweifeln, die für die Menschen Sinn macht,“, kommentierte Oberlin den Aberglauben.

Wie Kollege Don Camillo unterhielt sich auch Oberlin oft mit seinem Gott. „Jedes Mal, wenn ich ungewiss war über die Entscheidung, was ich tun sollte, rief ich Gottes Rat an, und

. . . aber ein leidenschaftlicher Sammler

er erteilte ihn mir immer auf die eine oder andere Weise." Nicht immer allerdings hat Oberlin die Ratschläge ungeprüft übernommen. Und erst recht war er kritisch gegenüber den Vorschriften der Kirchenoberen. Als die das Buch *Le Mariage de Figaro* von Pierre Augustin Caron, der erst später den Namenszusatz erhielt, unter dem wir ihn kennen, de Beaumarchais nämlich, auf die Liste der verbotenen Bücher setzten, setzte Oberlin seinerseits alles daran, um in den Besitz des Buches zu gelangen. Was ihm unschwer gelang. Beaumarchais hatte vor dem Figaro bereits einige seines *Parades* geschrieben, mehr derbe denn elegante Sketche über das Thema Liebe und Verführung. Oberlin las also, was ihm zu lesen verboten war und fand das ziemlich nah am richtigen Leben und also gut.

❖❖❖

Musée Jean-Frédéric Oberlin, 25, montée Oberlin, Waldersbach, 0033 388973027

Ferme auberge, Lieu-Dit „Col de la Perheux", 97, chemin du Saicy, Wildersbach, 0033 388979607. Unbedingt vorher anrufen, da an manchen T agen nur nach Reservierung bewirtet wird und ein Umbau geplant ist.

Die drei von der Ferme – Per-Loup, Violette und Léon Botter

Steckbrief eines unbekannten Freibrenners

10

Nach Hofstetten, Haslach und Oberprechtal. Meine zehnte Kultour, in der einem Freibrenner 50 Prozent zu wenig sind und ein Pfarrer mittels Alkohol und Opium gesunden soll. Und in der ein junger Reporter namens Hemingway alles andere als ausgewogen berichtet.

Freigeister und Schneeballen

Offroad sagte das Navi. Tief hinten im Tal lag der Hof, einsam, so, wie man das aus den Bildern von Karl Hauptmann oder Wilhelm Hasemann kennt. Im Winter wird die Sonne den Talboden kaum einmal erwärmen, streift höchstens die Spitzen der Tannen. Und der Rauch des Ofens wird gleich am Schornsteinrand vom Wind verschluckt.

Ein genial-kräftiges Kirschwasser hat mir der Bauer verkauft. Sein Destillat habe gut siebzig Prozent Alkohol, zu sehr mit Wasser verdünnen möchte er es nicht: „Fünfundfünfzig braucht es schon." Weder die Flasche, gekennzeichnet mit einem Filzstift-K, noch der Destillateur hatten je etwas von Hauptzollamt oder Alkoholsteuer gehört.

Flaschen mit einem Filzstift-T verkaufte der Freibrenner auch, das sei der Topinambur. Angebaut hat er dafür nichts, die kleinen Knollen mußte seine Frau mühsam aus dem Hanggrundstück klauben. Das Brennen der Kartoffel-Vorgängerin ist ein heikles Geschäft, nicht wegen der Steuern, sondern wegen der Sauberkeit, mit der die Knollen verarbeitet werden müssen, um Fehlgärungen zu vermeiden.

Beim Freibrenner: K = Kirsch;
T = Topinambur

Ob es ihm nicht zu einsam sei und er sich wenigstens gelegentlich mal mit den Nachbarn treffe, habe ich ihn gefragt. „Wozu soll es gut sein, fünf Kilometer den Berg hinunter zu gehen ? Dort sitz‘ ich dann ja nur meinesgleichen wie in einem Spiegel gegenüber.“

Man kann den Schwarzwäldern ja vieles nachsagen, übermäßige Gesprächsbereitschaft gehört nicht dazu. Eher gewinnt man den Eindruck, sie kennen sich selbst zu gut, als daß sie blindes Vertrauen in andere Menschen hätten.

Frauen- und automobilfeindlich Beschäftigen wir uns zunächst mit einem vorbestraften Pfarrer aus Haslach im Kinzigtal. Zu zwei kurzen Gefängnisstrafen war er verurteilt worden, einmal wegen aufrührerischer Reden, kurz darauf wegen Beamtenbeleidigung. Von beiden Verurteilungen sprach er voller Stolz. Das Zölibat war ihm ein unbekanntes Fremdwort. Ein Brauer aus Waldshut soll sich erschossen haben, weil ihm ausgerechnet ein Priester die Frau ausgespannt hatte. Heinrich Hansjakob also. Um seine Kinder hat er sich kaum gekümmert, sie aber gut versorgt.

In seinem Buch *Mein Grab* machte sich Hansjakob Gedanken über die Steine, die in seiner Grabkapelle verbaut wurden. Jeden davon sieht er als „einen Kameraden, der mit meinem toten Leib die Finsternis teilen wird“. Mitten im Ersten Weltkrieg ist er mit fast achtzig Jahren gestorben. Von einem Unruhigen, und damit hat er sich wirklich passend selbst charakterisiert, sei die Kapelle der Ruhe gewidmet: „Queti ab inquieto“. Man muß in die Knie gehen oder die fürchterliche gelbe Plastikbank vor der Kapelle etwas vorziehen, um die Widmung zu finden.

Der katholische Geistliche war ein oft verliebter Weiberfeind. Den Papst hielt er schon immer für fehlbar, Unternehmer und Weinhändler meist für Ausbeuter, weshalb er für seine Weinbauern in Hagnau am Bodensee die erste badische Winzergenossenschaft gründete. Hansjakob war immer eher dagegen als dafür und polterte in seinen vielen Büchern und Predigten gegen Bischöfe, Militärs und Juden. Er schrieb und sprach in Schlagworten und Überschriften und hätte als Mann für das Fettgedruckte auch bei *Bild* Karriere machen können. Als virtuoser Populist konnte er sich herrlich aufregen über frühe Umweltverschmutzer, besonders das „schweinsmäßig grunzende, Landschaft verhunzende" Automobil sowie über emanzipierte Frauen, die „Wibervölker". Die anderen waren ihm lieber.

Wie die sechszehnjährige Hermine, die damals schon mit dem Haslacher Arzt Robert Wörner verheiratet war und Hansjakob später erpresste oder Maria Baumann, die junge Küchenhilfe aus seinem Pfarrhaus, deren Sohn er zum Mediziner ausbilden ließ. Es sei an der Zeit „die Frauen wieder aus Gymnasien und Universitäten zurückzutreiben an die Waschzüber, in die Küchen und zu den Stricknadeln und Spinnrädern". Alleine das zu zitieren, schafft einem kaum neue Freundinnen.

Zwei Meter mit Hut – Hansjakob, als Bauherr geachtet, aber unbeliebt

Vierundsiebzig Bücher hat Hansjakob geschrieben, stilistisch eher holprig, manchmal hat er auch die Geschichten oder Vorarbeiten anderer nur nacherzählt. Seine Titel waren Bestseller und machten ihn zum reichen Mann.

Natürlich schimpfte er trotz

allem über seine Verleger, etwa Adolf Bonz in Stuttgart. Als er den einmal nicht antraf und hörte, dieser mache Urlaub im Ferienwohnsitz am Bodensee schimpfte er los. Bolz gehöre „zu den glücklichen Verlegern, die sich solche Sitze leisten können, während ich zu jenen zahlreichen, unglücklichen Schriftstellern zähle, die nicht einmal einen Ziegenstall, noch weniger eine Villa ihr eigen nennen." Das war wider besseres Wissen kritisiert. Sein stets gut gefüllte Konto bei der Freiburger Gewerbebank erlaubte ihm auch Extravaganzen.

Grabkapelle für einen Unangepassten Allein die Kapelle hat Hansjakob nach heutigem Geldwert eine halbe Million Euro gekostet; sein großzügiger Alterssitz samt angebautem Kirchlein, der *Freihof* in Haslach, den wir später besuchen, das doppelte. Drei Millionen Euro vermachte er seiner Schwester Philippine, als er die Grabkapelle dann tatsächlich brauchte. Und zusätzlich war es eine andere seiner geliebten Damen, die bayerische Offiziersgattin Maria Hamminger, die den Bau mit dreißigtausend Euro unterstützte. Ein Mehrfaches davon bekam er von ihr als Zuschuß für den *Freihof*. Fast jedes Jahr traf sich die „Witwe", ihr Mann lebte in einer Irrenanstalt, mit Hansjakob, mal in Freiburg im *Europäischen Hof*, mal in Hofstetten in den *Drei Schneeballen*.

Den Schlüssel zur Kapelle gibts in den Drei Schneeballen

Geplant wurde die Grabkapelle vom Freiburger Architekten Max Meckel, dem Kirchenbauer seiner Zeit. Als arrogante Überheblichkeit werteten das Hansjakobs Amtsbrüder aus der Freiburger Zentrale; allerdings hatte er die auch jahrelang ausgespäht und Interna des Erzbistums an die badische Regierung verraten.

Forelle im Herrgottswinkel – Hansjakobs zweite Heimat

Den Schlüssel zur Kapelle können wir im Gasthaus *Drei Schneeballen* abholen, wo Hansjakob Stammgast war; am besten erledigt man das zusammen mit einer Tischreservierung. Für Hansjakob wurde immer das Zimmer über dem Herrgottswinkel der Gaststube freigehalten. Den Namen des Restaurants ließ er auch mehrfach in den Titeln seiner Sammelbände mit Erzählungen auftauchen. Das Wirtshausschild, das die drei Schneeballen aus dem fürstenbergischen Wappen zeigt, hatte ihn dazu inspiriert. Hansjakob nannte aber auch die Menschen der Region so; die aus dem Schwarzwald waren die „weichen Schneeballen", die vom Bodensee die „harten".

Gastwirtschaft seit 500 Jahren Das muß man sich mal vorstellen: Kolumbus hatte gerade erste Erfahrungen in der neuen Welt gemacht, als in den *Drei Schneeballen* bereits erste Gäste bewirtet wurden. Seither ist das Haus im Besitz der Familien Gißler und Neumaier. In der Gaststube hängen noch heute Portraits ehemaliger Wirtsleute, die Wilhelm Hasemann kurz vor dem Ersten Weltkrieg malte, von Helene Gißler nämlich

Hanjakobs Grabkapelle – Franz Beck (Bild im Freihof-Museum, Haslach)

und ihrem Bruder Jörg. Beide Bilder hatte Maria Hamminger ihrem Geliebten Heinrich Hansjakob zum Geburtstag geschenkt. Kurz nach dessen Tod schrieb sie seinem Biografen Oswald Floeck: „Die Freundschaft mit Hansjakob hat den Inhalt meines Lebens gebildet, und wer ihn so kennen gelernt hat wie ich, der kann den unwiderstehlichen Zauber, den er auf Menschen ausübte, begreifen."

In den Schneeballen wird man natürlich auch mit den vier Grundnahrungsmitteln der Region versorgt: Schinken, Forellen, Kirschtorte und Kirschwasser. Ganz wichtig ist, daß jedesmal das Wort „Schwarzwälder" davorsteht. An dieser Front müssen gastronomischen Kulturgüter mit schärfsten Waffen verteidigt werden, um jeder Form kultureller Aneignung vorzubeugen. Etwa gegen Westfalen

Vier Schneeballen – Gastgeberfamilie Neumaier

Müllerin in Reinkultur – Forellengedeck, Drei Schneeballen, Hofstetten

oder Dänen, die hier ihr Schweinefleisch in Schwarzwälder Schinken verwandeln wollen. Und dazu noch Wacholder aus Marokko mitbringen, Salz aus der Camargue, den Koriander aus Algerien, Israel oder dem Libanon. Gut, der Schinken muß noch im Schwarzwald geräuchert werden, aber viel mehr als ein Kurzurlaub für das Schweinefleisch ist das nicht. Selbst das Schneiden und Vakuumieren könnte schon wieder in Dänemark erfolgen – oder sogar in Schwaben.

Wenn ich daran denke, wie rigoros die Franzosen ihren Champagner verteidigen, dann haben die Schinkenverbandsoberen nicht aufgepasst, nicht die richtigen Argumente geliefert oder sie hatten die falschen Anwälte. Probieren Sie mal ein Glas wirklich guten Champagners zur Forelle. Fast bin ich gezwungen zu schreiben: Oder auch einen Winzersekt. Der Rest der Flasche geht dann auch mit Kirschtorte.

Schwarzwälder Schinken ist eher eine Rechtsfrage als eine Geschmacksfrage. Patentanwälte und Wettbewerbsjuristen haben sich über Jahre hinweg, zuletzt bis vor dem Europä-

Endlich frei – Hansjakobs Freihof in Haslach, heute Museum

ischen Gerichtshof darüber gestritten. Jetzt ist immerhin klar, daß das Räuchern östlich der Bundesstraße 3 zu erfolgen hat und daß, Achtung Juristendeutsch, „Gemarkungen, die bis zur Gemeindegebietsreform von den Grenzlinien durchschnitten wurden, als zur Gänze einbezogen gelten". Die B-3-Regelung gilt auch für das per Gütesiegel geschützte Schwarzwälder Kirschwasser, wobei dafür sogar vorgeschrieben ist, daß die Kirschen aus der Region kommen. Insofern hat mein Filzstift-Freibrenner nichts falsch gemacht.

Das Museum im Freihof Nachdem wesentliche Rechtsfragen zur Schwarzwälder Esskultur geklärt sind, können wir uns endlich dem *Freihof* in Haslach zuwenden. Den Namen hatte Hansjakob gewählt, weil er sich dort frei fühlte und „nicht mehr unter dem Joch des kirchlichen Absolutismus" stand. Der ehemalige Alterssitz ist heute Museum und beherbergt Bilder von Carl Sandhaas und Otto Laible.

Als Bauherr war Hanjakob kein Liebling der Handwerker; ständig auf der Baustelle, ständig Druck und Kontrolle. Baubeginn im April, Richtfest im Juli, Einzug im Oktober 1913. Viel-

Hof mit Baum, Otto Laible 1933

leicht hatte Hansjakob geahnt, daß ihm nicht mehr viel Zeit blieb. Drei Jahre nach dem Einzug ist er dann gestorben. Das große Vermögen, das er seiner Schwester vermacht hatte, war nach der Inflation des Jahres 1923 keinen Heller mehr wert. Philippine war bettelarm und vermietete den Freihof für 60 Rentenmark an den Orden der Vinzentinerinnen, die dort ein Altersheim für ihre Schwestern einrichteten. Die Kunstsammlung des Bruders vermachte sie für die lächerliche Leibrente von 50 Mark der Stadt Freiburg, darunter zahlreiche Bilder von Sandhaas und von Wilhelm Hasemann.

Vor allem Hasemann gehörte zu den Künstlern, die immer wieder in auflagenstarken Zeitschriften wie der „Gartenlaube“ veröffentlicht wurden. Das illustrierte Familienblatt, wie es sich im Untertitel nannte, hatte im Jahr 1875 eine siebenstellige Leserschaft.

Hansjakob hielt den in Haslach aufgewachsenen Carl Friedrich Sandhaas zwar nicht für einen guten Maler, aber für einen genialen Menschen, der es nicht leicht habe: „Aber die Erde ist für geniale Menschen oft nur die Schädelstätte, auf der sie gekreuzigt werden, weil man sie nicht versteht.“ Hansjakob

Brautkauf, Karl Sandhaas 1835

hat den Lebensweg des „närrischen Malers“ in seinem Buch *Wilde Kirschen* nachgezeichnet.

Auf Erden unverstanden Sandhaas litt an guten Tagen unter seiner Schwermut und fühlte sich an schlechten Tagen von Fledermäusen, gehörnten Teufeln und Dämonen verfolgt, die er auch immer wieder zeichnete. Er verliebte sich in eine junge Frau, die wahrscheinlich Marianne hieß, über deren Familie jedoch nichts bekannt ist, und zeichnete zahlreiche Portraits von ihr. Als der Gemeinderat ihn mit einem Bild der Geburt Christi für die Stadtkirche beauftragte, hielt natürlich Marianne das Jesuskind im Arm – der Auftrag wurde zurückgenommen. Bald darauf starb die junge Frau, ein Schock für Sandhaas, der sich im Haslacher Urenwald eine Hütte baute und dort wie ein Einsiedler lebte. Als die Hütte niederbrannte, wurde er wegen Brandstiftung verhaftet und im Haslacher „Narrenhüsle“ eingesperrt, bevor er nach Achern in die Irrenanstalt Illenau kam, wo über zwei Jahre hinweg sein „Wahnsinn“ zur akzeptierten Schwermut therapiert und er schließlich freigelassen wurde.

Zurück in Haslach war Sandhaas arbeitseifrig wie zuvor. Zahlreiche Bürger gaben bei ihm Portraits in Auftrag, die sie dann mit einem Glas Bier „bezahlen“ wollten. Sandhaas war gezwungen, ins städtische Spital zu ziehen, wo er kaum verpflegt wurde: Mittags die Armensuppe und abends eine Brotsuppe, manchmal mit einer Speckschwarte. Sein letztes Selbstportrait malte er kurz vor seinem Tod, strich es durch und schrieb „finet“ darunter – es wird enden.

Sandhaas von Dämonen verfolgt

In die Illenau hatte sich 1894 auf eigenen Wunsch auch Heinrich Hansjakob begeben. „Nerventeufeleien“ nannte er seine Selbstmordgedanken und überlegte, ob das auf den übertriebenen Alkoholgenuß zurückzuführen war. Ausgerechnet mit Alkohol, Morphium und Opium glaubten die Mediziner, den Pfarrer heilen zu können. Nach drei Monaten brach er die Therapieversuche ohne Ergebnis ab.

Finet – der letzte Sandhaas

Otto Laible, der Grenzgänger Laible ist ein Maler, wie er in dieses Buch passt; für die Zeitschrift *Weltkunst* war er ein „Grenzgänger deutsch-französischer Malerei“. Er war gerade achtzehn Jahre alt, als er im Ersten Weltkrieg bei Verdun eingesetzt wurde. Die Schlacht um einen Ort von eher symbolischer als strategischer Bedeutung überlebte Laible, nennen Sie es Zufall oder Glück. Von den 2,5 Millionen auf beiden Seiten eingesetzten Soldaten starb ein Drittel oder wurde verwundet. Laible feierte sein Überleben über zehn Jahre hinweg in Paris und auf Reisen durch den Süden Frankreichs, wo viele seiner Bilder entstanden. Das machte ihn bei den Nationalsozialisten zum „Französling“, dessen Fortkommen sie erschwerten, so gut es ging.

Obwohl schon über vierzig Jahre alt, wurde er auch im Zweiten Weltkrieg eingezogen. Diesmal Russland, wo er als Zeichner einer Propaganda-Einheit Flugblätter gestalten mußte, die über den russischen Linien abgeworfen wurden.

Liebte Frankreich – Otto Laible

Selbstportrait Otto Laible

Stilistisch nicht festzulegen Irgendwo zwischen spätem Impressionismus und expressivem Realismus ist Laible einzuordnen. Ihm, der nach 1945 als Professor mithalf, die Karlsruher Kunstakademie wieder mit Leben zu erfüllen, waren solche Stilfragen egal.

Sinnvollerweise hätte ich Ihnen jetzt vorgeschlagen, den Tag mit den Schwarzwaldmalern der Gutacher Kolonie fortzuführen; zumal Namen wie Hasemann und Liebich ja bereits gefallen sind. Vom *Freihof* bis zum Kunstmuseum in Gutach sind es ja nur 13 Kilometer. Unüberbrückbar aber die Öffnungszeiten. Mittwoch und Freitag ist Haslach offen, Samstag und Sonntag Gutach. Es könnte nur klappen, wenn Sie diese Kultour an einem Sommer-Sonntag machen, denn im Sommer ist der Freihof auch sonntags geöffnet. So könnte es gelingen: In Gutach um 14 Uhr beginnen, durchs Museum hetzen und ab nach Haslach, wo ab 15 Uhr offen ist, dort drei Etagen durchhecheln. Wer müßte mit an den Tisch, um das besser zu regeln?

Reklamieren mit Hemingway Statt dessen also ein Abstecher vom Kinzigtal rüber ins Elztal; von Hofstetten sind es auch nur zwanzig Kilometer bis Oberprechtal. Hier schrieb sich Hemingway als arroganter Jungreporter seinen Frust vom Leib. Seine Tiraden über die Schwarzwälder Wirtshäuser gehören zu den Gassenhauern des Reisejournalismus. Egal, ob Rössle, Adler oder Sonne: „Alle diese Gasthäuser sind weiß getüncht und sehen von außen ordentlich und sauber aus, aber innen

Mäßig zugewandt – Gastgeberfamilie des Rössle Oberprechtal, 1922

sind sie schmutzig", wurde den Lesern des *Toronto Daily Star* vom 5. September 1922 als Schwarzwald-Bild vermittelt. Die Betten schlecht, die Laken zu kurz, der Wein zu sauer und die dampfenden Misthaufen rieche man vor allem im Schlafzimmer. Und tagsüber habe man dann mit den vielen Wanderern zu tun, die ebenfalls nicht besonders gut röchen, nach Sauerkraut nämlich.

Nur die Forellenbäche, wegen denen er in erster Linie hergekommen war, fanden seine Gnade und natürlich die Landschaft. Die dafür so sehr, daß der Meister der knappen Beschreibungen und schnellen Urteile auch mal zum Poeten wurde. Ein Gedicht, bei dem es schwerfällt, an Hemingway zu denken.

„Wie weißes Haar im Silberfuchs-Pelz
Lehnen die Birken gegen den dunkeln Kiefernhügel
Dunkle Täler mit rauschenden Bächen,
Voller Felsen, weiß eingezäunt.
Finster blickende Häuser.
Grüne Felder

Aufgeforstet mit Hopfenstangen.
Eine Schar Gänse die Straße entlang.
Ich kannte mal einen Zigeuner, der sagte,
Hier wolle er sterben.“

Preiswert Reisen dank Hyperinflation Für eine Karriere als Lyriker hätte das nicht gereicht. Hemingway war mit seinem Kollegen Bill Bird, begleitet von ihren beiden Frauen, von Paris aus in den Schwarzwald gereist. 1922 war das noch ein zeitaufwändiges Abenteuer. Flug im zugigen Doppeldecker bis Straßburg, Landung auf den Rheinwiesen gegenüber Kehl, dann weiter nach Freiburg und dann noch einmal ein paar Stunden mit der Eisenbahn nach Triberg. Letztlich sogar für die in Paris sehr ärmlich wohnenden Hemingways eine preiswerte Reise. Kurz vor der Hyperinflation von 1923 zeigte die Mark bereits Schwächen: „Da die Mark immer weiter fällt, haben wir jetzt mehr Geld als vor zwei Wochen, als wir losgegangen sind, und wenn wir noch lange genug bleiben werden, könnten wir hier zweifellos umsonst wohnen. Wirtschaftswissenschaft ist doch eine großartige Sache!“ Am 21. Oktober gab es 4.439 Mark für den Dollar, am 31. Januar des Folgejahres 49.000. Kurz vor der Währungsreform vom 15. November 1923 lag der Dollarpreis dann bei 628 Milliarden Mark.

Als Bill und Ernest ohne Angelschein angelten, wollten Bauern sie verjagen. Kein Wunder, daß da ein paar Dollarscheine Wunder wirkten. Die Beantragung des Angelscheins kostete Hemingway dann freilich den letzten Nerv. Seine Erfahrungen wurden am 17. November im *Toronto Daily Star* veröffentlicht. „Wenn Sie nur zwei Wochen Zeit haben, brauchen Sie wahrscheinlich die ganze Zeit, bis Sie die verschiedenen Genehmigungen zusammen haben.“

Hemingway & Richardson

Immerhin gab es dann im Rössle

Auf kleiner Fahrt – Hemingway und Hadley Richardson im Schwarzwald

nach dem erfolgreichen Angelausflug „eine ordentliche Mahlzeit aus gebratenem Fleisch, Kartoffeln, grünem Salat und Apfelkuchen, vom Wirt selber aufgetragen, der unerschütterlich wie ein Ochse aussah und mitunter mit dem Suppenteller in der Hand stehen blieb und wie abwesend aus dem Fenster starrte" – auch das ist Schwarzwälder Kommunikation. Aber die Zeiten ändern sich, heute könnte Hemingway sein Menü im Rössle mit einem Kirschwasserparfait und krossen Haselnußwaffeln beenden.

❖❖❖

Rössle zu Hemingways Zeiten

Landgasthaus Drei Schneeballen, Hofstetten, Hauptstraße 11, 07832 2815

Museum Freihof, Haslach, Hansjakobstraße 17, 07832 4715

Landgasthof Rössle, Elzach-Oberprechtal, Triberger Straße 35, 07682 1259

Hasemanns Ofenbank – Speicherfund jetzt im Museum Gutach

11

Nach Hornberg, Wolfach, Gutach und Zell am Harmersbach. Meine elfte Kultour, in der Sonja Ziemann und eine Klinik an den Schwarzwald erinnern und ein Malerfürst zwar nicht für, aber immerhin schon bei Hahn & Henne arbeitet.

Schwarzwälder Ikonen

Heute ist Hornberg für viele nur das des Hornberger Schießens – das ist immerhin ein schönes Beispiel dafür, wie man auch mit einer grandiosen Fehlleistung im kollektiven Gedächtnis bleiben kann. Kein Wunder, daß das geflügelte Wort von Politikern aller Couleur gerne zitiert wird. Selbst die Politik-Theoretikerin Hannah Arendt hat in ihrem Buch *Macht und Gewalt* das Hornberger Schießen bemüht: „Dennoch braucht diese Situation nicht zur Revolution zu führen. Sie kann erstens mit Konterrevolution, der Errichtung von Diktaturen enden und sie kann zweitens ausgehen wie das Hornberger Schießen: es braucht überhaupt nichts zu geschehen." Eine alte Postkarte vermeldet dazu reimend:

„Jedwedes Kind auf der weiten Erd
Vom Hornberger Schießen schon hat gehört.
Das Pulver ging aus zur schönsten Stund,
Sodaß man nicht mehr schießen kunnt."

„Erste Abrüstungsinitiative der Welt."

Und wie ist es nun ausgegangen, das Schießen? Jedenfalls ohne Schüsse, weil die Hornberger kein Pulver mehr hatten, als Herzog Christoph von Württemberg die Stadt besuchen wollte. Der Beobachter, der die Ankunft melden sollte, hatte sich mehrfach geirrt und so war eine Postkutsche ebenso feierlich mit Salutschüssen begrüßt worden, wie eine Rinderherde und die Karren eines Händlers. Den Landesherrn konnte man nur noch mit Piff-Paff-Rufen begrüßen.

Für den in Hornberg aufgewachsenen Wolfgang Schäuble ist diese Geschichte auch deswegen so schön, „weil sie die erste Abrüstungsinitiative der Welt darstellt" – schreibt er jedenfalls in dem von Peter Martens herausgegebenen Buch *Der Himmel über der Ortenau*.

Hornberg ist auch Duravit Das Hornberger Schießen ist natürlich eine Steilvorlage für ein Volksschauspiel. Der Heimatdichter Erwin Leisinger, der sein Geld als Friseur verdiente, hatte noch in der Kriegsgefangenschaft erste Zeilen geschrieben und das Stück zu Beginn der 1950er Jahre fertiggestellt; seitdem wird es auf der Freilichtbühne aufgeführt. Hornberg ist aber genauso Duravit.

Manchmal wird der Sanitärkeramikhersteller sogar als Synonym für den Ortsnamen benutzt – kein Wunder, hat das Unternehmen doch deutlich mehr Mitarbeiter als die Kleinstadt mit gut 4.000 Einwohnern. Der Franzose Philippe Starck hat das *Duravit-Design-Center* entworfen, in dessen Außenwand die mit sieben Metern Höhe größte Toilette der Welt integriert ist. Und bevor jemand die Nase rümpft, es handelt sich um eine begehbare Aussichtsplattform, die noch nie ihrer eigentlichen Bestimmung zugeführt wurde. Starck wurde bekannt, als er für François Mitterand den Elysée-Palast möblierte; danach gab es dann mehr oder weniger nichts, was er nicht

Philippe Starck kam bis Hornberg

gestaltete: Samsonite-Koffer, Uhren, Motorräder und, meistverbreitet, die Computermäuse von Microsoft.

Adenauers Geniestreich Trotz Schießen und Duravit bleibt Hornberg die Heimatstadt des Kulturhistorikers Wilhelm Hausenstein. Eines Mannes, der weniger in seinem Fach bekannt wurde, sondern durch die Berufung in ein Amt, um das er sich nie bemüht hat. Konrad Adenauer hatte den genialen Einfall, den weltgewandten Schöngeist mit einem Faible für die französische Malerei als ersten deutschen Nachkriegs-Botschafter in Paris vorzuschlagen. Was den Berufsdiplomaten im Auswärtigen Amt natürlich überhaupt nicht gefiel, von denen viele bereits während des Dritten Reiches aktiv waren. Man arbeitete an Hausenstein vorbei. Man versuchte sogar, ihm die Altersbezüge zu versagen, weil die Laufbahnvoraussetzungen nicht gegeben seien. Erst als er einen Bedürftigkeitsnachweis einreichte, erhielt er eine kleine Rente.

Für Deutschland war die Berufung eines *Homme de Lettres* ausgesprochen ungewöhnlich, während es in Frankreich schon früh üblich war, Schriftsteller in den Staatsdienst zu

Adenauers Gespür – Hausenstein als richtiger Mann in Frankreich

berufen. Montaigne etwa, der im 16. Jahrhundert als Diplomat für Heinrich IV. unterwegs war. Oder Lamartine, ein Lyriker des 19. Jahrhunderts, der, ebenso wie Stendhal, sogar Außenminister wurde.

Hausenstein war 1882 in Hornberg zur Welt gekommen. Der gleich alte Karl Valentin wurde später sein bester Freund. „Ich habe einen Bruder verloren", schrieb er nach dem Tod Valentins an seine Tochter. Ein sehr seltsames Duo, wie Hans Egon Holthusen im Vorwort von Hausensteins Buch „Die Masken des Komikers Karl Valentin" schrieb. „Fasst man also diesen Glücksfall von einem Mannsbild, in dem Charme und Geist, politische Entschiedenheit und innerste Frömmigkeit zusammenkamen, ins Auge und denkt sich den anderen, seinen spindeldürren, pappnasen-bewehrten Jahrgangsgenossen dazu, so hat man das mit Abstand unwahrscheinlichste Brüderpaar unter Gottes Sonne im Blick."

Umfassend gebildet Hausenstein studierte Kunstgeschichte, Nationalökonomie, Latein, Griechisch, Theologie und Philosophie, eine so universale Basis, wie man sie heute gar nicht mehr kennt, aber seinen Veröffentlichungen anmerkte. Als Hausenstein sich weigerte, jüdische Maler aus seinem Standardwerk zur Kunstgeschichte zu streichen, wurde er aus der Redaktion der „Münchener Neuesten Nachrichten" entlassen. Den Nazis galt er nun als Freund der „entarteten Künstler" und ward selbst zum „entarteten Kritiker".

Vor allem die Phänomene der Malerei würden von der Psychopathologie „stracks aus dem Wahnsinn erklärt", war sich

Vogtsbauernhof, Carl Liebich (um 1900)

Hausenstein sicher. Zunächst bezog sich das auf Delacroix, Manet und Courbet. Denen gegenüber war man noch so liebenswürdig, sie partiell oder zyklisch irre zu erklären. Dann kamen die vollends Verrückten, also Cézanne, Matisse, Gauguin und allen voran van Gogh. Hausenstein, der kurz bevor er das ironisch schrieb, Mitglied der Sozialdemokraten geworden war, zog die Parallele: „Ganz zweifellos, van Gogh musste zum mindesten ein bedauernswerter Idiot sein: So etwas wie ein Sozialdemokrat der Malerei."

Die in Hornberg ansässige Hausenstein-Gesellschaft organisiert mit ihrem Präsidenten Wolfgang Boeckh jedes Jahr im Herbst anspruchsvolle Symposien. Auch weil wir jetzt dringend zum Bollenhut weiter müssen, heute nur ein Satz für die Ewigkeit aus Hausensteins Kultourenbuch *Besinnliche Wanderfahrten:* „Das Schwarzwaldhaus ist nicht heiter; seine Schönheit ist der vollkommene Ernst."

Galeristin Simone Marx, Offenburg – Motive von Sebastian Wehrle

Eine Ikone für Alles Endlich nun zum Bollenhut, dem omnipräsenten Symbol des Schwarzwaldes. Und da müssen wir jetzt vorsichtig und ganz genau sein. Über Hornberg-Reichenbach geht's nach Wolfach-Kirnbach und Gutach – und nicht einen Schritt weiter. Nur in diesen drei Dörfern, die bis 1810 zum württembergischen Oberamt Hornberg gehörten, darf der Hut als Bestandteil der Tracht getragen werden; alle anderen Schwarzwalddörfer haben andere Trachten. Das ist die Theorie, denn ersichtlich kommt keine Schwarzwald-Werbung ohne die roten Bollen der unverheirateten Frauen aus. Sobald die Bollen schwarz sind, und damit die Frauen verheiratet, scheint das Motiv für die Werber aber nicht mehr interessant zu sein.

Von seinem Ursprung her war der Bollenhut Bestandteil einer evangelischen Kirchentracht des frühen 18. Jahrhunderts. Heute assoziieren viele die pfiffig-frechen Trachten-Fotos des Kachelofenbaumeisters und Fotografen Sebastian Wehrle mit dem Bollenhut. Anzusehen von Anfang an in der Offenburger Foto-Galerie von Simone und Ulrich Marx. Fotograf Sebastian Wehrle und Modemacher Jochen Scherzinger haben die ursprünglich schöne Idee ihrer mal gepiercten, mal getattooten Models inzwischen längst inflationär ausvermarktet als Postkarte, Poster, Leinwanddruck und was weiss ich.

Hutmacherin Gabriele Aberle

Zu den wenigen, die die Kunst einen Bollenhut herzustellen noch beherrschen, gehört Gabriele Aberle aus Gutach, die das an vielen Sonntagen im Museum Vogtsbauernhof auch vorführt. Die Grundform aus Stroh wird mit einer Leimmasse gefestigt und dann werden aus rund zwei Kilogramm Wolle die vierzehn Bollen in Kreuzform aufgenäht. Eineinhalb Kilogramm wiegt der Hut und eine Woche dauert es, bis er fertig ist. Und dann geht es erst los mit den Feinheiten der Tracht, mit den violetten Bändern, die durch die Zöpfe geflochten werden, der Mäschle, einem kurzen aber dicken Zopf aus Perlen und allerhand Glitzerzeug, dem mit eingewebten Blumen verzierten Mieder, dem Libli, bis zum Goller, einem Schultertuch aus geblümtem Samt. All das individualisiert durch Monogramme oder zum Teil alte heidnische Symbole und eingestickte Jahreszahlen.

Logo ohne Verfallsdatum Der Bollenhut hatte sich schon in den Frühzeiten des Schwarzwald-Tourismus als Logo der gesamten Region durchgesetzt. Um 1900 waren daran vorrangig die Künstler der Gutacher Malerkolonie beteiligt, allen voran Wilhelm Hasemann, Curt Liebich und Heinrich Hoffmann. Fünfzig Jahre später war es dann die Mutter aller Heimatfilme, nämlich das „Schwarzwaldmädel“, mit Sonja Ziemann als Werbe-Ikone.

Mutter aller Schwarzwaldmädel, Sonja Ziemann 1950

Wenn wir uns am Wochenende das Gutacher Hasemann-Liebich

Herrgottswinkel im Leibgedinghaus – Museum Vogtsbauernhof

Museum angesehen haben, könnte am nächsten Tag der Besuch des Vogtsbauernhofes geplant werden. Wer die Bilder der Schwarzwaldmaler gesehen hat, dem wird vieles im Freilichtmuseum bereits vertraut vorkommen, von den Höfen, über Bauerngärten, Räucherstube, Kachelofen bis zum Herrgottswinkel und dem großen Tisch davor.

Wilhelm Hasemann war zunächst eher zufällig nach Gutach gekommen. Wenn Gutach nicht seit kurzem einen Bahnhof gehabt hätte, wäre er 1880 woanders ausgestiegen. Berthold Auerbach hatte gerade einen neuen Roman im dörflichen Milieu fertiggestellt, *Lorle, die Frau Professorin*, und Hasemann sollte die Illustrationen liefen, möglichst vor Ort gezeichnet.

Kreatives Doppel Aus ein paar Tagen, die Curt Liebich erstmals im Juli 1891 zu seinem Kollegen Hasemann nach Gutach kommen wollte, wurden fünf Monate – vor allem dank der Betreuung durch Hasemanns Schwägerin Antonie Lichtenberg, die Liebich dann auch heiratete.

Hasemann und Liebich hatten beste Beziehungen zu den Kunst-Akademien in München und Berlin, in Dresden und Karlsruhe, so daß jedes Jahr weitere Maler nach Gutach kamen. .

Das Kunstmuseum in Gutach hätte gut und gerne einhundert Jahre früher eröffnet werden können, nämlich schon 1905, denn Motive aus der Malerkolonie gab es damals schon genug. Daß das Museum dann 2005 überhaupt eröffnet wurde, war in erster Linie Lothar Goiny zu verdanken, einem Mäzen und Unternehmer aus dem Bereich der Automobilzulieferung; Goiny stellte die Mittel für den Erwerb des ehemaligen Krämer-Hauses in Gutach bereit.

Liebich konnte auch Werbung

Hasemann muß bei allem späteren Erfolg ein zugewandter Mann ohne Allüren gewesen sein, wenn wir dem Bericht des Schulmeisters Wilhelm Wiedemann Glauben schenken wollen, der ihn in seinem Atelierhaus besuchte. „Ich habe diesen Mann nie anders als schlicht gesehen. Vielleicht spürte seine Umgebung die herzgewinnende Güte, die von ihm ausging, deshalb nur noch stärker."

Abends trafen sich die Bauern, „wohlhabende Besitzer alter Erbhöfe, lebenserfahrene Behüter des Schwarzwaldgrundes" mit den Lehrern und Künstlern im *Löwen* und später in der *Linde*. Wenn, selten genug, Hasemann die Runde bereicherte, war für ihn der Ehrenplatz frei. Hier machte er seine Skizzen und Charakterstudien vom Steinhans, dem Müllerjörg oder dem Jocklisbur, aber auch von Kollegen.

Gasthaus „Löwen" in Gutach: Fedor Encke (li) und zwei Selbstportraits von Hasemann, im Abstand von gut 25 Jahren ins Gästebuch gezeichnet

Viele dieser Skizzen wurden direkt ins Gästebuch des *Löwen* gezeichnet, das vor einer Generation von Dieter Kauß, dem damaligen Leiter des Freilichtmuseums, gekauft und damit wahrscheinlich auch gerettet wurde. Jahrelang ruhte das Buch unbeachtet im Archiv des Museums.

Im Gegensatz zu vielen seiner Kollegen, war Wilhelm Hasemann ein mehr als zurückhaltender Trinker – anfangs allerdings auch aus finanziellen Gründen. Ein Glas Wein, hälftig mit Wasser verdünnt, war alles, was er im Laufe eines Abends zu sich nahm. Auch wenn Hasemann des nachts mit seiner Riesendogge nach Hause ging, habe man immer seine „vornehme Gemessenheit" gespürt.

Von Hasemann zu Lüpertz Hektor hieß übrigens Hasemanns Riesendogge und Hektor heißt auch die vom Bildhauer und Maler Markus Lüpertz geschaffene Statue vor dem Berliner Bode-Museum – das ist doch mal ein Übergang! Lüpertz hat sich, noch nicht lange her, mit Unterstützung von Ralf Müller, dem Eigentümer von *Dorotheenhütte* und *Zeller Keramik*, sein

Auf dem Thron – Markus Lüpertz im Atelier bei der Zeller Keramik

Schwarzwald-Atelier eingerichtet; riesengroß, aber auf Wunsch von Lüpertz, dem ja eher eine gewisse Exzentrik nachgesagt wird, einfach eingerichtet: Bett, Regal, Sessel, Leselampen, Kühlschrank und natürlich namentlich gekennzeichnete Hahn-und-Henne-Becher für jeden Mitarbeiter.

In Zell am Harmersbach hat Lüpertz sein *Genesis-Projekt* erschaffen, die Schöpfungsgeschichte in sieben Keramiktafeln von je acht Quadratmetern. Zwanzig Tonnen Ton wurden dafür angeliefert, von Lüpertz bearbeitet und dann in den Öfen der *Zeller Keramik* zweimal gebrannt.

Die Keramiktafeln mit einem Gewicht von bis zu 150 Kilogramm wurden ab Sommer 2022 in den U-Bahn-Stationen von Karlsruhe installiert. Zunächst ein ziemlich umstrittenes Projekt, mit dem aber in ein paar Jahren alle fröhlich sein werden. Vor allem auch, da alles ohne öffentliche Mittel, also nur durch Sponsoren finanziert wurde. Mit

Sonderedition – Lüpertz-Atelierbecher

Ruhezimmer im Schwarzwaldatelier

etwas Anfangsgezeter von Kommunalpolitikern, die allesamt Kunsthistoriker sind oder zumindest einen VHS-Kurs „Malen nach Zahlen“ belegt haben, muß man bei einem solchen Projekt zwar rechnen, sollte es aber nicht ernst nehmen.

Initiator Anton Goll hat für die Finanzierung den *Förderverein Karlsruhe Kunst Erfahren* ins Leben gerufen. Natürlich wird es da eine Umwegrentabilität für Gastronomie und Einzelhandel geben, aber gleich von einem „Elbphilharmonie-Effekt“ zu sprechen, ist übertrieben und ungeschickt. Auch wegen des Negativ-Image des Hamburger Konzertsaals, dessen Kosten um mehr als den Faktor 10 auf 866 Millionen Euro stiegen. 866mal mehr als die ganze Schöpfung gekostet hat.

Angefangen hatte Lüpertz, Jahrgang 1941, als Maler von Weinetiketten. Das ist keine Herabwürdigung, denn in dem Metier gehörten Picasso, Dali, Chagall und Warhol zu seinen Kollegen. Mit seiner *Genesis* wollte Lüpertz „für die Keramik eine Lanze zu brechen und sie aus der Beschaulichkeit der frei gestalteten Vasen“ herausholen. „Für mich eine Möglichkeit, künstlerisches Neuland zu betreten und den Versuch zu wagen, eine surreale Abstraktion in eine tatsächliche Abstraktion, gleichsam vom Dunklen ins Helle zu überführen. Und das

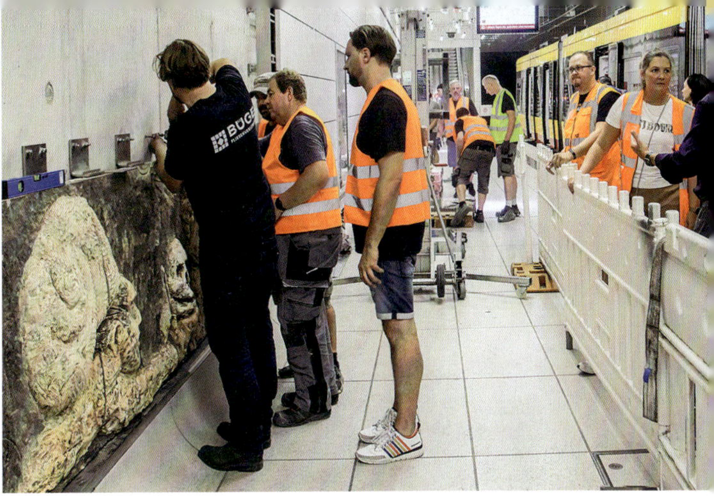

Gewichtig – Montage der Genesis von Lüpertz in Karlsruhe

mit Bildern und Metaphern von Hölle und Himmel zu feiern und zu besingen."

Mit der Karlsruher U-Bahn können Sie also beim nächsten Besuch nicht nur unten, sondern gleich in die Unterwelt fahren. Zunächst gilt das für sieben vertraglich vereinbarte Jahre. Ob diese *Genesis* danach an anderer Stelle zu sehen sein wird? Abwarten. Hängt wahrscheinlich davon ab, ob und wer sich wann vom „Baum der Erkenntnis" einen Apfel pflückt.

Wandern mit Geflügel Hahn und Henne der *Zeller Keramik* haben sogar einen nach ihnen benannten und narrensicher ausgeschilderten Rundwanderweg von 14 Kilometern Länge. Wegen der Einkehr im uralten Gasthof *Vogt vom Mühlstein* dauert das bei 450 Höhenmetern dann fast vier Stunden. Diesen Vogt gab es tatsächlich, Anton Muser hieß der Mann, der das Anwesen 1774 erbaute. Heinrich Hansjakob hat seine Geschichte erzählt. Wie er seine Tochter zwang, den alten, reichen Hermesbur statt des gelieb-

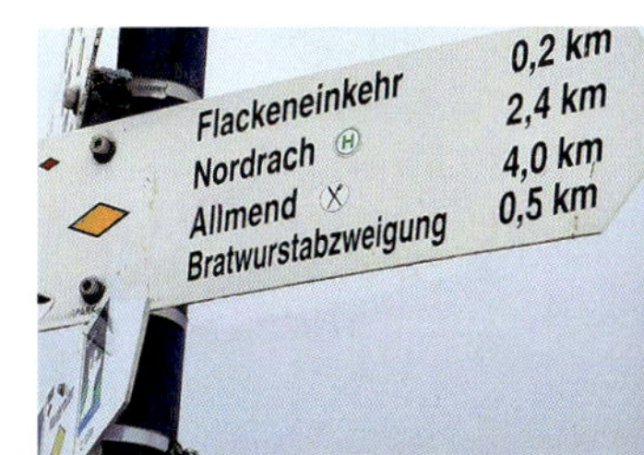

Hofstelle seit 1774, Wirtschaft seit über einhundert Jahren

ten Handwerksgesellen zu heiraten. Zwei Monate später starb das Mädchen „am gebrochenen Herzen", wie man damals so schön sagte. Der Vogt überlebte sie zwar, verirrte sich aber im Nebel und starb in einer Märznacht des Jahres 1800. Das Grab der Vogtstochter Magdalena findet sich auf dem Zeller Friedhof, ein Bildstock für den Vater nahe des Stollengrundhofes.

Die guten Bauernbratwürste mag es damals schon gegeben haben, den Wildkräutersalat wohl eher nicht. Der 3-Herren-Teller, mit Wurstsalat, Bratkartoffeln und Bibiliskäs, an sich die Wahl entscheidungsschwacher Männer, wird hier sogar einkehrenden Frauen serviert. Dieses klassische Gericht der Berggasthöfe und Anglerheime ist sonst ja längst zum Badischen Dreierlei vergendert. Hier wird das alles von Sandra und Rolf Lehmann freundlich serviert; auch die wechselnden, aber immer hausgemachten Kuchen sind einen Abstecher Wert. Den Weg aus Nordrach weist ein offizieller Wanderwegweiser des Schwarzwaldvereins; er steht auf gut 460 Metern Höhe, der offizielle Name des Standorts ist selbsterklärend: *Bratwurstabzweigung*.

Heimspiel für den 3-Herren-Teller – Vogt auf Mühlstein

Ein alter Nordracher hatte so seine Enkel für die letzten Meter bis zur Rast noch einmal motivieren können und der Schwarzwaldverein hat den Namen der Abkürzung zur gemütlichen Gaststube übernommen. Meine Madame hat dann beim ersten Besuch auf dem Mühlstein festgestellt, daß die meisten Besucher per Auto kommen, was das Ende unserer Wanderei war.

Die letzte Glasmanufaktur Wer in der Wolfacher *Dorotheenhütte* arbeitet, hat es gut, denn hier ist das ganze Jahr über Weihnachten und die Tafel mit Kristallgläsern festlich gedeckt. In der letzten Schwarzwälder Glasmanufaktur kann man sich handgefertigten Christbaumschmuck nicht nur ansehen, sondern auch kaufen. Nur ansehen gilt allerdings für die Sammlung der Weihnachtskrippen, den historischen Weihnachtsbaumschmuck und die vielen alten Baumständer.

Heißer Arbeitsplatz – Glashütte Wolfach

Feinschliff – in der Werkstatt der Wolfacher Glashütte

Bei manchen Dingen weiß man genau, wer sie wann erfunden hat. Beim Weihnachtsbaum dagegen weiß das niemand, obwohl wir in Sélestat bereits gesehen haben, daß man sich dort ziemlich sicher ist (siehe Seite 142). Schon die Straßburger sind da anderer Meinung und sich ebenfalls ziemlich sicher. Das alles zählt in Wolfach nicht. Denn dort lebte *Theodor der Seifensieder*, ein Original, der seinen Baum schon früh mit Kerzen schmückte und dessen Geschichte Heinrich Hansjakob in seinem Buch *Waldleute* aufgeschrieben hat.

Theodor Armbruster war nebenbei erfolgreich als Holzhändler, Floßunternehmer und Kerzenmacher. Also einigen wir uns am Oberrhein doch so: Der Brauch kommt aus dem Elsaß und wurde im Schwarzwald mit Glaskugeln und Kerzen ausgeschmückt. Historischer Hintergrund: Die armen Glashüttenarbeiter konnten sich keine Äpfel als Baumschmuck leisten, sondern nur die aus Abfallglas geblasenen Kugeln.

Fast erstaunlich, daß Hansjakob die Geschichte Theodors so ausführlich erzählte, denn er war ein militanter Gegner der Weihnachtsbäume. Seiner Ansicht nach würden die protestantischen Christbäume die katholischen Weihnachtskrippen zu sehr in den Hintergrund drängen.

Dank Weihnachtsbaum vereint – Johanna und Theodor Armbruster

Für viele, so schrieb Hanjakob, wäre die Weihnachtszeit nur „eine Flitter- und Präsentenzeit. Wobei die Hauptsache, die Geburt des Weltheilandes, welche die Krippele so kindlich schön darstellen, meist gänzlich vergessen wird von jung und alt."

Dabei hatte der Wolfacher Theodor ganz anderes im Kopf. Hansjakob verdächtigte den jungen Mann „seinen ersten Christbaum in seines Herzens Not erfunden und zu Liebeszwecken verwendet" zu haben. „Er zündete ihn acht Tage lang jeden Abend an und gab jedermann freien Zutritt. Er selbst aber ging in das Haus des Sattlers Roggenburger und lud Mutter und Tochter ein, den ersten Christbaum auch zu beschauen. So bekam er Gelegenheit, das erstemal das Haus seiner Jeannette zu besuchen." Die Eltern der Braut waren beeindruckt, Jeanette, die tatsächlich Johanna hieß, auch und alle sagten schließlich „ja".

❖❖❖

Dorotheenhütte, Wolfach, Glashüttenweg 4, 07834 83980

Freilichtmuseum Vogtsbauernhof, Gutach, Wählerbrücke 1, 07831 46793500

Kunstmuseum Hasemann-Liebich, Gutach, Kirchstraße 4, 07833 959392

Vogt auf Mühlstein, Nordrach, Mühlstein 1, 07838 9559410

Marx Galleries, Offenburg, Kittelgasse 22, 0781 22526

Zeller Keramik „Hahn und Henne", Zell am Harmersbach, Hauptstraße 48, 07835 7860

Vesper auf Mühlstein

Neue Heimat – Datsche in Kippenheimweiler

12

Kippenheimweiler, Mahlberg und Gerstheim. Meine zwölfte Kultour, in der für dreißig Dörfler ein Dom gebaut wird, Landfrauen eine Macht am Rhein sind und das „Niemandsland" alemannisch bleibt, auch wenn die Köchin aus Uruguay kommt.

Hubers Bienen

Sich auf Kippenheimweiler vorzubereiten, ist nicht ganz leicht. Sie können das aber versuchen, indem Sie im Internet nach Schmiedledick, Dzierzonstock und der Telefonnummer vom „Niemandsland" suchen. Allerdings findet Google nicht ein einziges Ergebnis, in dem diese drei Begriffe vorkommen; in diesem Buch dagegen sind sie alle enthalten. An sich sagt das schon alles.

Kippenheimweiler muss man erst einmal finden. In der Nähe des Europaparks und eingeklemmt zwischen Bahntrasse und den immer wieder angekündigten noch mehr Bahntrassen, und der Autobahn, die demnächst dann sechsspurig wird, und Umgehungsstraßen, die durch ehedem intakte Biotope führen, bleiben die Wylerter, wie sie sich nennen, meist und gerne unter sich.

Wer etwa die Bahnhofstraße 5 in Kippenheimweiler sucht, landet selbst mit GPS meist in der Bahnhofstraße 5 in Kippenheim und fragt dann im Pflegeheim Rebenblüte, wieso er jetzt eigentlich falsch sei. Dort bekommt man an der Rezeption,

Alle Wege führen zum Dom

den Tip, auf der Bahnhofstraße in Kippenheim solange geradeaus zu fahren, bis die Bahnhofstraße in Kippenheimweiler rechts ab geht.

Kapelle, Kuchenfest, Kinderbuch Wer dann, in Kippenheimweiler angekommen, einen literarischen Spaziergang von der Elisabeth-Walter-Schule zum Ludwig-Huber-Platz, also von einer Kinderbuchschriftstellerin zu einem Fachbuchautor, machen möchte, fragt am besten wieder nach dem Weg. „Gehen Sie einfach zum Dom", lautet die voraussichtliche Antwort.

Der Dom, das ist die Sankt Blasius Kapelle aus dem 17. Jahrhundert, die *Heiligenschaffney St. Blasii*, eher ein Kapellchen mit Platz für gerade zwanzig Gläubige. Das war reichlich genug, denn etwa 1628 lebten in dem Weiler nicht mehr als elf Bauern, fünfzehn Tagelöhner und sieben Witwen.

Kurz nach dem Ende des Dreißigjährigen Krieges wurde die schon vorher bestehende Kapelle von den Dorfbewohnern ohne eine Mitfinanzierung der Kirchenoberen in der heutigen Form wieder aufgebaut: „Daß Kürchel oder Capelle haben

Macht den Kartoffelsalat unseres Vertrauens – Irmgard Studer

unßere Elter zu Sonderbahrer Ehr Gottes auß ihren eigenen Mittlen erbauet."

Der spätgotische Altar ist in den Wirren gegen Ende des Zweiten Weltkrieges leider „irgendwie verschwunden" – wahrscheinlich profanisiert als Gartentisch, an dem schon der eine oder andere Hock stattgefunden hat. Ein solcher Hock hat wegen seiner meditativen Komponente, insbesondere wenn dort Männer miteinander trinken und schweigen, natürlich einen Hinweis in einem Kulturführer verdient. Der Oberrheinflaneur Wolfgang Abel definiert weiter, wie in Baden das sinnfreie Hocken perfekt praktiziert wird. Der Badener lasse „die Dinge einfach auf sich zukommen. Solange noch was im Glas ist, kann nichts passieren. In Südbaden können manche sogar im Stehen hocken."

Doch zurück zum Dom, der längst einen schlichten neuen Altar hat. Wenigstens ist der Heilige Blasius noch da, den man als Helfer gegen Halskrankheiten, Zahnschmerzen und die

Allroundheiliger Sankt Blasius

Pest anrufen kann. Für den Blasiussegen werden zwei gekreuzte Kerzen mit entsprechender Fürbitte vor den Hals gehalten. Das löst gegebenenfalls auch quersteckende Gräten und geht zurück auf Blasius von Sebaste, der um 300 nach Christus Bischof in Anatolien war; nebenbei allerdings auch Arzt, was sein „Wunder" mit der Gräte etwas relativiert. An sich ist Blasius ein wahrer Allround-Heiliger, Schutzpatron unter anderem der Wollhändler, Hutmacher, Blasmusikanten, Steinmetze, Seifensieder, Wachszieher und Nachtwächter.

Unkorrekter Bestseller Wenn schon in diesem Buch mit Henri Loux (siehe Seite 314) ein Maler vorgestellt wird, den niemand kennt, dessen Werke aber millionenfach reproduziert wurden, warum dann nicht auch von der Schriftstellerin Elisabeth Walter (1897-1956) erzählen, die niemand kennt, deren Bücher aber bis heute hunderttausendfach verkaufte Bestseller sind.

„Selma-Lagerlöf von Kippenheimweiler" – diesen Ehrentitel hat die Journalistin Juliana Eiland-Jung der Autorin zugestanden. Nur, dass Lagerlöf über die Reise eines Kindes mit den Gänsen erzählt und Walter über – so der Buchtitel – die *Abenteuerliche Reise des kleinen Schmiedledick mit den Zigeunern*. Böses Wort, Triggerwarnung: Im Folgenden werden rassistische Worte zum Zwecke der Aufklärung verwendet. Wenn diese Worte bei Ihnen irgendetwas auslösen könnten, dann lesen Sie die folgenden Abschnitte lieber mit einer Person Ihres Vertrauens und essen dazu eine Schachtel goldene Sarotti-Magier, wie die Mohren jetzt heißen.

Bevor jemand das Buch als umstritten bezeichnet oder nicht mehr weiter verlegt, wie der Freiburger Herder Verlag, sollte man sich erst einmal ein Bild von der Autorin machen und vielleicht sogar das Buch lesen. Weil: Lesen gefährdet die Dummheit. Am besten in der Erstausgabe ansehen, mit dem Sütterlin-Cover und den Zeichnungen von Hermann Schaab. Inzwischen wurde der Schmiedledick im Schillinger-Verlag neu herausgegeben und von Hubert Matt-Willmatt klug kommentiert.

Lehrerin und Bestsellerautorin Elisabeth Walter

Der Grundschullehrerin Elisabeth Walter ging es im Fach Heimatkunde um eine anschauliche Darstellung der badischen Kunst, Kultur und Geographie. Also macht sich ein kleiner Junge, für den sie mit dem blauäugigen Drittklässler Henner ein reales Vorbild in ihrer Klasse hatte, mit jenen auf den Weg, die als Fahrende viel rumkommen. Geschenkt, daß der Autorin da eine ganze Reihe von Klischees in den Text gerutscht sind.

Allerdings, so Eiland-Jung weiter, „widersteht Walter Vereinnahmungsversuchen durch den Nationalsozialismus und ist als überzeugte Katholikin selbst Repressalien ausgesetzt“. Stimmt, sie wurde bespitzelt, verhört und mit Unterrichtsbesuchen unter Druck gesetzt. „Geplagt und geängstigt“, schreibt sie selbst, hätten sie vor allem die Nazis aus dem Waldshuter Kreisschulamt. Wenn

Erstausgabe Schmiedledick

Die neue, nützlichste

Bienenzucht

von

Ludwig Huber,

Hauptlehrer in Niederschopfheim.

Zwölfte, verbesserte Auflage.

Lahr.

Druck und Verlag von Moritz Schauenburg.

1896.

Nicht mehr neu, aber immer noch nützlich – Hubers Bienenkunde

Elisabeth Walter tatsächlich Zigeuner diffamieren wollte, so ist ihr dies gründlich missglückt: Großmutter Mindel und die Familie Weinberg werden einfach zu liebenswert geschildert.

Innovation im Bienenstock Nach dem Schmiedledick gilt es, den Dzierzonstock aufzulösen. Wären Sie Bienenzüchter, würden Sie jetzt wissend lächeln. Johann Dzierzon war katholischer Priester, mehr aber Bienenforscher, der die beweglichen Holzleisten für Bienenstöcke erfand. Seit Dzierzon kann man den Honig entnehmen, ohne wie früher bei den Bienenkörben den Stock zerstören zu müssen.

Ein Ludwig Huber aus Kippenheimweiler gehörte zu den Ersten, die das erfolgreich ausprobierten und schrieb dann ein Standardwerk der Bienenzucht: *Die neue, nützlichste Bienenzucht oder der Dzierzonstock*. Der Lehrersohn, der, was schon, Lehrer geworden war, hatte aufgrund seines mageren Unterlehrergehalts mit der Bienenzucht angefangen, bis er schließlich über zweihundert Bienenstöcke hatte. Den Titel des „Badischen Bienenvaters" hat er sich somit verdient.

Landfrauen laden ein – zum Frühlingserwachen in Kippenheimweiler

Für das Buch gab es lange nur Lob. Erst als Dzierzon und Huber dann die Parthenogenese, die eingeschlechtliche Fortpflanzung bei den Drohnen feststellten, gab es Ärger mit der katholischen Kirche, denn Jungfernzeugung wollte man zwar bei Maria und ihrem Josef haben, aber nicht bei Bienen.

Picknick und Kuchenbuffet Hundert Meter vom Dom zu Kippenheimweiler entfernt, befindet sich die *Wurstmanufaktur Roth*, in der Ralf und Daniela Roth, nur von Donnerstagnachmittag bis Samstagvormittag, ihre prämierten Würste verkaufen. An den Wände der Metzgerei befinden sich die gerahmten Urkunden für die Goldmedaillen – fast schon barock gehängt. Das schafft Vertrauen für den Einkauf der Wurstwaren. Brötchen müssen Sie vorher woanders besorgen, wenn Sie am weitere fünfhundert Meter entfernten Waldmattensee

Autors Lieblingstorte

ein Picknick machen oder eine Runde schwimmen.

Natürlich kaufen bei den Roths auch die Wylerter Landfrauen ein. Badens Landfrauen sind – mit ihren rund 40.000 Mitgliedern – eine Macht am Rhein, eine mit der man sich am besten gut stellt. Egal ob beim Dorffest mit Irmgard Studers Kartoffelsalat oder wegen der Kuchen, die mit Obst aus dem eigenen Garten gebacken werden. Wenn die Wylerter Landfrauen ihren Kuchenverkauf ankündigen, sind die Straßen im und ums Dorf zugeparkt. Lange Anreisen, manchmal drei oder fünf Kilometer, werden auf sich genommen, etwa aus Langenwinkel und Nonnenweier.

Wenn Ihnen eher nach einem speziellen Wildkraut ist, dann führt an Landfrau Sylvia Hockenjos und ihrem Klaus kein Weg vorbei. Sie ist die *Bärlauch-Queen* von Wylert, bei der sich auch noch bekanntere Köche, zum Beispiel Witzigmann und Lafer, Rezepte ausborgten: Für Pesto, Butter, Wurst oder Essig mit Bärlauch. Und Klaus produziert seinen Bärlauch-Schnaps auf Basis eines Birnen-Apfel-Obstlers.

Aktiv sind die Wylerter Damen auch kulturell, etwa mit einer monatlichen Vortragsreihe, und in der Kommunalpolitik unterwegs. Sie stellen indirekt oder direkt 40 Prozent der Mitglieder des Ortschaftsrates – manche schicken aus Zeitmangel auch nur ihre Männer hin. Nichts mehr von den alten Bäuerinnen, die in Kittelschürzen am Holzofen sitzen. Immerhin, eine „echte" Landwirtin ist dabei, ansonsten sind sie Lehrerin, Altenpflegerin, Ärztin oder Rechtsanwaltsgehilfin. Für niedere Arbeiten wie Kühltheken schleppen sind auch Männer zugelassen.

Bärlauch-Werkstatt von Sylvia Hockenjos

Sand, Pommes, Sonnenuntergang – am Waldmattensee ist immer Saison

Datscha, Waldmattensee & Niemandsland Ganz gleich in welcher Richtung wir das Dorf verlassen, um zum Waldmattensee zu gelangen, immer stoßen wir auf schrebergartenähnliche Liegenschaften, in denen die Älteren lieber Russisch und die Enkel perfekt deutsch sprechen. Rund die Hälfte der zweitausend Einwohner von Kippenheimweiler sind Spätaussiedler aus Russland, die zunächst in ehemaligen Kasernen der Kanadier vom Flugplatz Lahr untergekommen sind. Also haben viele Familien hier keinen Schrebergarten, sondern ihre *Datscha*. Wer zu Schaschlik – es gibt kein besseres – und Wodka eingeladen wird, darf sich geehrt fühlen. Von den offiziell hochgelobten Integrationserfolgen ist man auch in und um Lahr herum allerdings noch mindestens eine Generation entfernt. Aber wie sagte schon U-Boot-Kapitän Jürgen Prochnow im *Boot* mit Motorschaden in zweihundert Metern Tiefe: „Könnte klappen."

Das Gelände um den Waldmattensee, so jedenfalls das Hinweisschild bei der Einfahrt, sei gleichzeitig „Industrie und Naherholungsgebiet". Industrie heisst, daß Kies aus dem See gebaggert wird. Nach dem Baden gibt es in Maximilian Beyers

Kosmos-Künstler, von oben links: Jasmin Seidel, Hansjörg Kleiser, Wolfram Paul. Unten: Juliane Wendes *Kerl*, Panos Kounadis, Gabriele Schuller

„Karpfenstüble“, das niemand so nennt, sondern, wie jede andere Kneipe an badischen Baggerseen einfach nur „Anglerheim“, vor allem für die Kinder Pommes, Wurstsalat und Eis.

Kosmos Schwarzwald Vom Dom in Wylert sind wir in fünf Autominuten an der ehemaligen Zigarettenfabrik von Roth-Händle im Nachbarstädtchen Lahr, wo sich die Zentrale des *Kosmos Schwarzwald* befindet. Die wird von Uwe Baumann dirigiert und manchmal auch jongliert. Der Lahrer „Kosmos“ ist schwer zu definieren, eine „Bewegung“ vielleicht, durch die Kunst und Kultur des Schwarzwaldes und damit die Originalität und Kreativität einer Region transportiert werden. In Gemälden, Fotos, Lesungen, Ausstellungen und einer dauerhaft eingerichteten Galerie in den Räumen des *Zeit.Areal*.

Ein Rundgang durch die Bilderwelt ist wie ein halbstündiger Kurzurlaub im Schwarzwald. Mit dabei viele eingeführte Künstler wie Gaby Streile und Juliane Wende, dann Nepita, Sander, Göhringer, nicht zuletzt Waydelich. Aber auch Newcomer wie die Lost-Places-Fotografin Jasmin Seidel (siehe Bild

Seite 274), der Hornberger José Schloss, der Pointillist Panos Kounadis sowie Michaela Kindle, bei der die Wildschweine erleichtert aufatmen, wenn sie mit der Staffelei und nicht dem Gewehr durch den Wald pirscht.

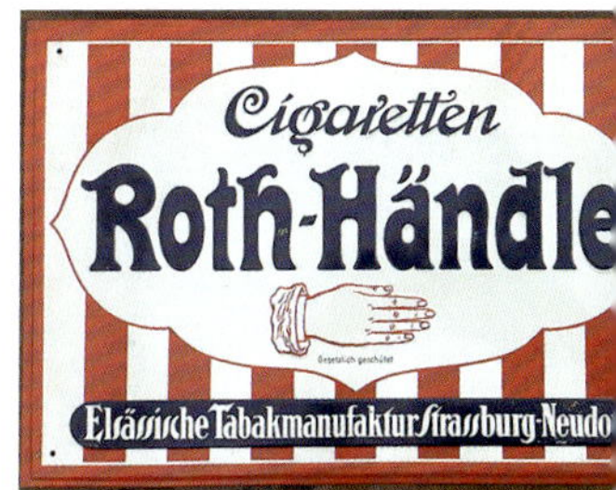

Lungentorpedos aus Lahr

Tabak am Oberrhein Wo heute Start-Ups, Kunst und Kultur ihre Heimat haben, exerzierten früher deutsch-kaiserliche Infanteristen. Nach dem verlorenen Krieg zog die „Badische Tabakmanufactur Roth-Händle" hier ein und entwickelte sich in den Wirtschaftswunderjahren zum Weltmarktführer. 2007 war Schluß mit filterlosen Zigaretten.

Angefangen hatte das Unternehmen aber nicht in Lahr, sondern, gegründet von Jules Schaller, 1871 in Straßburg-Neudorf. Erst zu Beginn der 1920er Jahren erfolgte der Umzug von Neudorf auf die andere Rheinseite.

Während der NS-Zeit wurden die mehrheitlich jüdischen Aktionäre mit Hilfe einer deutschen Bank aus der Firma gedrängt. Die meisten Anteile erwarb der Zigarrenfabrikant Johann Neusch aus Herbolzheim. Vierzig Jahre später warf die Firma solche Gewinne ab, daß sie die örtliche Sparkasse durch hohe Kredite vor dem Konkurs rettete. Es geht die Geschichte, daß ein Viertklässler auf die Frage nach der Dreifaltigkeit die Namen Neusch, Schindler und Heppe aufzählte, also die drei größten Zigarrenfabrikanten in der Stadt. Wer von denen der Heilige Geist gewesen ist, wußte er dann allerdings nicht.

Natürlich wäre über den Tabak, erst recht über Lahr noch mehr zu erzählen, etwa über den Dichterjuristen Ludwig Eichrodt, der eine Figur erfand, nach der später eine ganze Epoche benannt wurde. Nach dem Dorfschulmeisterlein Gottlieb Biedermeier nämlich, aber das alles später einmal.

Von Kippenheimweiler nach Mahlberg sind es höchstens

Landmarke bei Lahr – Schloß Mahlberg, von Kurt Bildstein

fünf Minuten mit dem Auto. Da wir uns in Ettenheim oder Saverne schon genug in adeligen Kreisen bewegt haben, lassen wir das Mahlberger Schloss einfach links liegen. Auch, weil es ohnehin nicht zu besichtigen ist.

Dunkelgelb angemalt auf seinem zweihundert Meter hohen Basaltkegel ist das exponierte Anwesen kaum zu übersehen. Der richtige Ort also für jemanden, der auch ungern übersehen wurde: Wolfram Siebeck, Gastro-Kritiker, mitunter auch nur um der Kritik willen.

Seinen Beruf hat er gegenüber dem *Stern* in einem Interview so beschrieben: „Sie sitzen auf einer Bank im Park und vergiften, wie üblich, die Tauben, da setzt sich eine junge Frau mit ihrem Kind neben Sie. Und Sie sagen: Junge Frau, so ein extrem hässliches Kind wie Ihres habe ich noch nie gesehen! - Das ist die Tragik meines Berufes, sie müssen den Leuten die Wahrheit sagen. Das ist nicht immer leicht.“ Von 1980 bis zu seinem Tod im Sommer 2016 hatte sich Siebeck auf dem Schloss eingemietet.

Europas größtes Tabakmuseum liegt direkt unterhalb des Schlosses. Auf 1.500 Quadratmetern Ausstellungsfläche können Sie einen Spaziergang durch die Kulturgeschichte des Tabaks machen und mehrere tausend Exponate bewundern. Leider nur sonntags, wenigstens aber auch für Nichtraucher.

Wiedersehen im Niemandsland Wer heute Mittag den Imbiß am See ausgelassen hat, darf abends mit ins gut zehn Kilometer entfernte *Niemandsland*, wie das Restaurant *Bord du Rhin* weit und breit nur genannt wird. Nach 1940 hieß das Restaurant für ein paar Jahre *Zum Rheinufer*; die alten

Eine Welt für sich – Restaurant Bord du Rhin

Wirtshausschilder mit dem ursprünglichen Namen haben die Eigentümer sicherheitshalber aufgehoben – elsässische Erfahrungswerte im Grenzgebiet.

Das Haus liegt tatsächlich in einem Niemandsland auf der inzwischen französischen Rheininsel Île de Gerstheim. Auf der Zufahrt über Nonnenweier einfach der Beschilderung nach Erstein folgen, wobei die Gefahr besteht, gleich zum *Würth-Museum* in Erstein durchzufahren. Aber die Bilder des deutschen Expressionismus und Surrealismus heben wir uns für den zweiten Band der Kultouren auf.

Aqua alta im Niemandsland – Restaurant Bord du Rhin, Gerstheim

Wir biegen also noch vor Erreichen der Schleusenanlage von der Straße auf dem Rheindamm scharf rechts ab auf die Rue du Canal. Die geht zunächst steil runter und führt dreihundert Meter in die entgegengesetzte Richtung. Dann sind Sie da, es sei denn, die Insel oder nur Zufahrts-

Gute-Laune-Team – Bord du Rhin, Gerstheim

weg und Parkplatz stehen mal wieder unter Wasser. Internet und Social Media auf der Insel überflüssige Fremdworte und im Ort Gerstheim selbst gibt es nicht einmal ein Hinweisschild auf das Restaurant. „Sonst finden uns ja noch mehr“, sagte Jacqueline Riss immer. Zu einem Festnetztelefon hat sie sich dann irgendwann durchgerungen. Und per GPS konnte man das Restaurant auch nicht finden, denn es gab lange keinen Straßennamen. .

Der Familienbetrieb war so sehr Institution, daß Rémy und Jacqueline Riss über 39 Jahre ihre Speisekarte nicht gewechselt haben. Dann ein Inhaberwechsel während der Coronazeit, weil niemand aus der Familie das Restaurant übernehmen wollte. Nun also Jean-Jacques Adam und seine Frau Laura, er aus La Wantzenau und für den Service zuständig, Laura aus Uruguay mit der kompletten Küchenverantwortung – sicher auch, weil sie (noch) kein deutsch spricht. Konnte das gut gehen? Die Kurzfassung vorab: Es geht gut.

Klassiker im tiefen Teller – Matelote (auf Vorbestellung), Bord du Rhin

Vom Traumschiff zur Rheininsel Jean-Jacques Adam, Koch und Küchenmeister, war fast zwei Jahrzehnte auf unser aller TV-Traumschiff unterwegs, zuletzt in der Reiseleitung. Zu Bonner Zeiten bekochte er den Bundespräsidenten Richard von Weizsäcker in der Villa Hammerschmidt, die Betriebsküche des Bundeskriminalamtes in Meckesheim war eine weitere Station auf seinem Weg ins *Niemandsland*.

Über Jean-Jacques Beitrag zur deutschen Wiedervereinigung läßt sich nur spekulieren. Als Michail Gorbatschow und US-Präsident George Bush senior am 2. und 3. Dezember 1989 vor Malta auf dem Kreuzfahrtschiff Maxim Gorki zusammentrafen, stand Adam in der Kombüse. Er wußte wahrscheinlich noch vor Helmut Kohl, was es zu essen gab und wie es mit der Wiedervereinigung weitergehen würde; der Bundeskanzler wurde jedenfalls erst am nächsten Tag informiert.

Zunächst ein banger Blick in die Karte bei unserem Besuch im neuen Niemandsland, dann die Erleichterung: Karte und

Flink und freundlich – Monsieur „Mozart" sorgt für Nachschub

Küche wie gehabt. Perfekt gelungen das Rinderfilet mit einer großzügigen Portion Morcheln, wie sie auch auf der Insel wachsen. Aal, Zander und Forelle wie immer. Die Aale fängt der Cousin des Chefs, er ist einer der letzten Rheinfischer. Die hausgemachte Kräuterbutter für die Schnecken noch besser, dafür hat die Béarnaise vielleicht einen Hauch viel Estragon. Aber solange das das einzige Probleme ist.

Erfreulicherweise ist auch Monsieur Mozart weiter im Team, seit fast dreißig Jahren ist er der gute Geist des Hauses. Mozart sieht alles, ist immer in Eile kurz angebunden, aber höchst freundlich – „Servisss" halt. Den Spitznamen hat er von dem geflochtenen Mozart-Zopf, den er einst trug. Inzwischen sind die Haare kurz, der Name blieb. Mozarts besondere Fähigkeit: er kann durch die Keramikkrüge blicken, in denen der offene Wein serviert wird – kurz vor Ebbe steht wunderbarerweise das nächste Viertel auf dem Tisch. Er ist so sehr Mozart, daß er nicht reagiert, wenn man ihn mit seinem richtigen Namen anspricht.

Revier für Bärlauch und Morcheln – Île de Gerstheim

Zu guter Letzt noch: bislang blieb das Niemandsland von Siebeck und Nachfolgenden verschont. Andererseits könnte ein Verriß auch keinen der Stammgäste beeindrucken.

Wurstmanufaktur Roth, Kippenheimweiler, Wylerter Hauptstraße 18, 07825 869093

Landfauen-Festtermine: landfrauen-kippenheimweiler.de

Anglerheim (Karpfenstüble), Kippenheimweiler, Waldmattensee, 07825 7752

Oberrheinisches Tabakmuseum, Mahlberg, Kirchstraße 4, 07825 84380

Kosmos Schwarzwald, Uwe Baumann, Lahr, Zeit.Areal auf dem Industriehof, 0179 2183397

Restaurant Bord du Rhin (Niemandsland), F-Gerstheim, Rue du Canal, 0033 388983 612

Museum Würth, Erstein, Rue Georges Besse, 0033 388 647484

Offenburg leuchtet – wenn Bambi kommt

13

Nach Offenburg. Meine dreizehnte Kultour, in der die Badische Revolution auch in Berlin stattfindet, ausgerechnet beim Pascha eine Frau das Sagen hat und auf der niemand an den plastischen Geschenken der Burdas vorbei kommt.

Offenburg, nicht Offenbach

In Offenburg steigt man um, für die Schwarzwaldbahn; dazu war Offenburg da." Etwas einseitig aber nicht unbedingt falsch formulierte das 1930 Wilhelm Hausenstein, Kunsthistoriker und nach dem Krieg deutscher Botschafter in Frankreich (siehe S. 181). Für jemanden, der oben aus dem Kinzigtal stammte, aus Hornberg, war das sicher eine nachvollziehbare Einordnung. Sie unterschlägt aber doch zu sehr die Rolle der Stadt in der Badischen Revolution, denn gerade dabei hat die Eisenbahn eine wichtige Rolle gespielt.

Ohne die drei Jahre zuvor eröffnete Strecke hätten die wichtigsten Versammlungen der Republikaner vielleicht ganz woanders stattgefunden. So aber kamen sie alle nach Offenburg. Heute wahrscheinlich eher über die Autobahn, wo schon auf dem Zubringer eine 18 Meter hohe Skulptur von Olaf Metzel an eine der damaligen Forderungen erinnert, die Pressefreiheit, die auch Eingang ins Grundgesetz fand. *Artikel 5* heißt entsprechend das Kunstwerk auf dem Gelände der Mittelbadischen Presse.

Heckerhut – Wandbild in der „Wirtschaft zum Hecker", Berlin

Duft nach Freiheit und Sauerkraut 1847 trafen sich im Offenburger *Salmen* die „entschiedenen Freunde der Verfassung", Radikaldemokraten und Liberale um die beiden Juristen Gustav Struve und Friedrich Hecker. Im Festsaal über dem Pferdestall, der sonst gerne für Hochzeiten und Tanzvergnügen genutzt wurde, verabschiedeten sie die „13 Forderungen des Volkes in Baden". Gefordert wurden persönliche Freiheit, ein gerechtes Steuersystem, „Ausgleichung des Mißverhältnisses zwischen Arbeit und Capital" und das Recht auf Bildung. Es ging hoch her, die Pferde drunten im Stall werden ganz schön unruhig geworden sein.

Ähnlich ging es später den konservativen Abgeordnetenkollegen von Hecker in der Zweiten Badischen Kammer. Man möge doch „dem Abgeordneten Hecker künftig ein Kissen unterlegen, damit seine Faustschläge auf dem Pult nicht gehört werden". Kein Wunder, daß Hecker in Berlin sogar zur identitätsstiftenden Figur für die 68er und deren spätere Sponti-Nachfahren wurde. Man traf sich in der Berliner Kneipe *Zum Hecker*, besprach nach der Bestellung die nächste Revolution, die dann aber immer gern verschoben wurde, wenn die badisch-elsässer Spezialitäten auf dem Tisch standen. In diesen Kontext gehört natürlich noch das dunkelwürzige Freiheitsbier aus dem *Brauwerk Baden* in Offenburg. Das alleine schon deshalb, weil die Forderungen der Verfassungsfreunde und die Gründung der Brauerei jeweils im Jahr 1847 erfolgten.

Täglich Sauerkraut

Im *Hecker* hätte man durchaus auch nach den Ideen von Heckers Freund Struve kochen können. Der schrieb nämlich 1868 sein Buch *Pflanzenkost – Grundlage einer neuen Weltanschauung* und war damit seiner Zeit weit voraus. Kein Verlag interessierte sich damals für den Text, den Struve dann ein Jahr später im Selbstverlag veröffentlichte. Und selbst hundert Jahre später wollten die Jung-Revolutionäre Rindfleisch mit Meerrettich oder Schäufele.

Während der Renovierungsarbeiten wurde das Wandbild mit Hecker unter den runtergerissenen Tapeten entdeckt. Nachdem man in Meyers Lexikon nachgelesen hatte, um wen es sich bei diesem Hecker überhaupt handelte, erhielt das Gasthaus seinen Namen. Wer mit geschlossenen Augen in die Kneipe kam, erkannte sie am Geruch, Sauerkraut gab es jeden Tag. „Der Name und das Bild passten auch zu der politischen Zeit, zu dem Wirt und zu den Bärten und langen Haaren, die viele von uns trugen“, erinnert sich der damalige Stammgast François Martin.

Ausbaufähige Außenwirkung Offenburg sähe sich gerne und durchaus zurecht als Stadt der Freiheit und Hauptstadt der Badischen Revolution. Dieses Image hat sich aber trotz des gelungenen Umbaus des Salmen zur Gedenkstätte und trotz

Imagekampagne der Stadt Offenburg – abgelehnte Entwürfe

teurer Marketingkampagnen nicht öffentlich durchgesetzt oder sagen wir mal freundlich, noch nicht.

Nicht einmal auf den touristischen Hinweisschildern an der A5 wird auf den Salmen hingewiesen, stattdessen auf den „Platz der Verfassungsfreunde Offenburg“. An dem viel zu langen Schriftzug rast man vorbei, ohne ihn zu Ende lesen zu können. Das Innenministerium in Stuttgart und das Regierungspräsidium in Freiburg wollten den Salmen nicht. Dagegen spreche, daß das Denkmal, so die Ministerialen und Verwalter, zu jeder Zeit öffentlich zugänglich sein müßte. Genau wie das Museum Burda in Baden-Baden oder Macks Europapark hat der restaurierte Salmen inzwischen zwar feste Öffnungszeiten, aber nur Burda und Mack haben ihre Tafel an der Autobahn. So ist das hier.

Dummerweise befindet sich auch die *Erinnerungsstätte für die Freiheitsbewegungen in der deutschen Geschichte* ein paar Kilometer weiter nördlich, im Residenzschloss Rastatt nämlich und nicht im ehemaligen Offenburger Gasthaus Salmen. Immerhin stehen Offenburg und Rastatt nun in einer Reihe mit dem Hambacher Schloss, der Frankfurter Paulskirche und dem Berliner Reichstag. Der ehemalige Bundespräsident

Die Volksversammlung zu Offenburg

am 19. März 1848.

Bereits unterm 12. September v. J. stellte die Versammlung zu Offenburg die Forderungen des Volkes fest.

Sie verlangte damals schon unter anderen namentlich eine volksthümliche Wehrverfassung, eine gerechte Besteuerung, Ausgleichung des Mißverhältnisses zwischen Arbeit und Kapital und Abschaffung aller Vorrechte. Die Regierung hat diesen Forderungen mit Hochverrathsprozessen geantwortet, allein das Volk hat sie beim Zusammentritt des Landtages erneuert und nach dem gewaltigen Umsturze im Westen mit gesteigerter Kraft auf deren Erfüllung gedrungen. Diesem unwiderstehlichen Drange nachgebend, haben dieselben Regierungsmänner, welche die Redner der Offenburger Versammlung vom 12. September mit Hochverrathsprozessen verfolgt hatten, Zugeständnisse gemacht, deren Halbheit nur schlecht den Hintergedanken verhüllte, bei günstiger Gelegenheit, wie in den dreißiger Jahren, die abgedrungenen Zugeständnisse zurückzunehmen und in ihr Gegentheil zu verkehren.

Das Volk hat erkannt, daß die ihm zu Theil gewordenen Zugeständnisse nicht der staatsmännischen Einsicht und dem guten Willen der Machthaber, sondern den gewaltigen Bewegungen des Volkes, der äußeren Anregung der französischen Revolution und den Kundgebungen vom 1. und 2. März d. J. zuzuschreiben seien.

Jeder denkende Freund des Vaterlandes erkennt klar und deutlich, daß in den Pariser Februartagen nur der Anfang einer Völkerbewegung gemacht worden sei, welcher mit unabweisbarer Nothwendigkeit seine Fortsetzung in allen Staaten Europa's erlangen müsse.

Der Kampf der Volksherrschaft und der Einherrschaft hat begonnen. Deutschland, seit Jahrhunderten das große Schlachtfeld aller staatlichen und kirchlichen Kämpfe, wird auch jetzt wiederum den Zusammenstoß zwischen dem despotischen Nordosten und dem freisinnigen Südwesten Europa's am schwersten empfinden. Darum thut es noth, daß unser Vaterland bei Zeiten eine feste Stellung seinen auswärtigen und inneren Feinden gegenüber einnehme.

Es verlangt daher vor allen Dingen:

Spickzettel für Revolutionäre – Nonns Taschentuch

Gustav Heinemann hatte sich für Rastatt stark gemacht, weil, wie er sagte, hier „für die Freiheit Blut geflossen“ sei. Vielleicht waren die Offenburger damals nur zu klug. Immerhin haben sie etwas Einmaliges vorzuweisen: ein Taschentuch, das dem Bankier und Fabrikanten Josef Nonn gehörte.

Ein revolutionäres Taschentuch Banker gelten gemeinhin nicht als militante Revolutionäre. Josef Nonn aber war einer. Gerade 20 Jahre alt war er, als er eine Gruppe von 150 Mann anführte, die den Offenburger Bahnhof besetzte. Später gehörte Nonn zu den Mitbegründern der Vorschußkasse, der späteren Volksbank. Eine Nachfahrin von Nonn hat dieses ganz besondere Schnupftuch, ein subversives sozusagen, mit den Initialen J N öffentlich zugänglich gemacht. Es ist bedruckt mit dem Text des Flugblattes der Offenburger Versammlung vom 19. März 1848. Sämtli-

J N steht für Josef Nonn

che dreizehn Forderungen der Revolution sind hier bis heute zu lesen, nicht mehr besonders gut, aber immerhin. Wenn man so will, eine ideale Gedächtnisstütze für vergessliche Revolutionäre.

Offenburg gilt heute als Burdastadt, obwohl es mit Edeka Südwest, Meiko, Printus, Hansgrohe, Markant, der Ortenauer Sparkasse und der Christian-Funk-Holding von der Beschäftigtenzahl her eine ganze Reihe großer oder sogar größerer Unternehmen gibt. Aber das Medienunternehmen, inzwischen ja weit eher eines aus München denn aus dem Badischen, ist im öffentlichen Raum einfach zu präsent. Wer von der Autobahn kommt, fährt zunächst auf das Hochhaus von Hubert Burda Media zu und begegnet später beim Gang durch die Stadt auf zahlreichen Plätzen den Skulpturen, die von der Familie gestiftet wurden.

Oben: Jutta Spinner, 2013, unten: in München

Kunst allerorten Offenburg hat eine lebendige Kunstszene. Das ist vor allem Jutta Spinner zu verdanken, die auch jungen Künstlern wie Luka Fineisen und Stefan Strumbel Ratgeberin war und Türen öffnete. „Sie war die Mutter der schönen Künste, wie eine Mutter für viele Künstler und für mich persönlich ein sehr wichtiger Mensch“, so Strumbel. Ein Artikel in der Burda-Illustrierten *Bunte* über eine bunte Kuckucksuhr, die Karl Lagerfeld von Strumbel erworben habe, ließen dessen Aktien steigen.

Zu Beginn seiner Karriere war Strumbel froh, wenn die Wirtschaftsregion Ortenau seine Bilder kostenlos auf Messen präsentierte, etwa der Münchener Gewerbe-Immobilien-Messe „Expo-Real“. Für ein paar Euro hätte man damals eine ganze Serie von 80x80 cm großen Gemälden kaufen können. Die wollte aber niemand. Wobei ich glaube, daß die Bilder für die Klientel auf dieser Messe einfach zu billig angeboten worden waren.

Jutta Spinner, sie ist 2013 gestorben, begann nach einem Grafik- und Kunststudium in einer Münchener Agentur. Dort entstanden auch Entwürfe für die Cover der Schallplatten von Joe Cocker, Mitch Ryder oder Mungo Jerry. In Offenburg war sie Mitbegründerin des Kunstvereins, dem zunächst Ulrich Borsi vorstand und dann ihr Mann Ulrich Spinner. Bekannte Künstler wurden nach Offenburg geholt, von Georg Baselitz über Raymond E. Waydelich bis zu Ottmar Hörl.

Aber auch die Stadt war aktiv. Ein ehedem kaiserliches und zuletzt französisches Kasernenareal wurde zum *Offenburger Kulturforum* umgewandelt, neben der städtischen Galerie sind dort eine Bibliothek, die Kunst- und Musikschule und der Kunstverein beheimatet.

Zur Mittagspause gehen wir heute gleich gegenüber ins *Pascha*, das türkische Restaurant von Mary und Ali Demirtas. Der Wirt war Olympia-Teilnehmer im Ringen, seine Frau Mary hat ihre Jungs in Küche und Service im Griff.

Döner direkt an der Theke und zum Mitnehmen gibt es seit jeher und auch heute noch, was aber eher eine Reminiszenz an die Anfänge des Lokals ist. Lassen Sie sich lieber zu einem türkischen Menü animieren, vieles wird über dem offenen Holzfeuer zubereitet. Zum Beispiel ein Kebab in der Art, wie es in Adana mit einer scharfen Knoblauchsauce zubereitet wird. Mary berät Sie gerne: „Die meisten Deutschen wollen lieber die etwas weniger scharfe Tomatensauce dazu.“

Alles ofenfrisch – Ali & Mary Demirtas

Bacchus im Weindorf Fessenbach – von Sandro Chia

Auf den Spuren der Skulpturen Ein halber Tag reicht kaum aus, wenn man denn eine Runde zu allen von der Familie Burda gestifteten Skulpturen machen möchte. Die Ursulasäule nicht weit vom Rathaus stammt von Franz Burda, dem Offenburger Ehrenbürger, den hier kaum jemand anders nennt als *der Senator*. Der Bildhauer Emil Sutor, der auch das *Bambi* modellierte, hat sie gestaltet. Wenn wir vom Rathaus in die Fußgängerzone gehen, kommen wir an einer Traditionsfigur des Offenburger Karnevals vorbei. Die Figur ist der *Andres*, der immer wieder von Hubert Burdas Großvater Franz-Josef verkörpert wurde, wenn er sich über die Lokalpolitik lustig machte; der Enkel ist zugleich der Stifter der Skulptur.

Gleich zwei Bronzefiguren hat der Italiener Sandro Chia gestaltet, den Dionysos im Offenburger Zwingerpark und den Bacchus in Fessenbach. Beide wieder gestiftet vom „Senator“, der damit auf der sicheren Seite war, weil er sowohl dem griechischen wie auch dem römischen Weingott Reverenz erwies. Wer vom Fessenbacher Bacchus durch die Weinberge zum Burda-Schlössle emporsteigt – was ein schöner Spaziergang durch Rebland wäre – erblickt den *Senatorre* von Roberto Peregalli, einen fast 15 Meter hohen Zementguss, der über das Rheintal zum Straßburger Münster grüßt.

Den Platz der Verfassungsfreunde am Kulturforum überragt

Freiheit für alle – Freedom-Male/Female von Jonathan Borofsky

eine 20 Meter hohe Aluminiumskulptur des US-Künstlers Jonathan Borofsky, die nachts besonders beeindruckend wirkt. Die Ehrenbürgerin Aenne Burda stiftete das Kunstwerk als Beitrag zur Freiheitsstadt, *Freedom-Male/Female* der etwas sperrige Titel.

Wie wäre es, wenn Sie in Offenburg oder Umgebung auch mal ein Denkmal aufstellen ließen und damit die Ehrenrunde um Ihre eigene Station erweitern würden. Es gibt nämlich keine Lex-Burda. Die baden-württembergische Bauordnung stellt dies im Anhang zu § 50 in der Ziffer 11 jedermann frei; nur begehbar darf das Kunstwerk nicht sein.

Nicht alle öffentliche Kunst in Offenburg hatte ihren Platz auf ewig sicher. Lange befand sich an prominenter Stelle in der Nähe des Rathauses das Denkmal für den englischen Weltumsegler und Sklavenhändler Francis Drake. Weltweit als erstes Denkmal überhaupt wurde es 1853 für ihn errichtet. Auslöser für die Ehrung war die inzwischen widerlegte These, daß Drake die Kartoffeln aus Südamerika mitgebracht hatte. Schon Heinrich Heine hatte das so kurz wie historisch falsch

Francis Drake Denkmal, kurz vor der Demontage 1939

zusammengefasst „Luther erschütterte Deutschland – aber Francis Drake beruhigte es wieder: Er gab uns die Kartoffel."

Das Denkmal des Bildhauers André Friedrich aus dem Ribeauvillé war für die Stadt kostenlos und da waren die Stadträte ebenso schnell dabei wie heute. Das Geschenk war eine Marketingaktion des Bildhauers, der sich in der Folge neue Aufträge versprach. Friedrich hatte es an sich der Stadt Straßburg schenken wollen, aber dort verehrte man Napoleon, aber keinesfalls einen Engländer.

So fiel die zweite Wahl auf Offenburg, wo Drake den Spitznamen „Kartoffelmann" erhielt, weil er in der linken Hand einige Büschel Kartoffeln hielt. Nach der Kriegserklärung von England an Deutschland im September 1939 war dann auch in Offenburg kein Platz mehr für das Engländer-Denkmal; es wurde von den Nationalsozialisten zerstört. Nur die beiden Hände von Drake hatte der Wirt des auch heute ausgesprochen empfehlenswerten Traditionsgasthofes *Sonne* in der Nacht bergen können und Jahre später dem Ritterhaus-Museum übergeben.

Weitaus mehr als Pizza Statt einen Parkplatz in der Innenstadt zu suchen, fahren Sie besser raus in den Vorort Waltersweier. Dort können Sie im *Ristorante Trevi* abseits vom Verkehr überdurchschnittliche italienische Küche genießen. Eine weiße Pizza, zum Beispiel mit Spargel, und die Ravioli mit Trüffeln sind meine Empfehlungen, dazu der italienische Hauswein.

Dolce vita bei Olga und Franco Tonon

Ein für Anita Ekberg zu kleiner Brunnen plätschert auf der Terrasse vor sich hin – ein kleines Dolce Vita, das Olga und Franco für Ihre Gäste geschaffen haben.

Sollte es nach dem Essen zu

Fritz Karl und Katharina Wackernagel als Franz und Aenne Burda

Burda und um Burda noch offene Fragen geben, rufen Sie einfach die Journalistin Ute Dahmen an, die sowohl die Biographie über den Senator, wie wir ihn jetzt auch nennen, geschrieben hat, als auch die über Aenne Burda. Später wurde daraus der Fernsehfilm von der *Wirtschaftswunderfrau* mit Katharina Wackernagel in der Rolle der Modeverlegerin. Ich bin überzeugt, daß auch Hubert Burda die Nummer von Ute Dahmen wählt, wenn er mal Fragen zu seinen Eltern hat.

❖❖❖

Kulturforum/Kulturbüro, Offenburg, Weingartenstraße 34, 0781 822 264

Marx Galleries, Offenburg, Kittelgasse 22, 0781 22 526

Klavierhaus Labianca, Offenburg, Zähringerstraße 2-4, 0781 970 72 80

Restaurant Pascha, Offenburg, Weingartenstraße 45, 0781 936 016

Ritterhaus Museum, Offenburg, Ritterstraße 10, 0781 822 577

Restaurant Sonne, Offenburg, Hauptstraße 94, 0781 948 832 95

Ristorante Trevi, Offenburg-Waltersweier, Lindenstraße 1, 0781 203 86 08

Auftakt mit Linsensuppe im Pascha

Günter Grass gibt Moscherosch ein Gesicht

Tagebuchblatt von Grass mit Skizzen zu Das Treffen in Telgte, Wewelsfleth 1979; abgedruc in Günter Grass: Sechs Jahrzehnte. Ein Werkstattbericht. Herausgegeben 2014 von G. Fri Margull und Hilke Ohsoling im Göttinger Steidl Verlag

14

Nach Willstätt, Kork, Neumühl und Kehl. Meine vierzehnte Kultour, in der jeden Tag ein neuer Eiffelturm gebaut werden könnte, Günter Grass sich um eine reine Männerangelegenheit kümmert und in der ein Mann nicht weiß, ob er Karl oder Charles heißt.

Grass und Moscherosch

Wer sich zwischen Willstätt, Renchen und Oberkirch bewegt, kommt an zwei Bestseller-Autoren des 17. Jahrhunderts nicht vorbei. Nicht an Johann Michael Moscherosch, dem Pädagogen und Satiriker – eine seltsame, aber scheinbar unausbleibliche Mischung ist das. Und auch nicht an dem weit bekannteren Hans Jakob Christoffel von Grimmelshausen (siehe siebzehnte Kultour), der als Wirt endlich die Zeit hatte, seine Erlebnisse und Erfindnisse aus dem Dreißigjährigen Krieg aufzuschreiben.

Zunächst also Moscherosch, der kaum jemandem so richtig geläufig ist. In Willstätt steht ein Denkmal für den Mann, von dem niemand wusste, wie er aussieht, direkt neben der aufwändig renovierten Barockkirche. Seine Familie erzählte – frühes Storytelling – schon immer gute Geschichten um diesen seltsamen Namen Moscherosch und dessen Herkunft. Aus Aragon kämen sie, also alter spanischer Adel, und seien über die Spanischen Niederlande nach Willstätt gekommen.

Moscherosch wurde das 436ste Mitglied der wichtigsten

Satiriker Moscherosch

deutschen Sprachvereinigung, der „Fruchtbringenden Gesellschaft". Der schwarze Nachtschatten, *Solanum nigrum*, sollte Moscherosch zum Träumen „mit offnem aug" und zum Dichten „hoher Sachen" anregen. In einem Kräuterbuch der Zeit heißt es: „So man die Beeren jsset, machen sie einen doll oder sie bringen in einen tieffen Schlaf." Schon früh wurde der Nachtschatten gegen Rheuma, Fieber und Ekzeme volksheilkundlich eingesetzt. Auf dem Hof der Moscheroschs wäre man vorsichtiger gewesen, denn bei den Bauern hieß die Pflanze *Sautod* oder *Hühnertod*. Der Schriftsteller selbst war stolz auf seinen Ruf als Satiriker und ließ sich umrahmt von Stechpalmenwedeln portraitieren, um so auf die satirische Wirkung seiner Texte hinzuweisen.

Grass trifft Moscherosch Günter Grass greift in seinem Roman *Das Treffen in Telgte* die angeblich spanische Herkunft der Familie auf (siehe das Bild auf Seite 226). Bei dem fiktiven Dichtertreffen im Jahr 1647 stellt er Hans Michael Moscherosch als „gutdeutsch vor, wenn zwar sein Name maurischen Ursprungs sei". Dieses Dichtertreffen war damals natürlich eine reine Männerangelegenheit, bei der die Literaten sich allenfalls mit ein paar Mägden vergnügten.

Also nicht viel anders als dreihundert Jahre später, als sich auf Initiative von Hans Werner Richter eine Gruppe von Schriftstellern traf, die den Zweiten Weltkrieg überlebt hatten und die sich dann „Gruppe 47" nannte. Grass selbst war einige Jahre nach der Gründung erstmals dabei und stellte damals das erste Kapitel der „Blechtrommel" vor.

Im Roman über das Treffen in Telgte nimmt er als nichteingeladener Schriftsteller teil und zwar in der Rolle des Gelnhausen, benannt nach dem Geburtsort von Grimmelshausen. Und dieser Gelnhausen sieht sich denn auch als den mit Abstand besten Literaten aller Anwesenden. Grass eben, der sagt: „Gestern wird sein, was morgen gewesen ist. Unsere Geschichten von heute müssen sich nicht jetzt zugetragen haben."

Etwas versteckt – Moscherosch Denkmal in Willstätt

Moscherosch inkognito In Willstätt haben zufällig befragte Passanten und Kirchenbesucherinnen noch nie etwas von Moscherosch gehört. Eine Frau empfiehlt die Nachfrage im Rathaus; vielleicht wüssten die, wo der wohnt. Aber „wegen dem Datenschutz" würden die bestimmt nichts sagen.

Im Erdgeschoss des Rathauses befindet sich eine informative Dauerausstellung zum „berühmtesten Willstätter", wie er dort genannt wird. Da hat die Marbacher Arbeitsstelle für literarische Museen eine gute und auch sinnvolle multimediale Arbeit geleistet. Auf gerade mal zwölf Quadratmetern ist das schon ein Kunststück. Etwas mehr als man wissen könnte oder unbedingt wissen muss, aber nicht so viel, daß es langweilig wird.

Der Dreißigjährige Krieg hat die ersten fünfzig Jahre des Lebens von Moscherosch bestimmt. „Und was das Beschwerlichste ist", schrieb er an seinen Freund und Schriftstellerkollegen Samuel Gloner, „seine Arbeit weiterzuführen zwischen Drohungen und Tod, zwischen Geschossen, Schwertern, Spießen, Belagerungsgerät und Blitzen, zwischen tausend Gefah-

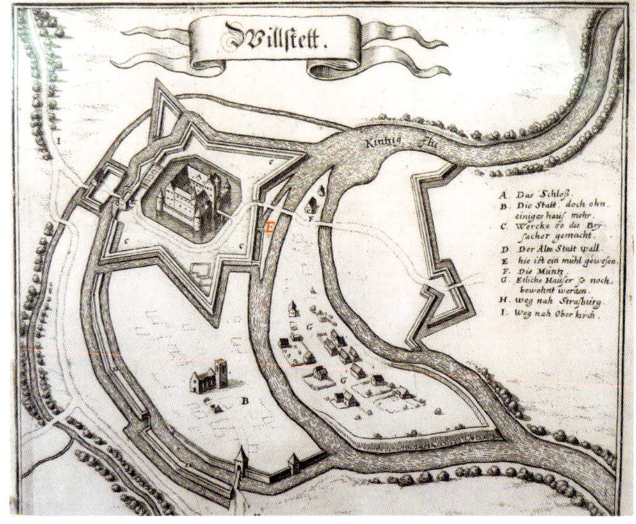

Auch Willstätt und der stattliche Gutshof der Moscheroschs in der Nähe der Kinzigmühle waren zerstört worden, zum ersten Mal 1634. Das zeigt die Meriankarte aus dem Jahr 1640: „B. Die Statt doch ohn einiges Haus mehr. E. Hier ist ein Mühl gewesen."

ren, die dem unsicheren Leben auflauern". Und so starb auch Moscheroschs erste Frau Esther mit dreißig Jahren im Krieg und seine zweite, die gerade zwanzig Jahre alte Maria Barbara, an der Pest. Von vierzehn Kindern aus drei Ehen wurden nur die wenigsten erwachsen.

Moscherosch war nach seinem Studium der Rechtswissenschaften und Philosophie in Straßburg von 1636 an im lothringischen Finstringen, heute Fénétrange, als Amtmann tätig. Sein Gehalt hatte er während der Kriegswirren schon länger nicht mehr bezogen, sodaß er sich als Landwirt durchschlug, um seine Familie zu ernähren. Sein Haus konnte er nur schwerbewaffnet verlassen, „mit der Radschloßflinte, die vom Rücken herabhängt, eine Pistole in den Händen, an der Hüfte eine Handfeuerwaffe". So schützte er sich und seine Knechte auf den Feldern und schmiedete dabei manchmal „Verse und Epigramme, damit ich nicht durch Unbeschäftigtsein auf schlechte Gedanken komme". Am 6. September 1641 wurden Moscherosch und seine Leute von einer Bande marodierender Soldaten überfallen, doch sie konnten sich gerade noch hinter die Stadtmauer retten. Dies und viele andere Erlebnisse, können wir in seinem Buch *Wunderliche und warhafftige Gesichte Philanders von Sittewald* nachlesen.

Firmengründer Hans Hilzinger, 1946

In Friedenszeiten Kehl, Willstätt und die Nachbardörfer sind zwar nicht gerade Kulturhochburgen, aber immerhin gibt es neben Moscherosch noch das Epilepsiemuseum und den erfreulichen *Hirsch* in Kork sowie den bodenständigen *Pflug* in Neumühl. Und in Willstätt den Fensterbauer *Hilzinger*, bei dem aus fast jeder Familie in der Gegend jemand arbeitet. Helmut Hilzinger hat das Geschäft seines Vaters, eine Ein-Mann-Glaserei mit angeschlossener Sargtischlerei, zu einem der größten und renommiertesten Fensterhersteller Europas mit weit über eintausend Mitarbeitern weiterentwickelt.

Dreizehn Generationen nach „unserem" Moscherosch lernte ich im *Hirsch* Veronika Moscherosch kennen, die genauso heißt, wie die Mutter des Schriftstellers. Unser Versuch ihren Stammbaum ins 17. Jahrhundert zurückzuverfolgen, war leider nicht erfolgreich.

Im Hirsch kocht Gerhard Arbogast anspruchsvoll und die Preise sind *raisonable* – sagen jedenfalls die französischen Gäste, die hier oft in der Mehrzahl sind. Auch wenn manche Gerichte in „Tiegelchen und Töpchen" serviert

Konzentriert am Teller – Gerhard Arbogast, Hirsch in Kork

werden, sind alle Portionen sogar dann ausreichend, wenn man bei den Badischen Stahlwerken oder Hilzinger in der Produktion arbeitet.

Nach dem Essen führt uns der Spaziergang nach Neumühl zum Denkmal des „Nachdenklichen“, das der Steinmetz Hubert Benz aus Eckhartsweier geschaffen hat. Nicht nur die Figur, die aus einem zwei Tonnen schweren Sandsteinblock gemeißelt wurde, macht sich Gedanken darüber, warum die Kehler zwischen 1678 und heute genau vierzehnmal ihre Sprache, die offizielle zumindest, wechseln mussten. Am Sockel wird das am Beispiel eines Jungen dargestellt, der mal Karl hieß, dann Charles und dann wieder Karl und dann wieder…

Karl oder Charles? Vierzehn Sprachwechsel seit 1678

Auf dem Rückweg, nach zwei Kilometern, betreten wir, aber nur sonntags von 14 Uhr an oder auf Vereinbarung die Welt der Fallsucht oder „scheddelnden (schüttelnden) Gottesstraf“, wie die Epilepsie zu Moscheroschs Zeiten hieß. In Frankreich spricht man immer noch von der „Maladie sacrée“, obwohl die Epilepsie seit dem 16. Jahrhundert von Paracelsus als natürliche Krankheit angesehen wurde. Flaubert, Dostojewskij und van Gogh gehörten zu den bekanntesten Kranken.

Ohne Hansjörg Schneble, dem ehemaligen Ärztlichen Direktor des Korker Epilepsiezentrums, hätte es das Museum nicht gegeben. Wenn Sie ihn angerufen haben und seine Führung miterleben dürfen, brauchen Sie für den Rest des Tages keine weiteren Pläne mehr zu machen. Kork und Neumühl gehören zum Grenzstädtchen Kehl. Aber was soll man über Kehl bloß schreiben? Daß die Stadt immer wieder unter ihrer Grenzlage litt, Ende 1949 nur noch 600 Einwohner hatte und daß es immerhin Heinrich Mann und Sigmund Freud gelang, über den Kehler Bahnhof nach Frankreich zu fliehen. Die Erinnerungsplaketten im Bahnhof sind meist übermalt oder übersprüht.

„Der rote Vorhang/ Hommage an Vincent" aus dem Jahr 1965. Die Künstlerin und ehemalige Patientin aus der Epilepsieklinik in Kork möchte nicht genannt werden.

Badischer Stahl Ansonsten ist hier wirtschaftlich mehr los als kulturell. Mit dem Rheinhafen wurde Kehl zu einem wichtigen Wirtschaftsstandort. Unternehmen wie der Wohnmobilhersteller Bürstner, der Tunnelbohrmaschinen-Weltmarktführer Herrenknecht, die Presstechnik-Spezialisten von Presstrade, der Spezialpapierhersteller Koehler-Paper und die Badischen Stahlwerke (BSW), bei denen eine Betriebsbesichtigung lohnt, sind hier angesiedelt.

Die BSW sind weltweit eines der produktivsten Elektrostahlwerke, in dem 850 Mitarbeiter vor allem Stahl für die Bauindustrie herstellen. Wenn ein schrottbeladener Rheinkahn geleert wird, dauert es gerade vier Stunden, bis dieser Schrott als hochwertiger Stahl das Werk wieder verlassen kann. Rund zwei Millionen Tonnen kommen so zusammen. Das

Aus Schrott wird Baustahl

Die Kinzig als Spiegel des Stahlwerks – BSW in Kehl

ist so viel, daß man davon an jedem Arbeitstag mit zweihundert Lkw nach Paris fahren und bis zum Abend je einen neuen Eiffelturm bauen könnte.

Würden die Stahlwerke nicht Stahl produzieren, wären sie das *Museum Oberrheinischer Kunst.* Kein anderes Unternehmen könnte auf über 200 Seiten einen Katalog seiner 400 Kunstobjekte umfassenden Sammlung von rund 140 badischen und elsässischen Künstlern präsentieren.

Natürlich gibt es in der Sammlung auch „Ausreißer", wie die 244x50 Zentimeter große Konzeptarbeit von Christo und Jean-Claude zum Projekt der Verhängung des Reichstages. Ein Dankeschön des Künstlerpaares an das Unternehmer- und Sammlerehepaar Marlis und Horst Weitzmann, die geholfen hatten, bürokratische Hürden des Projektes zu überwinden. Schon 1980 hatten sich die vier in New York kennengelernt und über das fünfzehn Jahre später realisierte Projekt unterhalten.

Neben „üblichen Verdächtigen" des Oberkircher Netzwerkes wie Gaby Streile, Rainer Braxmaier oder Rainer Nepita finden sich von der anderen Rheinseite natürlich Ungerer

Marlis und Horst Weitzmann vor der für Künstler bedeutenden Frage: „Hast Du einen Sponsor" von Bernard Quesniaux

und der aus dem Allgäu stammende Wahlelssässer Jan Peter Tripp. Die Werkverzeichnisse von Tripp hatten wir in dessen Mittelbergheimer Garten mit kurzzeitig viel Pflaumenkuchen und ständig viel Riesling zusammengestellt. Warum der Pflaumenkuchen nur kurz dabei war, erzähle ich Ihnen, wenn wir uns mal treffen.

Zentrum der Druckindustrie Kurz vor der Französischen Revolution ließ Pierre-Augustin Caron in Kehl eine so große Druckerei errichten, daß der kleine Ort für einige Jahre zu einem der bedeutendsten Druck-Standorte wurde. Caron kennen selbst die Franzosen eher unter seinem später angenommenen Namen de Beaumarchais. Den Namen hatte er dem Landsitz Beaumarchet seiner ersten Frau entliehen, ihn noch etwas angepasst und sich so den Anschein der adeligen Geburt verliehen. Genau der Beaumarchais also von Figaros Hochzeit und dem Barbier von Sevilla, erfolgreichen Komödien, denen aber erst Rossini und Mozart Ewigkeitswert verliehen.

Beaumarchais wollte von Kehl aus eine Gesamtausgabe des gerade gestorbenen Voltaire verlegen. Auch Voltaire hatte

Abgefeimte Schmeicheleien – Voltaire und Friedrich von Rainer Ehrt

einige Zeit nach dem Rausschmiß am preußischen Hof am Oberrhein verbracht. In Colmar schrieb der Mann, nach dem später *Le siècle de Voltaire* und damit ein Jahrhundert benannt wurde, in der damaligen Rue des Juifs an seinen *Annales de l´Empire*.

Europa hatte zu jener Zeit zwei Könige. Voltaire und Friedrich den Großen – ein Mythos, der auf einem gegenseitigen Mißverständnis beruhte. Von absoluten Herrschern hielt Voltaire so wenig wie vom Adel und der katholischen Kirche. Und dennoch: Friedrich schwärmte von Voltaire und holte ihn an den Hof nach Potsdam. Wie voraussehbar, hielten sie es nicht lange miteinander aus. Der Briefwechsel trieft von abgefeimten Schmeicheleien, boshaften Liebenswürdigkeiten und vollendeten Gemeinheiten. Über vierzig Jahre dauerte ihre Korrespondenz. Es war ein seltsames Verhältnis zwischen den beiden. Voltaire: „Ich konnte nicht ohne Sie leben, aber auch nicht mit Ihnen." Und Friedrich: „Bitte vergessen Sie nicht den Einsiedler von Sans-Souci, der Sie zu sehr liebt, um nicht von Ihnen geliebt zu werden."

Gesamtausgabe – 72 Bände, 50.000 Seiten Voltaire

Kehler Erstausgabe Viele der Schriften Voltaires unterlagen in Frankreich der Zensur, konnten also nur im Ausland gedruckt werden. Beaumarchais wandte sich deshalb an den Markgrafen Karl Friedrich von Baden. Er suche einen „Winkel der Erde, wo wir sicher sein können vor voreiligen Zensuren und einer unsere Arbeit störenden Inquisition". Die Erlaubnis zur „Aufrichtung eines Buchdruckerey- und Schriftgießerey-Etablissement in Unserer Stadt Kehl besonders zur Druckung derer Schriften des Voltaire mit baskevillischen Lettern" wurde gnädigst erteilt.

Ab 1783 erschienen die ersten der 72 Bände. Der Verleger Joachim Heinrich Campe war beeindruckt vom Druck und der Verarbeitungsqualität: „Eine so ansehnliche Druckerei als diese ist, hat, soviel ich weiß, noch nirgends existiert." Allerdings hielten die Erlöse Beaumarchais nicht Schritt mit den Investitionen. Allein für die Rechte am Werk hatte er 160.000 Francs bezahlt. Nachdem gerade mal 2.500 Personen eine Subskription zeichneten, war das finanzielle Fiasko abzusehen. Mit Morstadt hat Kehl heute noch einen Verlag, in dem auch die literarischen Führer von Stefan Woltersdorff verlegt werden.

Und was noch zu Kehl? Der Straßburger Vorort, der zufällig auf der falschen Rheinseite liegt, ist immerhin die Hauptstadt der Shisha-Pfeifen-Läden, Dönerbuden und *Tabac*-Boutiquen. Eine alte Schule wurde zum *Kulturhaus* umgebaut und die Verwaltungs-Hochschule macht aus jungen Menschen Kommunalbeamte, mitunter gar Bürgermeister.

Eine filigrane Schrägseilbrücke für Fußgänger, die *Passerelle des Deux Rives*, führt über den Rhein, die, was ja nun wirklich keine besondere Nachricht ist, um fast (oder nur?) das Dreifache teurer wurde, als geplant und so den Rechnungshof zum

Nur dreimal teurer als geplant – die Passarelle über den Rhein

Rechnen anregte. Aber dabei kam auch nur heraus, daß es tatsächlich teurer geworden war.

Und dann hat der Basler Arnold Böcklin hier noch ein Bild von einem im Krieg von 1870 zerstörten Haus gemalt; im Gegensatz zu seinem üblichen altmeisterlichen Symbolismus diesmal fast schon impressionistisch. Und da wir darauf schon den Turm des Münsters sehen, führt unsere nächste Kultour nach Straßburg. Fraglich nur, über welche Brücke? Ganz korrekt über die Fußgängerbrücke oder wenigstens ÖPNV-korrekt über die Trambrücke? Nein, wir brauchen das Auto, weil wir uns Straßburg über die Pierre-Pflimlin-Brücke nähern, benannt nach dem Straßburger Bürgermeister und späteren Präsidenten des Europa-Parlaments. Kulturbeflissen fahren wir wegen BAAL hierher – wegen was? Dem binationalen „Theater Eurodistrict BAden ALsace“, das seine Spielstätte am Fuß der Brükke im „Europäischen Forum am Rhein“ hat; der Architekt Jürgen Grossmann hat es es entworfen.

Zerstörtes Haus bei Kehl,
Arnold Böcklin um 1870

Heimat für das Theater BAAL – Europäisches Forum Neuried

Statt des so wunderschön verwaltungstechnischen Namens hätte doch BAAL genügt, mit seinen Assoziationen zu Brecht, nahöstlichen Gottheiten und frühchristlichen Dämonen.

Mit dem Führungstrio Edzard Schoppmann, Diana Zöller und Guido Schumacher stemmen die Theatermacher ein beeindruckendes Programm. Und das mit einem Jahresetat, der weitaus geringer ist, als die durch nichts gerechtfertigten Bonuszahlungen an Mitarbeiter eines einzigen öffentlich-rechtlichen Rundfunksenders.

❖❖❖

Rathaus Willstätt, Am Mühlplatz 1, 07852 430

Hilzinger, Willstätt, Carl-Benz-Straße 4, 07852 919 260

BSW, Kehl, Graudenzer Straße 45, 07851 830

Restaurant Hirsch, Kehl, Gerbereistraße 45, 07851 991 60

Epilepsiemuseum, Kehl-Kork, Oberdorfstraße 8. Führungen auf Anfrage: 0781 772 44.

Theater BAAL, Neuried, Am Altenheimer Yachthafen 1, 0781 970 697 10

Von Vorspeise bis Dessert eine sichere Bank – Hirsch, Kork

15

Nach Straßburg. Meine fünfzehnte Kultour, in der es plötzlich eine törichte Jungfrau mehr gibt und Mozart nur die zweite Geige spielt, in der von Voltaire nur ein „taire" übrigbleibt und im Keller des Hospiz keine einzige Leiche liegt.

Straßburg unvollendet

Wenn Sie mal nackt auf dem Altar des Münsters, oder der *Cathédrale Nôtre-Dame de Strasbourg,* wie sie korrekt heißt, für oder gegen etwas demonstrieren wollen, wird das wahrscheinlich niemand merken. Außer, Sie bestellen vorher ein paar Fotojournalisten ein. So geschehen vor ein paar Jahren bei der Demonstration einer törichten Jungfrau gegen den Papst-Besuch. Die Gute hat sich allerdings umsonst ausgezogen, denn der Papst wollte das Münster gar nicht besuchen, er war Gast im Europa-Parlament.

Zu den meistfotografierten Motiven am Münster gehörten bisher die Steinskulpturen der törichten Jungfrauen am rechten Portal – nach der *Femen*-Aktion ist es jetzt eine mehr.

Die törichten Jungfrauen

Der Literatur-Nobelpreisträger Elias Canetti verliebte sich in eine steinerne dieser törichten Jungfrauen und sah später, wie er schrieb, deren Ebenbild aus Fleisch und

J. PLEYEL

Blut im Schatten der Kathedrale. Das konnte natürlich nicht unsere Demonstrantin sein, denn da war die noch nicht auf der Welt.

Mozart nur zweite Wahl Als Straßburg die Möglichkeit hatte, sich zwischen Wolfgang Amadeus Mozart und Ignace Joseph Pleyel als neuem Domkapellmeister zu entscheiden, wählten sie Pleyel. Der sagt Ihnen wahrscheinlich ebenso wenig wie bis vor kurzem auch mir. Aber zum Glück gibt es mit dem Musikwissenschaftler Stefan Schaub einen Mann, der auch über uns Unbekannte alles weiß. Das behält er nicht für sich, sondern vermittelt sein Wissen begeisternd und mit vielen Klangbeispielen in stets ausgebuchten Musikseminaren. Können Sie sich ein Stadion mit fünfzigtausend Besuchern vorstellen, die keinen Fußball sehen, sondern einen Vortrag über klassische Musik hören wollen? So groß ist inzwischen die Fangemeinde von Schaub.

Das Pleyel-Seminar erhielt ich dann allerdings in etwas kleinerem Rahmen, privatissime et gratis. Vierzehn Tage später galt ich bereits als Spezialist und sollte ein Konzert mit Pleyels Kompositionen, aufgeführt vom Kehler *Enders-Quartett*, moderieren. Pleyel gehörte zu den meistgespielten Komponisten in ganz Europa und wird jetzt allmählich wiederentdeckt. Mozart trug, ganz entgegen seiner Art, die Straßburger Niederlage mit Anstand: „Der Pleyel ist derart genial, daß er uns gar den Haydn remplaciert.“

Multiunternehmer Pleyel Ungefähr mit Beginn der Französischen Revolution begann Pleyel ein regelrechtes Musikimperium aufzubauen. Er verlegte und vermarktete Rossini, Haydn, Boccherini, Beethoven und Mozart und gründete eine

Klavierfabrik, in der er bis zu eintausend Instrumente im Jahr herstellen ließ. Konzerte in Paris gab er im eigenen Konzertsaal. Wenn Chopin wo auftrat, hatte ein Flügel von Pleyel da zu stehen, sonst verweigerte der das Spielen. Auch Grieg und Rubinstein waren auf die Instrumente von Pleyel fixiert.

Konzertpause vor der Kathedrale

Um in etwa die Bedeutung von Pleyel in die heutige Zeit zu übertragen: Ignace Josephe Pleyel wäre der Eigentümer von Universal Music Publishing, dem weltweit führenden Musikverlag, sowie zusätzlich von Spotify und der Besitzer des Instrumentenbauers Yamaha. Von einer solchen Karriere können die Straßenmusikanten, die sich im Sommer rund ums Münster tummeln, nur vergeblich träumen.

Komponist der Marseillaise Nicht jeder Deutsche, aber jeder Franzose weiß, daß die Marseillaise nicht aus Marseille, sondern aus Straßburg stammt und von Claude Joseph Rouget de Lisle in der Nacht vom 25. auf den 26. April 1792 getextet und komponiert wurde; viel eher müßte die Nationalhymne also Strasbourgaise heißen.

Richtig ist immerhin, daß der blutrünstige Text in jener Nacht entstand. Die Melodie war freilich viele Jahre vorher schon bei den beiden Italienern Luigi Boccherini im Flötenquintett in c-dur Nummer G 420 und Giovanni Battista Viotti in der Variatione von 1781 zu hören. Fraglich bleibt, welche Rolle der Komponist Pleyel in der Geschichte spielte. Pleyel war mit Rouget befreundet und hat nachweislich für ihn komponiert. Hören Sie sich dieses historische Kriminalstück mit den ganzen Musikbeispielen einfach einmal an (Link am Ende des Kapitels). Kurz und höflich gesagt: Rouget hat sich inspirieren lassen.

Nach 330 plus x Stufen – Auszug Gästebuch auf dem Münsterturm

Manche Gedenkorte, wie die Tafel am Haus des ehemaligen Bürgermeisters de Dietrich, heute *Banque de France,* berücksichtigen die Zweifel bereits. Am 26. April 1792 sei das Lied über die *Enfants de la Patrie* hier von Claude Rouget zum erstenmal gesungen worden; nichts von komponiert steht da.

Wer ist „taire"? Fast zweihundert Jahre lang, zwischen dem 17. und 19. Jahrhundert war das Straßburger Münster mit seinen 142 Metern das höchste Bauwerk der Welt. Ob die Treppe auf den Münsterturm, bei der ich mich irgendwann verzählt habe, nun 330 oder 332 Stufen hat, ist nun letzten Endes ziemlich egal. Auf 150 Pulsschläge in der Minute kommen Sie sicher, falls Sie in ordentlichem Tempo oder gar ohne Pause aufsteigen. Sollten Sie dann auf der Plattform verbotenerweise versuchen Ihren Namen irgendwo in den Sandstein zu ritzen, ist das nicht so einfach, denn die meisten der erreichbaren Stellen sind belegt. Wer ein wenig sucht, finden die Namen von Goethe und Voltaire.

„Such Du das nur in aller Ruhe", meinte meine Madame und hatte so eine Stunde Zeit gewonnen für Schuhgeschäfte, zudem für die Gewißheit, daß ich mich danach erst einmal in einem Café würde ausruhen müssen. Den Goethe, an der südöstlichen Ecke des fertiggestellten Turms, und den „Voltaire", in der rechten Ecke über dem Eingang zur Turmuhr, habe ich tatsächlich gefunden. Von letzterem allerdings nur noch den „taire"; der „Vol" wurde bei einem Blitzeinschlag abgesprengt.

400 Jahre schneller als Köln Beim Abstieg vom Turm kam mir ein hörbar Kölner entgegen, der seiner Frau gerade erklärte, das Münster „wör jo nix jejen unsre Dom". Hier hätten sie nicht mal den zweiten Turm fertigbekommen. Allerdings haben die Kölner auch über sechshundert Jahre, vom 13. bis zum 19. Jahrhundert, an ihrer Kirche gewerkelt, während die Straßburger schon 1439 fertig waren, also 400 Jahre schneller. Und das mit dem zweiten Turm hing einfach damit zusammen, daß die Baumeister in Straßburg Bedenken wegen des Gewichts eines zusätzlichen Turmes hatten. Der Untergrund wurde immer wieder nach Hochwassern des Rheins aufgeweicht und mußte damals schon schon mit Eichenbalken stabilisiert werden; jedenfalls keine Lösung für die Ewigkeit und erst recht kein Fundament für einen zweiten Turm.

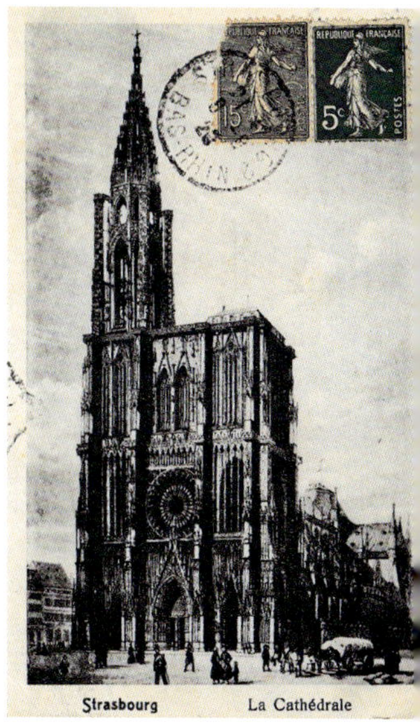

Auffällig sind die zahlreichen Tierskulpturen an der Fassade. Es sind die Symbole für die verschiedenen Handwerker, die an der Kathedrale mitgearbeitet haben. So steht der Affe für den Dombaumeister, die Hunde für die Steinmetzmeister. Der Nebeneingang an der Südseite des Münster war während der Bauzeit der Handwerkereingang. Hier befindet sich ein

Diese Elle war das Maß aller Dinge

etwa 30 Zentimeter langes Metallstück. Diese „Elle" war als Grundmaß für alle Gewerke am Münster festgelegt. Bis der aus der Nähe Baden-Badens stammende Baumeister Erwin von Steinbach auf die Idee einer Normmaßes kam, war es immer wieder zu Fehlern gekommen, weil die Arbeiter mit leicht unterschiedlichen Maßen ihrer Heimatregionen arbeiteten; das konnte der Fuß oder die Handbreite sein, die Spanne, die Elle und der Schritt.

Hand und Fuß Wenn aber die Bauteile aus Stein oder Holz zwischen die Knoten der Metallschiene passten, war „alles mit einer Elle gemessen". Und erst wenn alles zueinander passte, hatte es „Hand und Fuß". Und so ist das Münster bis heute das weltweit höchste Bauwerk, das komplett im Mittelalter erstellt wurde. Johann Knauth, ein Kölner Architekt, der dort mitverantwortlich für die Errichtung der beiden Türme war, kam nach deren Fertigstellung als Dombaumeister nach Straßburg. Er sicherte die Fundamente des Münsters durch ein Korsett aus Stahlbeton so ab, daß ihm der Ehrentitel des Retters, des *Sauveur de la Cathédrale* verliehen wurde.

Als diese Arbeiten begannen, war Straßburg noch deutsch, als sie nach dem Ersten Weltkrieg beendet wurden, längst wieder französisch und der Retter aus dem Land gewiesen. In seinem Aufsatz *La cathédrale de Strasbourg et la Pyramide de Khéops, mystères de l'architecture* hat Knauth geschrieben, daß die Konstruktion des Längsschiffs auf einer Normzahl von 0,6356089 beruhe, der gleichen, die auch beim Bau der Cheops-Pyramide zugrunde gelegt worden war. Das ist genau der zehnmillionste Teil der halben Polarachse unseres Planeten. Das wirft mehr Fragen auf, als ich Ihnen je werde beantworten können. Und deshalb gehen wir besser zum Mittagessen.

Um 1860 – Bauarbeiten zur Sicherung der Fundamente

Stammgast beim ersten Besuch In Straßburg nur ein einziges Restaurant zu empfehlen ist ein Wagnis. Trotzdem in den *Cerf d'Or,* gerade mal fünf Minuten vom Münster in Richtung Hospital. Die Begrüßung durch Christine und Geneviève Erb ist vom ersten Besuch an so herzlich, als sei man Stammgast. Seit 1916 ein reiner Familienbetrieb im besten Sinne. Jacky und Jean-Luc sind die Chefs in der Küche und über dem gesamten Team wacht weise, mütterlich und mit gelegentlich strengem Blick die Seniorchefin Denise Erb.

Die alte Winstub im Cerf mit dem dunklen Holz ziehe ich dem neueren Restaurantabteil vor; am besten gleich bei der Reservierung sagen. Verlassen Sie sich auf die Empfehlungen der Tageskarte. Für Fisch, Gemüse und Weine sind die in der Regel kleinen Erzeuger aus der Nähe einzeln aufgeführt. Ansonsten vielleicht eine Vorspeise mit den drei hausgemachten Pasteten, dann die flambierten Nierchen und hinterher den geeisten Guglhupf. Wer mit nur leichtem Appetit herkommt, ist's selber schuld.

Doppelspitze – Jacky und Jean-Luc Erb, Cerf d'Or

Das *Choucroute royale*, eine Platte mit Sauerkraut, Würsten, Bauchspeck und Kassler, wurde vor zweihundert Jahren vom Schriftsteller Stendhal als „verdummendes Gericht" eingestuft. Warum dem so sein soll, hat er aber nicht gesagt. Die Elsässer sagen, nach einem Choucroute „hat der Magen zwei Tage Arbeit". Das mächtige Gericht wird oft von Touristen und besonders gerne im früheren Postkarten- und heutigen Selfie-Viertel von *Petite France* bestellt – Sauerkrautfolklore an rot-weiß karierten Tischdecken. Wolfgang Koeppen, der ein seltenes Gespür für schlechte Restaurants hatte, schrieb nach einem dieser Reinfälle, daß das Sauerkraut nur mäßig gewesen sei, „der Schinken versalzen und das geschmorte Kaninchen hat sich mit schlechtem Fett vermählt". Aber wenigstens tafle man mit „guten Manieren und betonter Genüßlichkeit".

Petite France und Cave Historiques Irgendwie ist heute der Besuch von *La Petite France* mit seinem rundgelaufenen Kopfsteinpflaster, den Kanälen und niedrigen Fachwerkhäusern ein Muß. Früher waren die Besucher der Stadt froh, wenn sie nicht gezwungen waren, das Viertel der Gerber und Fischer zu betreten. Zum einen stank es bestialisch nach den mit dem Schabeisen abgekratzten Fleisch- und Haarresten; die beim

Hochleistungsidylle – Petite France

Gerben eingesetzten Früchte, Galle, Urin und Kot haben das noch verstärkt. Außerdem befand sich hier eine Anstalt, in der vor allem an Syphilis erkrankte Soldaten behandelt wurden. Das Haus hieß im Volksmund „Französel" oder „Klein-Frankreich" wegen der Morbus Gallicus, der französischen Krankheit, der man mit Quecksilber-Kuren zu Leibe rückte – eine Behandlungsmethode, so gefährlich wie die Krankheit. Die Franzosen bezeichneten die Syphilis lieber als italienische oder neapolitanische Krankeit. Nicht weit von hier entstand später das Krankenhaus der Universität.

Die Keller eines Universitätsklinikums sind normalerweise Aufbewahrungsort für ehemalige Patienten oder schmutzige Wäsche. Nicht so in Straßburg. Hier heißt dieser riesige Keller, ein paar Schritte nur vom „Cerf d'Or" entfernt, schon so, daß man an etwas anderes denkt: *Cave Historique des Hospices Civils de Strasbourg.* Ein riesengroßer Weinkeller also und ein ganz besonderer. Denn bis zu Beginn des 19. Jahrhundert brauchte man diese Mengen an Wein als täglich verabreichtes Medikament; jeder Patient erhielt pro Tag zwei bis drei Liter. Und auch Pilger und die Armen der Stadt wurden aus diesem Fundus versorgt. Kein Wunder, daß die Fässer bis zu 26.000 Litern fassen.

Hier wird auch, er stammt aus dem Jahr 1472, der weltweit älteste Fasswein aufgehoben. Wenn Sie ihn probieren wollten, bedarf es schon eines sehr guten Grundes. Ein solcher könnte etwa die Auszeichnung mit dem Literatur-Nobelpreis sein; Frédéric Mistral bekam eine Flasche dieses Weines zu einem Abendessen der *Félibres* geschenkt, jener Gruppe von Autoren, die sich um die Erhaltung der provenzalischen Sprache verdient gemacht hatten. Seit seiner Einlagerung wurde das Fass genau viermal geöffnet, zuletzt 1944 bei der Befreiung Straßburgs durch die Amerikaner.

Drei Museen und eines Extra Seltsamerweise gilt dieser Weinkeller aber nicht als Museum – dafür hat die Stadt so viele andere, daß sich leicht drei Urlaubswochen alleine damit füllen ließen; drei „richtige" und ein sehr ungewöhnliches Museum empfehle ich. Vielleicht etwas unerwartet das *Kunstgewerbemuseum* im Rohan-Schloß, allein schon wegen des Gebäudes und der wunderschönen Aussichten auf die Ill und das alte Fischerviertel; mehr über die baueifrigen und skandalträchtigen Fürstbischöfe der Familie Rohan in den Kapiteln über Ettenheim und Saverne auf den Seiten 125 und 291.

Dann das *Tomi Ungerer Museum* in der Villa Greiner und schließlich den Neubau des *Musée d'Art Moderne et Contemporain*. Dieses so genante *MAMCS*, ist nicht gerade das MOMA und spricht sich auch viel schwieriger aus. Dessen Besuch lohnt aber sogar dann, wenn wir uns „nur" auf die Straßburger Künstler Hans Arp und Gustave Doré konzentrieren. Für Doré gibt es einen eigenen Saal im Museum. Zu seinen lukrativsten Werken gehörten Illustrationen zur Bibel, zu Don Quichote und den Fabeln von La Fontaine. Da-

Kunstgewerbemuseum im Palais Rohan

Hommage an einen großen Kollegen – Tomi Ungerer mit dem Stift des Berliner Zeichners Rainer Ehrt gesehen.

neben schuf er zahlreiche mythologische Motive, teilweise auch als Ölgemälde, wie die lebensgroße an den Felsen gekettete Andromeda.

Zauberhaftes Voodoo Jetzt aber noch in eine andere Museums-Welt, das *Château Vodou*, wie die Franzosen ihr Voodoo-Museum nennen. Es ist nicht gerade das Wohnzimmer, aber doch das private Museum von Marie-Luce, die im August 2022, einen Tag vor unserem Termin dort, verstorben ist, und Marc Arbogast, dem ehemaligen Chef der Brauerei Fischer-Adelshoffen. Auch wenn es so heißt, das Gebäude ist keinesfalls ein Schloss, sondern ein

Andromeda am Felsen – Gustave Doré (im MAMCS)

Im Voodoo-Museum – das Krokodil als Altar zur Erinnerung an ertrunkene oder von Krokodilen gefressene Kinder

Château d'eau, ein Wasserturm aus dem Jahr 1878, dem man seine preußischen Baumeister noch ansieht. Alle hier ausgestellten Objekte seien in Westafrika, vor allem in Togo und Benin, tatsächlich verwendet worden. Voodoo wird hier als eine Mischung von Glaube, Heilkunde und Lebensphilosophie interpretiert. Im Museum werden sogar rituelle Voodoo-Zeremonien abgehalten.

Gelegentlich sind sogar nächtliche Besuche mit Taschenlampen möglich. Wem es leicht unheimlich wird, belässt es beim Besuch tagsüber. Völlig ungefährlich ist die Vodou-Schmuck-Boutique, deren Objekte teilweise aus einem Solidarprojekt mit einer Künstlerinnen-Gruppe aus Burkina-Faso stammen. Schmuck aus Metall, Stoff oder Naturmaterialien. Das Museum solle „keinesfalls!" von Kindern besucht werden, heißt es in einigen Reiseführern. Wenn das gelten soll, darf man einem Kind auch manche religiöse Kunst nicht zumuten – etwa den gefolterten Jesus vom Isenheimer Altar.

Wer oder was schockt mehr – Voodoo oder Jesus

Am Wasser um die Stadt Gegenüber vom Kunstgewerbemuseum, also auf der anderen Seite der Ill sehen wir eines der schönsten Fachwerkhäuser von Straßburg: den Rabenhof, *Cour du Corbeau.*

Das Haus stammt aus dem 16. Jahrhundert und war über 300 Jahre lang Herberge für illustre Persönlichkeiten, wie Voltaire oder auch den Preußenkönig Friedrich den Großen, der hier inkognito weilte. Damals hieß das Haus noch *Der Rappen*, konnte sich aber als Hotel nicht halten.

Der Rabenhof, heute: Hotel Cour du Corbeau

Das Anwesen wurde im Zuge der Industrialisierung in eine Glasfabrik umgewandelt, später in die Posamentenfabrik Seitz, die hier Borten, Quasten und Volants fertigte. Jetzt wieder ein Hotel. Nach fünfundzwanzig Jahren denkmalgeschützten Leerstands wurde der alte Rabenhof zum neuen *Hotel Cour du Corbeau*; still und doch zentral gelegen und daher ein guter Ausgangspunkt für sämtliche Touren in der Altstadt.

Wenn man den Innenhof des Hotels durch das Tor mit dem geschmiedeten Raben verläßt, kommt man gleich zur Rabenbrücke, von der aus Mörder und Giftmischerinnen lebendig in Säcke eingenäht über die Brüstung geworfen wurden. Direkt daneben das alte Zollhaus, die *Ancien Douane*. Besondere An- und Einsichten gewinnt, wer den Weg unterhalb des Zollhauses am Wasser entlang für seinen Stadtrundgang wählt; das ist allerdings etwas anstrengender, als die einstündige Bootstour.

Für eine individuelle Stadtführung wäre der deutschen Historiker Frieder Peter eine gute Wahl; er kennt auch die kleinen Geschichten am Rande und viele Anekdoten aus und über Straßburg, macht aber auch Spezialführungen zur Architektur oder zum Straßburg der Preußen.

Münchner Kindl Nicht nur Preußen, auch die Bayern verewigten sich in Straßburg. So gibt es in der Rue des Grandes Arcades, ziemlich genau an der Stelle, wo die Arkaden aufhören, ein vom Münchener Architekten Paul Dietze 1906 erbautes Haus, auf dessen Giebel sich noch heute ein Münchner Kindl und das Wappentier der Löwenbrauerei befinden. Die alten Straßburger liebten es, hier ihre halbe Maß zu trinken, vor allem an den Tagen, wenn es Schlachtplatte gab und ein elsässisches Orchester bayrische Wirtshausmusik spielte.

Das änderte sich schlagartig mit dem Ende des Ersten Weltkrieges. In sein Tagebuch schrieb der an deutschen Akademien ausgebildete elsässische Künstler Charles Spindler, wie er im November 1918 in den überfüllten Straßen die *Poilus* begrüßte, wie die französischen Frontsoldaten genannt wurden. Da nirgends mehr Platz war, „schlug ich vor, in das Löwenbräu, die deutsche Brauerei, zu gehen. Unser erster Eindruck ist der einer Wüste; kein einziger Konsument in dem riesigen Saal. Und doch! Versteckt hinter den Säulen, mit gezwungener und gedemütigter Miene, sitzen einige wenige Krauts vor ihren Schoppen."

Wenig später war aus dem Löwenbräu die *Taverne du Grand Kléber* geworden, benannt nach dem in Straßburg geborenen General Napoleons; die Gläser wurden kleiner, denn „un demi“ ist in Frankreich nur ein Viertel und das Bier kam aus Schiltigheim, dem Straßburger Vorort, in dem damals zahlreiche Brauereien angesiedelt waren.

O'zapft is – Biermetropole Straßburg

Die Wunden dreier Kriege Man merkt der Grenzstadt Straßburg kaum an, daß sie gerade in den drei Kriegen nach 1870 immer wieder erheblich zerstört worden ist. Und wenn wir uns die Bilder etwa nach dem Artilleriebeschuß von 1870 oder den alliierten Bombenangriffen von 1944 ansehen, ist es fast ein Wunder, daß das Münster noch steht. Das Zentrum sah aus, „als ob ein Riese, hoch wie das Münster, mit einem tausend Centner schwerem Hammer in der Hand, sich damit amüsirt hätte, die Häuser zu zerklopfen“, schrieb der Schriftsteller Otto von Corvin als Kriegsberichterstatter in der *Gartenlaube,* der auflagenstarken Familien-Illustrierten.

Straßburg dem nach Artilleriefeuer von 1870

Mit der Niederlage im Krieg von 1870 und der Abtretung von Elsaß und Lothringen an das Deutsche Reich konnte Frankreich, das sich immer noch als „Grande Nation“ aus napoleonischer Zeit sah, nur schwer umgehen. Napoleon Bona-

Elsaß-Lothringen als schwarzer Fleck – Bild von Albert Bettanier

parte war damals gerade mal fünfzig Jahren tot. Auf französischen Schulkarten wurden abgetretene Gebiete nur als *la tache noir*, als schwarzer Fleck eingezeichnet.

Das Bild des Malers Albert Bettanier (vgl. oben) zeigt neben dem schwarzen Fleck die Anfänge der Militarisierung in den französischen Schulen. Da gab es die Uniformen des *Bataillon scolaire*, die im Hintergrund aufgereihten hölzernen Übungsgewehre und das Schulverdienstkreuz für die klassenbesten Schülersoldaten.

Knittel sieht die Zukunft Jemand, der über die guten und schlechten Zeiten der Stadt wie kaum ein anderer Bescheid wußte, war Jean Émile Knittel, über 45 Jahre Chefredakteur und furchtloser Leitartikler der Tageszeitung *Dernières Nouvelles d'Alsace*. Seine Themen und Feinbilder waren vor allem der katholische Klerus und der Aufstieg des Nationalsozialismus. So brachte er den Straßburger Bischof dazu, seinen Gläubigen die Lektüre der Zeitung zu verbieten und die Nationalsozialisten, den Verkauf der Zeitung in Deutschland.

Kaum bekannt als Louise-Weiss-Haus – das Europaparlament

Mitte 1930 hatte Knittel eine Artikelserie *Douze ans après, l'Allemagne d'aujourd'hui* (Zwölf Jahre danach – das Deutschland von heute) veröffentlicht, für die er als einziger französischer Journalist ein Interview mit Hitler bekommen hatte. Fast prophetisch sah er die Entwicklungen voraus. Am 6. Dezember 1933 kommentierte er ein Bild des Lagers von Dachau: „Dieses Konzentrationslager ist kaum ein Internierungslager, sondern das Vorzimmer des Todes".

Vor der Gestapo mußte er in den freien Süden Frankreichs nach Montpellier fliehen. Wenige Tage nach der Befreiung Straßburgs durch die Amerikaner schrieb er im Dezember 1944 wieder Leitartikel.

Katzenmahlzeit im evakuierten Straßburg 1940

Teurer Wanderzirkus Schade, daß Jean Émile Knittel nicht mehr diesen sinnlosen Wanderzirkus der Europaparlamentarier kommentieren konnte. Samt Gefolge von 8.000

Mitarbeitern und Lobbyisten ziehen sie hin und her: Zwischen Brüssel, wo die Ausschüsse zusammentreten, Luxemburg, wo die Parlamentsbediensteten ihre Büros haben und Straßburg, wo die Plenarsitzungen stattfinden. Gut 150 Millionen Euro kostet die Karawane jedes Jahr. Klingt viel, ist es auch; dennoch nur gut 30 Cent je EU-Bürger.

Die sinnvollste Lösung wäre natürlich, alles in Straßburg zu konzentrieren – wobei klar ist, daß diese lokalpatriotische Forderung nie umgesetzt wird. Wenigstens die Straßburger und die grenznahe deutsche Gastronomie profitieren vom Parlaments-Zirkus. Manche Hotels haben extra eine Preisliste für die „Parlamentswochen".

Meeresfrüchte an der Illbrücke Immer die gleiche Preisliste wird selbstverständlich im *Au Pont de l'Ill* in La Wantzenau gereicht – und das, obwohl das Restaurant nur ein paar Kilometer von den *Institutions Européennes* entfernt liegt. Fisch und Meeresfrüchte assoziieren die Straßburger mit dem Pont de l'Ill von Pierre Daull. Normalerweise müßte das Restaurant im Fischereihafen von Le Grau du Roi am Mittelmeer oder dem von Le Croisic in der Bretagne liegen, nicht in La Wantzenau. Es gibt sicher nur wenige Häuser im Landesinnern, in denen ich, wie hier, ganz beruhigt ein *Plateau de Fruit de Mer* bestellen würde.

Hier ißt frau Fisch – Au Pont d'Ill, Wantzenau

Wer in Straßburg nach den Europäischen Institutionen fragt, bekommt die Antwort, man müsse nur den Schildern folgen. So kommt man zum Europarat, dem Wächter über demokratische Rechtsstaatlichkeit. Dem ehemals exklusi-

Zweimal Münsterturm – aus dem Atelierfenster von Lothar von Seebach

ven „Club der Demokratien" gehören rund doppelt so viele Staaten an wie der EU, darunter auch solche, wie Russland und die Türkei, die Menschenrechte deutlich anders buchstabieren. Nicht weit davon Arte und das Europaparlament. Wer in der Stadt aber nach dem Louise-Weiss-Haus gefragt hat, bekommt höchstens ein Schulterzucken; dabei ist sie die Namensgeberin für das Parlamentsgebäude (siehe dazu die achtzehnte Kultour).

Was alles fehlt Die Mahnung aus dem Verlag „Mehr als zehn Seiten darf Straßburg aber nicht haben", klingt mir noch im Ohr. Wie soll das denn gehen? Jetzt habe ich noch nicht einmal was von den alten Druckern wie Thomas Anshelm Badensis oder Gutenberg erzählt, nichts von der jungen Universitätsstadt mit ihren 18 Nobelpreisen und 60.000 Studenten, nichts von den großen Straßburger Familien oder den Architekten des Jugendstils. Wenigstens konnte ich den charismatischen Prediger Johannes Geiler von Kaysersberg samt dem Foto von Petra Sepsy-Kaul noch in seinen Geburtsort auf Seite 119 unterbringen

Leider auch nichts vom Fessenbacher Impressionisten Lothar von Seebach, aus dessen Atelier der Musiker Jean-Luc

Kultour-Jogging – in der Altstadt

Bredel mittlerweile so zum Münster blickt, wie Seebach es gemalt hat. Das Zusammentreffen von Goethe und Lenz: Fehlanzeige.

Und was ist mit den späteren Autoren wie Schickele (siehe Badenweiler Seite 50), Flake, Döblin oder Hemingway (siehe Oberprechtal Seite 174); der schrieb: „Strasbourg ist eine liebliche alte Stadt; die Häuser wirken wie auf alten deutschen Stichen, so daß man unwillkürlich zu den Kaminen hochsieht und nach Storchennestern sucht. Die Stadt ist von kleinen Flüssen durchzogen und es gibt malerische Ufermauern, wo Männer sitzen und angeln und Frauen den Rücken über ihre Wäsche krümmen."

Inzwischen joggen die Damen hier, während die Männer immer noch unbeweglich dasitzen, von der nicht immer guten alten Zeit träumen, die Angel ins Wasser halten und darauf hoffen, daß kein Fisch anbeißt, der ihre Gedankenwanderungen stört.

Sichere Bank für Meeresfrüchte – Au Pont d'Il, Wantzenau

Le Cerf d'Or, Straßburg, 6 Place de l'Hôpital, 0033 388 362 005

Au Pont de l'Ill, La Wantzenau, 2 Rue du Général Lecler c, 0033 388 962 944

Cave Historique des Hospices, Straßburg, 1 Place de l'Hôpital, 0033 388 116 450, Gruppenführungen sind zu buchen, wer allein kommt, muß sich mit einem Audioguide begnügen.

Hotel Cour du Corbeau, Straßburg, 6-8 Rue des Couples, 0033 390 002 626

Seminare für Klassische Musik Dr. Stefan Schaub, Appenweier, Oberkircherstr. 19, 07805 911 290; musikseminare.de

Straßburg- und Kulturführungen Frieder Peter, M.A., 0176 811 08 831

Musée d'Art Moderne et Contemporain de Strasbourg, MAMCS, Straßburg, 1 place Hans Jean Arp, 0033 368 985 155

Musée des Arts décoratifs (Kunstgewerbemuseum), Straßburg, 2 place du Château (Palais Rohan), 0033 368 985 000

Musée Tommi Ungerer, Straßburg, 2 Avenue de la Marseillaise, 0033 368 985 000

Vodou (= Voodoo)-Museum, Straßburg, 4 Rue de Koenigshoffen, 0033 388 361 503

Link zu V orgängern der Marseillaise: https://cr escendo-hiddensecrets.podigee.io/7-dermarseillaise-krimi

Sechs Pfund, ein Schuß, ein Treffer – Kanonenkugel im Turenne Museum

Nach Achern, Sasbach und Bad Rippoldsau. Meine sechzehnte Kultour, in der Frankreichs kleinstes Museum in Deutschland steht, in der ein Mann Schuhe sammelt und ein Artillerist, den es vielleicht nicht einmal gab, einen Volltreffer landete.

Turennes Tod

Da möchte man Schuh sein – im *Landhaus Illenau,* einer um 1900 erbauten und inzwischen innen wie außen stilgerecht renovierten Villa. Beim Thema Schuh vermutet man die Leidenschaft einer Frau, aber falsch, Siegfried Stinus hat die Sammlung zusammengetragen. Stundenlang könnte er erzählen, nicht nur wie die in Florenz gefertigten Ornatsschuhe eines Speyerer Fürstbischofs aus der Mitte des 18. Jahrhundert in seinen Besitz gekommen sind. Oder wie ein Stiefel aus der chinesischen Kaiserfamilie, der Qing-Dynastie aus dem 19. Jahrhunderts, seinen Weg nach Achern gefunden hat. Jedenfalls nicht per pedes.

Bischofsschuhe um 1750

Den Grundstock der Sammlung legte Willi Kari aus Baden-Baden, wie Stinus Orthopädie-Schuhmacher-Meister. Der hatte eine „Geheimabsprache“ mit den Grand-Hotels seiner Heimatstadt,

Die Schuh-Villa in Achern – nur ansehen, nicht anprobieren

aufgrund derer ihm vergessene Schuhe zur Verfügung gestellt wurden. So fand auch ein fein gearbeiteter Pumps einer Prinzessin aus dem Hause Hohenzollern den Weg in die Sammlung.

Auf alles vorbereitet sein wollte der Maharadscha aus dem indischen Alwar, sein Repräsentationsschuh ist ergänzt um einen silbernen Dolch, dessen Griff in den Schuh eingearbeitet, aber kaum zu erkennen ist. Viele Ausstellungsstücke stammen aus dem nahen und fernen Osten oder es sind Zufallsfunde, wie etwa auf einem afghanischen Bazar in Khulm-Taschkurgan. Als sich dort herumgesprochen hatte, daß es einen Deutschen gäbe, der alte Schuhe kaufe, kamen die Händler mit vielen ihrer Ansicht nach museumsreifen Stücken an, von denen aber nur ein Paar den Weg in die Villa geschafft hat.

Brecht zu Besuch im Schwarzwald Bert Brechts Großvater stammte aus Achern, seine Frau Karoline war die Tochter eines Schuhmachers aus der Nachbargemeinde Sasbach. Dennoch wäre es nun übertrieben Achern oder Sasbach als Brecht-Stadt zu titulieren. Mag da auch in Achern eine Gedenktafel am Haus in der Hauptstraße 66 hängen, dort wo der Großvater seiner Frau eine Steindruckerei betrieb. Und mag auch Brecht selbst sich als Schwarzwälder gesehen haben, als er dichtete: „Ich, Bertolt Brecht, bin aus den schwarzen Wäldern. Meine Mutter trug mich in die Städte hinein."

Fast Nachbarn in Achern – Brechthaus und Restaurant Malerhaus

Ein paarmal war Brecht in den Ferien in Achern zu Besuch, es war vor allem die Großmutter, die er schätzte, „unter dem breiten Dach des Hauses am Markte". Ihr hat er mit seiner Erzählung *Die unwürdige Greisin* ein Denkmal zum einhundertsten Geburtstag gesetzt. Brecht erzählt von der über Siebzigjährigen, die plötzlich anfängt, ihr Leben selbst zu bestimmen und die Rolle der verzichtenden Mutter und sich aufopfernden Großmutter aufgibt. „Genau betrachtet lebte sie hintereinander zwei Leben", sagte er, obwohl das zweite Leben nur zwei Jahre dauerte.

1927, da hatte er gerade Helene Weigel geheiratet, wurde das Singspiel *Mahagonny* mit der Musik von Kurt Weill nicht weit von hier, in Baden-Baden, uraufgeführt. Quasi als Fingerübung zur späteren Oper. Allein die Arbeit am Text dauerte danach noch ein gemeinsames Jahr. Brecht war bei dieser Gelegenheit wohl zum letzten Mal in Achern. Nach 1933 folgten mehr als zehn Jahre im Exil.

Danach zur Einkehr ins Malerhaus Nur ein paar Schritte entfernt von der Brecht'schen Lithographieanstalt befindet sich die Brasserie *Malerhaus* – natürlich französisch inspiriert. Noch ist es zu früh, um an eine Stärkung zu denken, aber wir sollten uns die Adresse für heute Abend vormerken. Wenn schon geöffnet ist, suchen Sie sich Ihren Tisch in einer der heimeligen Stuben aus, im Sommer auf der Terrasse .

Korrekterweise müßte das Malerhaus Anstreicherhaus heißen, denn ein Kunstmaler hat hier nie gewohnt. Ein Anstreicher schon, was halt weniger romantisch klingt. 1913 erwarb Albert Klumpp, der sich als Dekorationsmaler verstand, das Haus des Küblers Friedrich Ernst. Albert und sein Sohn Josef malten es innen und außen sehr farbig an und legten davor einen ebenso farbenfrohen Garten an, nach deren Tod verfiel das Anwesen.

Glücklicherweise kamen die Bagger nicht, das hatte die Stadt der Postbotin Alexandra Schmidt aus Oberachern zu verdanken, die sich als Schutzengel des Häuschens engagierte. Gespräche, Telefonate und Besichtigungen, bis sich nach Monaten ein Käufer für das arg heruntergekommene Haus fand. Inzwischen renoviert, ist es ein Blickfang im Ort.

Frankreichs kleinstes Museum Das *Turenne Museum* stand lange in Frankreich, aber dennoch im deutschen Sasbach, etwas nördlich von Achern. Wie geht das? Für die Völkerrechtler unter uns der Hinweis, daß dieses *Turenne-Museum* samt Grundstück und Zufahrt dem französischen Staat gehörte, aber nie exterritoriales Gebiet war, wie immer wieder zu lesen ist. Die Gemeinde Sasbach hat die mitten im Ort gelegene Immobilie dann 1998 zurückgekauft.

Mit ganzem Namen: Henri de La Tour d'Auvergne, Vicomte de Turenne

Als Ludwig XIV. am 27. Juli 1675 in Versailles mal wieder eines seiner kostspieligen Feste vorbereitete, schoß 491 Kilometer weiter östlich, in Sasbach und ziemlich genau um 14 Uhr, der deutsch-kaiserliche Kanonier Koch eine etwa sechs Pfund schwere Kugel aus seinem Falkonett ab, einem leichten

Drastische Darstellung in einer immer wieder abgekupferten zeitgenössischen Zeichnung von Johann Waldtmann: Am Boden der abgerissene Arm Saint Hilaires; in Brusthöhe die Kugel, die nachfolgend Turenne traf.

Geschütz. Bei der damaligen Ungenauigkeit der Artillerie eher ein Zufall, daß er überhaupt etwas traf.

Was oder wen Schütze traf, war schon bei den zeitgenössischen Kriegsberichterstattern umstritten. Es könnte der französische Heerführer Turenne gewesen sein, korrekter Henri de La Tour d'Auvergne, Vicomte de Turenne. Es könnte aber auch der Ast eines Walnussbaumes gewesen sein, von dem Turenne dann erschlagen wurde.

Kontroverse um Turennes Tod Der französischen Propaganda wäre es natürlich lieber gewesen, ihr Feldherr wäre durch den Ast getötet worden, als durch einen deutschen Scharfschützen. Für die deutsche Propaganda hingegen wäre der treffsichere Artillerist Koch, von dem niemand weiß, ob es ihn überhaupt gegeben hat, die elegantere Lösung gewesen.

Die Kanonenkugel, die Turenne direkt oder indirekt getroffen hat, kann man heute, seltsamerweise, an zwei Orten ansehen, an einem dritten vielleicht sogar finden. Entweder im Pariser *Musée de l'Armée* oder im Sasbacher *Turenne-Museum* oder aber sie liegt noch auf dem ehemaligen Schlachtfeld in Sasbach. Wir könnten die heutige Kultour also durchaus auch mit einer Metallsondensuche beginnen. Aber ganz gleich, wo das Original der Kugel zu finden ist, der Tod Turennes war mitentscheidend für das baldige Ende der Kämpfe auf der deutschen Seite des Oberrheins.

Turennes Leichnam wurde zunächst in der Gruft der französischen Könige in der Kathedrale von Saint Denis bestattet. Als die Gruft während der Revolution geplündert und die Gebeine der Könige in einem Massengrab verscharrt wurden, wurde der Sarg des angesehenen Feldherrn nicht angerührt. Heute befindet sich Turennes Grab im Invalidendom in Paris.

In Sasbach steht neben dem hohen Obelisken noch ein dreieckiger Gedenkstein, den der Straßburger Kardinal Rohan schon 1760 errichtete. „Hier ist Tvrennivs vertoetet worden" lautet die deutsche Inschrift, die auch in lateinischer und französischer Sprache in den Stein gemeißelt worden war. Rohan beauftragte einen kriegsversehrten Soldaten mit der Bewachung des Denkmals. Im früheren Wärterhaus befindet sich heute das Museum.

Am Museum – Turenne Gedenkstein

René Chopin, ein ehemaliger Soldat in der Légion Étrangère, der bis 1997 der letzte Bewacher war, lebte noch bis vor kurzem in Sasbach, seine Kinder sind im Ort verheiratet. Als das Denkmal 1940 von den Nationalsozialisten zerstört wurde, wurde der Gedenkstein im Garten des Wärterhauses vergraben und so erhalten.

Wer Glück hat, wird von Rudi Retsch durch das Museum geführt. Der langjährige Ortsvorsteher von Obersasbach weiß auf jede Frage

Auf dem Weg ins Weltliche – Kloster Erlenbad

eine Antwort. Und manchmal ist er sogar außerhalb der Öffnungszeiten zu einer Führung bereit.

Stille Tage in Erlenbad Wenn wir von Sasbach in Richtung Lauf fahren, kommt bald das Hinweisschild auf das Kloster Erlenbad, das kürzlich an einen Investor verkauft wurde. Schwester Rita Eble, die letzte Oberin des Klosters Erlenbad nahm sich früher gerne die Zeit, Besucher durch das riesige Haus zu führen. Wie viele Räume das Haus hat, wußte sie bis zuletzt nicht ganz genau, auch nicht, wie viele Quadratmeter: „Vielleicht dreihundert Zimmer, es können aber auch mehr sein.“ Vierhundert? „Auch möglich.“ Alles Vergangenheit.

Die Zahl der Schwestern ist Jahr um Jahr zurückgegangen, viele sind alt und pflegebedürftig; der Orden, es sind die Franziskanerinnen, hat Schwestern aus Indien für die Pflege abgestellt. Die Franziskanerinnen von Erlenbad sind inzwischen in ein Gebäude ganz in der Nähe gezogen. *Portiuncula*, ein kleines Fleckchen Land, heißt das neue Gebäude, in dem bereits eine öffentliche Kapelle geweiht wurde.

Daß es die Klosteranlage überhaupt noch gibt, hängt mit

Blick vom Klostergarten zum Schwarzwald

dem schlechten Gewissen und der nachfolgenden guten Tat eines Pioniers der Wehrmacht zusammen. Die gesamte Anlage sollte vor der deutschen Kapitulation gesprengt werden, sie war in den 1930er Jahren als Unterkunft für Arbeiter der Schwarzwaldhochstraße benutzt worden, danach auch als „Hitlerschule". Die Gebäude waren bereits komplett verkabelt, die Amerikaner rückten in Straßburg ein.

Gewissensbisse Der junge Mann, den man für die Zündung zurückgelassen hatte, brachte die Zerstörung aber nicht übers Herz. Nach dem Krieg hat er sich im Kloster gemeldet und die Geschichte gebeichtet. Auch der zweite Versuch der Zerstörung des Klosters war zum Glück nicht erfolgreich. Schwester Rita berichtet, daß, wegen der Verbindungen zu den amerikanischen Franziskanerinnen, die US-Flagge auf dem Klosterdach wehte. Die deutschen Truppen, in der irrigen Annahme, daß die Amerikaner bereits über den Rhein gekommen seien, umgingen das Kloster und flohen in den Schwarzwald.

Neuer Eigentümer des Klosters und der umliegenden vier Hektar Land ist der Kehler Architekt und Projektentwickler Jürgen Grossmann. Ein Investor, der aus vorherigen Projekten, darunter die *Villa Erlenbad* in der Nähe, ein Gespür dafür hat, was Denkmalschutz bedeutet, was unbedingt zu erfüllen ist und wo Freiräume beginnen. Bis 2024, also zum einhundertsten Geburtstag des Klosterbaus, der damals als Schule errich-

Zweimal zeitlos – Historische Klostertür, renovierter Salon

tet wurde, sollen die Sanierungsarbeiten, für die 20 Millionen Euro veranschlagt wurden, möglichst abgeschlossen sein.

Die Gemeinde rechnete mit einem noch höheren Sanierungsaufwand und hat sich deshalb gegen einen Ankauf ausgesprochen. Großzügige Wohnungen bis zu zweihundert Quadratmetern sollen entstehen, Gewerbeflächen im Erdgeschoß.

Rilkes Affairen Gerade in der heißeren Jahreszeit tut ein kleiner Abstecher in den Schwarzwald gut. Wenn die Rilke-Gesellschaft tagt, trifft man sich in den alten Hauptstädten Europas, in Paris und Wien, in Berlin und Budapest – und im Sommer natürlich in Bad Rippoldsau. Von Paris war Rainer Maria Rilke, wie er schrieb, „nach einem kleinen Zusammenbruch", im Juli 1913 ins damals renommierte Bad Rippoldsau gereist. Allein die Namen der Zinken, Höfe und Häuser regten seine

Selten genug – Rilke ohne Dame

Phantasie an: Vom Klösterle und Salzbrunnen, über Tös und Schwarzenbruch bis Löchle und Glaswald. Aber warum? Suchte er Einsamkeit, wieder einmal eine Frau oder gar ein besonderes Mineralwasser?

„Ich habe während zwei Jahren keine ländlichen Sommertage gehabt, sodaß mich in den Rippoldsauer Wäldern alles rührt, erstaunt und erfreut. Das Glücklichste aber sind die lauteren Quellen: Kaum bleibt eine zurück, so rauscht schon die nächste rein ins Gehör", erinnerte sich Rilke. Vier Mineralquellen gab es damals, Fürstenquelle, Wenzelquelle, Josefsquelle und Leopoldsquelle. Letztere sprudelt heute noch – nicht als *Schwarzwald-Sprudel*, sondern als *Peterstaler Black Forest*. Neben Rilke und Victor Hugo schwärmten auch Kaiser Wilhelm und der russische Zar Nikolaus vom Peterstaler Mineralwasser.

Mit zwanzig Jahren hatte Rilke noch schwärmend „die einzige Gnade" erfleht, seine Gedichte mögen „ein zartes Echo in den Herzen hübscher Frauen" finden. Und wie! Das Thema Rilke und die Frauen ist so abendfüllend, daß seine Biographen schon zwischen Ehefrauen, Hauptbeziehungen und Affären unterscheiden, um überhaupt einigermaßen den Überblick zu behalten. Er gab den Frauen all seine schönen Worte und sie gaben dem Poeten ihr gutes Geld.

Apropos Geld Wieviel darf ein Geschenk kosten? Nichts natürlich, sagt der Volksmund, dem das Bürgerliche Gesetzbuch in seinem Paragraphen 516 recht gibt. „Eine Zuwendung, durch die jemand aus seinem Vermögen einen anderen bereichert, ist Schenkung, wenn beide Teile darüber einig sind, dass die Zuwendung unentgeltlich erfolgt." Es kommt drauf an, wird der Jurist sagen. Als der Deutschlandfunk vom „Jahrhundertgeschenk" des Rilke Nachlasses an das Deutsche Literaturarchiv berichtete, habe ich mich für die Marbacher gefreut. Aber nur kurz. Gleich eine Reihe von Finanziers mußten sich zusammentun, um dieses „Geschenk" der Erben zu bezahlen; darunter das Land Baden-Württemberg, die Stiftungen von Siemens, Wüstenrot und dem Bund.

Für den Kauf der Reisetagebücher von Alexander von Humboldt wurden von der Stiftung Preußischer Kulturbesitz zwölf Millionen Euro bezahlt. Das waren, obwohl sich solch ein Vergleich natürlich verbietet, 4.000 Seiten, bei Rilke sind es 10.000 und die Notizbücher, Zeichnungen, Fotos und Teile seiner Bibliothek. Rechnen Sie mal selbst. In Gernsbach, gerade mal zehn Kilometer von Baden-Baden in Richtung Schwarzwald werden die dort wohnenden Urenkelinnen des Dichters in Ehren gedenken und allenfalls etwas traurig sein, daß er nicht noch mehr geschrieben hat.

Kompliziertes Rendezvous Rilke war 38 Jahre alt, als er bei seiner zweiten Kur in Bad Rippoldsau die deutlich jüngere Schauspielerin Hedwig Bernhard kennenlernte und sich, wie so oft, verliebte. Oder sie sich in ihn. Jedenfalls lasen sie sich gegenseitig Gedichte vor, er ihr seine eigenen, sie ihm die des fünfzig Jahre zuvor gestorbenen Friedrich Hebbel. „Unvergessliche Stunden" vertraute sie daraufhin ihrem Tagebuch an.

Um eine Liebesnacht vorzubereiten, brauche es vier Tage, hat Rilke ein paar Jahre später der Schriftstellerin Claire Goll erklärt. Dazu gehörten stundenlanges Tischdecken, die Auswahl von so komplizierten Gerichten wie einem Omelette, auch die Wahl verschiedenfarbiger Schleier, mit denen die Auserwählte hinterher tanzen solle.

Rilkes Quartier im Schwarzwald

Aus der Zeit gefallen – Schwarzwaldhotel

All das überforderte den Dichter schließlich so sehr, daß er das Omelette in der Küche der Villa Sommerberg orderte, dem damals ersten Hotel am Platze. Und auch Claire Goll hatten die Vorbereitungen zu lange gedauert; sie suchte ihn direkt in seinem Hotelzimmer auf.

Nach Rippoldsau fährt man zur Erholung, der Liebe wegen oder aus Liebeskummer. Viktor von Scheffel, auch Victor Hugo, wollten sich tatsächlich erholen. Viktor von Scheffel genoss die Ruhe: „Liebe Mutter, ich habe gottlob und dank, wieder frische Schwarzwaldluft geschöpft…lauter gute stille Gebirgsorte, wo keine Uniformen glänzen, kein Hochmuth blüht und keine Esel sich für Schwanen halten." Und gedichtet hat er auch, die Ortchronik in einer Strophe:

„Im Schwarzwald vor viel hundert Jahr
Im engen Tal ein Klösterlein war…
Und wieder erklangen die Glocken gar laut,
da kniete Herr Rippold mit seiner Braut,
da sprach der Abt am geschmückten Altar
seinen Segen über ein glückliches Paar
Und gab sie zusammen als Mann und Frau.
Das ist die Geschichte von Rippoldsau."

Pinsel an Baguette – im Restaurant Malerhaus, Achern

Bei Rilke kamen Scheffels Reime weniger gut an. Er spottete über die „peinlichen Spuren“, die Scheffel hinterlassen habe. Was nicht besonders nett war, denn Scheffel konnte sich ja nicht mehr wehren. Wahrscheinlich hätte der sich sonst über Rilkes femininen Stil lustig gemacht, zu dem es ja habe kommen müssen, weil die Mutter ihn in Mädchenkleider zwang und zum Mädchen erzog.

Früher hätte in der nachfolgenden Adressliste natürlich auch noch der *Landgasthof Kranz* aus Bad Rippoldsau mit seinem Rilke-Saal gestanden. Eines der vielen Schwarzwald-Hotels, die, traurig genug, heute allenfalls noch als *Lost Place* von der Fotografin Jasmin Seidel aufgesucht werden; sie hat über diese Orte einen beeindruckenden Bildband veröffentlicht.

Schuhmuseum Landhaus Illenau, Achern, Klara-Reimann-Straße 50, 0160 972 408 48. Besichtigung nur nach telefonischer Vereinbarung.

Restaurant Malerhaus, Achern, Hauptstraße 104, 07841 666 88 70

Kloster Erlenbad (inzwischen privatisiert, das Anwesen kann als Kloster nicht mehr besichtigt werden), Sasbach, Erlenbadstraße 75.

Turenne Museum, Sasbach, Schwarzwaldstraße 3, 07841 260 79

Schwere Lektüre in Oberkirch
August Ganther Brunnen von Michael Huber

17

Nach Renchen und Oberkirch. Meine siebzehnte Kultour, in der ein Schriftsteller nebenbei als Wirt und Bürgermeister arbeitet, in der es keine Leipziger waren, die „Wir sind das Volk" riefen und ein Restaurant „Vorübergehend geschlossen" heißt.

Genius Grimmelshausen

Soldaten, das bringt der Beruf noch heute mit sich, sind nicht in erster Linie Philanthropen. Was aber die Soldateska im Dreißigjährigen Krieg trieb, war von seltener Brutaliät. In Relation zur Gesamtbevölkerung starben in diesen Auseinandersetzungen mehr Menschen als im Zweiten Weltkrieg. Johann Jakob von Grimmelshausen hat das in seinen Büchern hautnah und auf Basis vieler eigener Erfahrungen aufgeschrieben. „Unsere Magd ward im Stall dermaßen traktiert, daß sie nicht mehr daraus gehen konnt, den Knecht legten sie gebunden auf die Erd, steckten ihm ein Sperrholz ins Maul, und schütteten ihm einen Melkkübel mit garstig Mistlachenwasser in den Leib, das nenneten sie einen Schwedischen Trunk."

Ob Sie mit Ohjann Golgo van Fontheweg etwas anfangen können, weiß ich nicht; wenn nein, haben wir etwas gemeinsam. Wer aber in der Schule aufgepasst hat, erinnert sich vielleicht, obwohl auch dieser Name in keinem Kirchenbuch auftaucht, an German Schleifheim von Sulsfort. Dieser Ger-

Links: Johann Jacob von Grimmelshausen, Simplicissimus; Ertsausgabe von 1669, Frontispiz. *Rechts*: Mano Cornuta – der Teufelsgruß des Fabeltiers, der nichts mit einem gehörnten Ehemann oder der Heavy-Metal-Geste zu tun hat; Heavy Metal gab es zu jener Zeit nur auf dem Schlachtfeld. Beides zu sehen im Simplizissimus Haus Renchen; Plastik von Jürgen Goertz.

man hieß nämlich tatsächlich Grimmelshausen und hatte sich durch die Umstellung der Buchstaben seines Namens sein Pseudonym geschaffen. Gegen Ende des Buches outet sich Grimmelshausen scheinbar als Samuel Greifnson vom Hirschfeld, was nichts als eine weitere Irreführung war.

Ohjann Golgo von Fontheweg, um das noch aufzulösen, ist übrigens das vom Schriftsteller Walter Moers für Johann Wolfgang von Goethe benutzte Anagramm. Moers ist nicht nur Anagramm-Fetischist, sondern auch einer der weltweit auflagenstärksten deutscher Schriftsteller und Comic-Zeichner, unter anderem von Käpt'n Blaubär. Und jetzt nach Renchen.

Klug renoviert und konzipiert In einem sorgfältigst renovierten Ackerbürgerhaus aus dem 18. Jahrhundert befindet sich das Renchener *Simplizissimus-Haus*. Hier ist den Karlsruher

Architekten Adler und Retzbach ein sensibler Brückenschlag zwischen alt und neu gelungen; dafür gab es eine Auszeichnung für „Beispielhaftes Bauen“ der Architektenkammer. Neue Baustoffe und Veranstaltungstechnik finden sich kombiniert mit alten Fliesen, verrußten Wänden und einem klitzekleinen Spülbecken aus der Entstehungszeit des Hauses.

Sorgfältig renoviert – Simplizissimus Haus Renchen

Es war ein kluger Schachzug, das Simplizissimus-Haus von Anfang an rezeptionsgeschichtlich zu konzipieren – als es 1998 eröffnet wurde, war es das allererste literarische Museum dieser Art in Deutschland. Dem damaligen Bürgermeister Klaus Brodbeck war es gelungen, die Finanzierung vor allem durch privates Mäzenatentum sicherzustellen.

Laudatio – Grass lobt Muschg Und so konnte man zum Grimmelshausen-Preis drei Jahre später Günter Grass als Laudator für Adolf Muschg gewinnen. Günter Grass als Laudator wird der Hauptgrund gewesen sein, daß Muschg kurz nach dem Terroranschlag auf das World-Trade-Center in New York tatsächlich nach Renchen kam. Nine-Eleven: “Das Datum hat die Welt verändert”, schrieb Muschg und fragte doch sogleich sich und uns: “Oder hat es sie zur Kenntlichkeit entstellt?”

Grass in seiner Laudatio: „Ob bei Grimmelshausen oder bei Muschg: naive Rede und närrische Weltfremdheit zeichnet ihre Helden aus und erlaubt ihnen ihr Anderssein. So darf sich der eine ständig ob der alltäglichen Schrecknisse und Gräuel verwundern, so stürzt sich der Andere gleichfalls in Abenteuer, die sozusagen am Wege liegen und ihn, das Unschuldslamm, zum Frauenschänder und Mörder werden lassen.“

Gastronomiedenkmal – ehemalige Grimmelshausenstube

Seit Jahren vorübergehend geschlossen Wer in Renchen nach einem empfehlenswerten Restaurant fragt, bekommt nicht viele Antworten. Eine neue Pizzeria gebe es, die sei gar nicht so schlecht und einen Kebab-Döner. Und was ist mit der *Grimmelshausen-Stube* in direkter Nachbarschaft zu Rathaus und Museum? Ja, ja, lange her. Dann war sie ein paar Jahre zu, dann war ein Chinese drauf und jetzt heißt das Restaurant *Vorübergehend geschlossen*. Aber das Schild hänge schon seit Jahren dort. Und auch die die Anzahl der Toilettenpapierrollen im Fenster hat sich nicht verändert.

Gastronomisch kommt man sich in Renchen vor wie Stanley auf der Suche nach Livingstone im Innersten Afrikas. Viele weiße Flecken und nur an den Küsten, in den Ortsteilen also, ein schmaler belebter Streifen. Nicht einmal im Museums-Bistro *Simplex* wird noch gewirtet. Lediglich der Caterer nutzt die Räumlichkeiten bei Veranstaltungen. Nur sonntags ab 15 Uhr ist das Museum geöffnet. Immerhin hängt ein Zettel da, daß man im Rathaus bei Katja Sester wegen einer außerordentlichen Öffnung fragen kann – was dann auch klappt.

Ein Biergarten, wie er sein muß – Bauhöfer's in Ulm

Im Ortsteil Ulm dann zum Glück *Bauhöfer's Braustüb'l*, mit dem für mich einzig wahren Biergarten in ganz Baden. Wie es sich gehört, gekiest unter hohen Bäumen und mit einem besonders guten naturtrüben Bier aus dem Steinkrug; auch innen wirkt alles stimmig mit viel dunklem Holz und Bleiglasfenstern. Wo Renchen die Besucher auf seinen Ortsschildern in der „Grimmelshausenstadt" willkommen heißt, begrüßt der Ortsteil Ulm seine Besucher im „Bierdorf Ulm".

Fördert die Andacht des Trinkers – Bleiglas in der Braustube

Revolutionsdenkmal Neben der Stadtkirche in Renchen befindet sich ein Grimmelshausen-Denkmal, das an der Stelle des ehemaligen Grabes stehen soll. Der gewaltige Sandstein sollte ursprünglich in Rastatt als Mahnmal für die erschossenen Aufständischen der Revolution von 1848/49 aufgestellt werden. Die re-

Trickreich – Amand Goegg vor dem Grimmelshausen-Denkmal

bellierenden Soldaten der Festung waren es übrigens, die die Parole *Wir sind das Volk* lange vor den Leipziger Montagsdemonstranten riefen. Daß es für das revolutionäre Gedenken im Großherzogtum Baden keine Genehmigung geben würde, war vorauszusehen. „Den Vorkämpfern für Deutschlands Einheit und Freiheit gefallen und gestorben in und um Rastatt 1849", hätte auf dem Stein stehen sollen.

Amand Goegg, ein aus Renchen stammender Mitstreiter der Badischen Revolutionsregierung und inzwischen aus dem Exil zurückgekehrt, hat den Stein dann nach Renchen vermittelt. Dort machte man, weit weniger suspekt, grundsätzlich ein Grimmelshausen-Denkmal daraus. Grundsätzlich, weil die an den Seiten bereits angebrachten Texte bestehen blieben: „Deutsch Volk, belogen und betrogen im Streit um hohes Ideal" und „Halt fest, mein Volk, mit treuem Blut, dann müssen bessere Tage kommen".

Urbild eines Revolutionärs – Georg Böhning, der standrechtlich erschossen wurde

Das beziehe sich natürlich ausschließlich auf den Dreißigjährigen Krieg, hieß es, als behördlicher Widerspruch laut wurde. Und niemand merkte, daß die Einweihung 1879 nicht am Todestag von Grimmelshausen stattfand, am 17. August, sondern einen Tag vorher. An diesem 16. August war in Rastatt der Revolutionär Georg Böhning

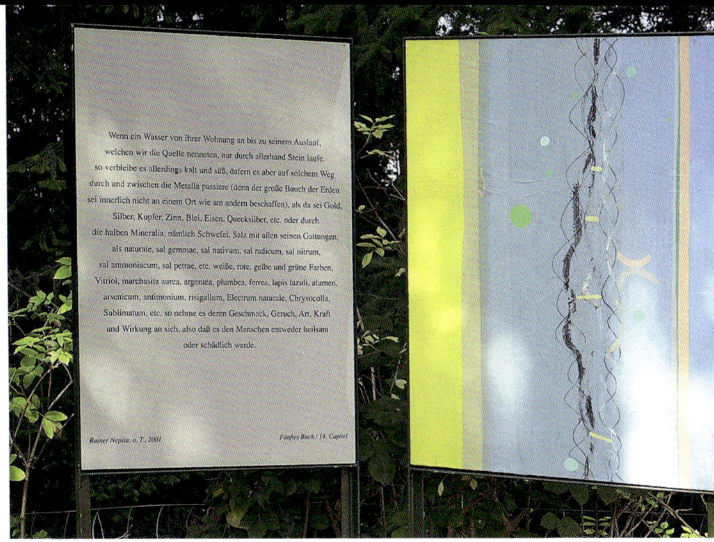

Am Grimmelshausen Pfad – Rainer Nepita zu Silber, Zinn und Blei

nach dem sprichwörtlich „kurzen Prozeß“ eines Kriegsgerichtsverfahrens erschossen worden.

Nachbarn, vereint im Streit Jetzt aber nach Oberkirch, der Stadt, die sich mit Renchen um den ersten Rang einer Grimmelshausen-Stadt streitet. Man merkt das auch daran, daß die Oberkircher „ihren“ Grimmelshausen in einer städtischen Veröffentlichung irgendwo „im Renchtal“ sterben lassen, nicht in Renchen selbst. Im Gegenzug fehlt mir in Renchen der Hinweis, daß „deren“ Grimmelshausen sein Hauptwerk in Oberkirch geschrieben hat – oder habe ich den nur übersehen?

Ist es wichtig, wo Grimmelshausen als Wirt oder wo als Schultheiß tätig war, wo er wahrscheinlich welches Werk schrieb? Natürlich nicht, aber ebenso natürlich hat auch Oberkirch ein Grimmelshausen-Museum, die 350 Kilogramm schwere Bronze eines Fabeltiers in der Fußgängerzone und seinen Simplizissimus-Kunstpfad, der seit 2001 in sieben Stationen rund um die Ruine der Schauenburg führt.

Wenn der Literaturhistoriker Gustav Könnecke vor inzwischen auch schon hundert Jahren nicht auf das Archiv der

Autor Grimmelshausen als Wachsfigur – im Silbernen Stern

Familie von Schauenburg hätte zurückgreifen können, wäre Vieles aus dem Leben Grimmelshausens bis heute unbekannt. Als Jugendlicher wurde er von kroatischen Truppen in kaiserlichen Diensten verschleppt. Mit fünfzehn Jahre diente er als Troßbube und Pferdejunge im kaiserlichen Tragonerregiment unter der Leitung des Feldmarschalls Graf Johann von Götz und wurde bald darauf Musketier.

Leben mit 30 Jahren Krieg So kam Grimmelshausen an den Oberrhein, sollte helfen, Breisach zu befreien und trat danach in Offenburg in das Regiment des Freiherrn Hans Reinhard von Schauenburg ein, der die Reichsstadt bis zum Ende des Dreißigjährigen Krieges erfolgreich verteidigte. Grimmelshausen, der in der lutherischen Lateinschule von Gelnhausen eine erstaunliche gute Schulbildung mit auf den Weg bekommen hatte, wurde zur Regimentskanzlei versetzt und nach Kriegsende von seinem ehemaligen Kommandanten als Gutsverwalter, Schaffner hieß das damals, übernommen.

Grimmelshausen zog in das Schaffneihaus des Dorfes Gaisbach bei Oberkirch. Keine einfache Aufgabe in der kriegsverwüsteten Landschaft mit aufgegebenen Weinbergen, unbestellten Äckern und Bauern, die sich erst wieder daran gewöhnen mußten, Abgaben an den Grundherrn zu zahlen.

Schauenburg in Oberkirch – eine Zähringerburg aus dem 11. Jahrhundert. Hier lebte Uta von Schauenburg, die Gründerin des Kloster Allerheiligen.

Neben seiner Tätigkeit als Gutsverwalter ließ sich Grimmelshausen den *Silbernen Stern* bauen, ein Gasthaus, das er ein paar Jahre bewirtschaftete, bevor er als Schultheiß nach Renchen ging.

Um Bürgermeister zu werden, mußte er eine Kaution erbringen, für den Fall, daß er Fehlentscheidungen zu Lasten des Stadtsäckels traf. Das heute einzuführen, würde Renchen bundesweite Aufmerksamkeit bescheren. Am Rande: der Wurstsalat im *Sibernen Stern* ist noch immer einen Umweg wert.

Und Simplicissimus heute? Wieviel Follower hätte er wohl in den sozialen Medien, wäre er stolz darauf, als *Simply* geliked zu werden? 2021, also zum 400sten Geburtstag des Barockdichters, haben die nahe Oberkirch und Renchen lebenden Opernsänger und Komponisten Joanna Choi und Niclas Oettermann ihr Sing-Tanz-Spiel *Simplicissimus 21* uraufgeführt; hoffentlich demnächst auch andernorts zu sehen.

Uraufführung *Simplizissimus 21*: Joanna Choi und Niclas Oettermann

Auf dem Grimmelshausen-Radweg, ohne allerdings den für Bio-Radler brutalen Anstieg zur Ruine der Schauenburg, lässt sich eine wenig anstrengende 20-Kilometer-Tour zwischen den beiden Städtchen machen. Es erfordert aber schon ein exaktes Drehbuch, will

Die Abtei Allerheiligen um 1753 . . .

man, was sinnvoll ist, beide Museen an einem Tag besuchen. Das geht nämlich nur, wenn man sonntags um 14 Uhr in Oberkirch beginnt, damit man rechtzeitig noch nach Renchen kommt, wo um 15 Uhr und ja nur sonntags geöffnet wird. Also bleibt wieder mal nur das Auto, weil die öffentlichen Verkehrsverbindungen, wie überall auf dem Land, kaum und in diesem Fall auch nicht kultourenfreundlich ausgebaut sind.

Richtung Allerheiligen Statt in die Rheinebene, könnten wir von Oberkirch aus aber auch Richtung Schwarzwald fahren. Zehn Minuten sind es bis Oppenau, dessen Gemeindegebiet sich über tausend Meter hoch in den Schwarzwald erstreckt. Die meisten Besucher verbinden mit dem Ort einen Schwarzwälder Brenner, der sich very british Bimmerle Private Distillery nennt und inzwischen auch mit *Needle Gin* erfolgreich ist.

Weit weniger Menschen verbinden mit Oppenau die frühgotische Klosterruine Allerheiligen, die 1804 nach einem Blitzschlag ausbrannte. Karl Friedrich von Baden hatte sich das gut

. . . und was 2023 davon übrig ist

bestellte Kloster zwei Jahre zuvor unter den Nagel gerissen. Säkularisiert, hieß das etwas vornehmer, als die Truppen des Markgrafen am 23. November 1802 das Kloster besetzten, die Wertgegenstände raubten und dem Abt mitteilten, daß das Kloster jetzt einen neuen Besitzer habe.

Zweiundzwanzig Mönche, überwiegend noch in ihren dreißiger Jahren, mußten Lehrer- oder Pfarrstellen übernehmen, der Abt und sechs alte Mönchen durften sich immerhin im Rektoratshaus der Wallfahrtskirche in Lautenbach gegenseitig pflegen und auf den Tod warten.

Bei dem Brand waren nur Teile des Langhauses, der Sakristei und des Kreuzgangs stehen geblieben. Alle Informationen, von der Gründung durch Uta von Schauenburg bis zum Ausbau als Chorherrenstift gibt es im Informationszentrum von Allerheiligen. Den genauen Ort des Klosters hat übrigens ein mit einem Sack Münzen beladener Esel ausgesucht. Uta hatte geträumt, sie solle das Kloster dort bauen, wo der Esel

Warten auf Lang Lang und Duke Ellington – Steinway am Kniebis

den Sack abwirft. Und der, klug wie Esel sind, machte das dort, wo der Weg anfing, steil zu werden.

Klavierkonzert auf 1000 Meter Bei einer Wanderung vom Kloster auf den Kniebis hatte ich eine Begegnung eher surrealistischer Art. Auf einer Waldlichtung stand, weit und breit allein, ein Steinway-Flügel. Und dann kamen noch dessen Bodyguards aus dem Unterholz – der Fotograf Stefan Armbruster, den man eher mit Jill Sander oder Boss in Verbindung bringt, und Claudio Labianca vom Offenburger Klavierhaus. Sie würden hier ein Konzert mit Duke Ellington, Lang Lang und Horowitz vorbereiten. Auch das geht inzwischen mit diesem streamingfähigen Flügel und es hört sich – bei der Probe durfte ich dann dabei sein – sehr original an. Der Schwarzwälder Stefan Armbruster hatte sein Fotostudio lange in New York, wo er eine kulturhistorisch bekannte Adresse hatte – The Bowery 222 nämlich. Ein kreatives Haus, in dem der heroinabhängige William S. Burroughs lebte, besser trank und schrieb.

Dieses Haus wäre schon wieder ein eigenes Buch wert, aber nach Gin, Ruine und Flügel kommen wir ja noch zum Wichtigsten in Oppenau, der *Festwoche klassischer Musik*. Thomas Strauß hat sie vor mehr als fünfundzwanzig Jahren ins Leben gerufen. Der Konzertbesuch des inzwischen renommierten Festivals lohnt. Vor allem eine Aufführung des von Strauß komponierten Johannes-Oratoriums mit dem Libretto des Kehlers Tilmann Krieg; eine ungewöhnliche Auseinandersetzung mit dem urgewaltigen biblischen Endzeit-Propheten.

Man fragt sich, wie Strauß seine ganzen Aktivitäten unter einen Hut bringt. Obwohl hauptamtlicher Kantor, ist er dennoch weltweit auf Konzertreisen unterwegs. „Barmixer und Organist" stand einmal auf seiner Visitenkarte, wobei nicht zu ermitteln war, ob er seine Cocktails mit dem Gin aus Oppenau mixte. Wahrscheinlich ja schon.

❖❖❖

Simplizissimus-Haus, Renchen, Hauptstraße 59, 07843 707 42

Bauhöfer's Braustüb'l, Renchen-Ulm Ullenburg Str. 16, 07843 695

Heimat- und Grimmelshausen Museum, Oberkirch, Hauptstraße 32, 07802 821 09

Gasthaus Silberner Stern, Oberkirch, Simplicissimusstraße 8, 07802 7686

Brennerei Bimmerle, Oppenau, Moosweg 2, 07841 622 00

Klosterruine Allerheiligen, Oppenau, Allerheiligen 3, 07804 1200. Offen 7/24.

Festwoche klassischer Musik, Oppenau, An der Rench 7, www.festwoche.info, 07804 879 98 68

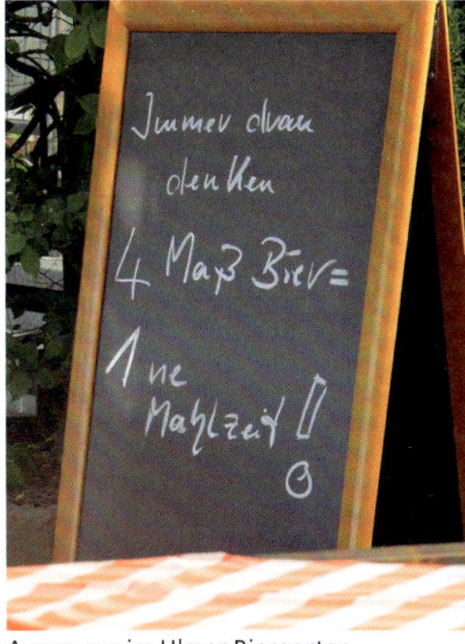

Anregung im Ulmer Biergarten

Streiterin für das Frauenwahlrecht – Louise Weiss

18

Nach Saverne, Bouxwiller und Marmoutier. Meine achtzehnte Kultour, in der sich die Soldaten Sartre und Jünger bei Rheinkilometer 321 nicht getroffen haben und in der die Frauenrechtlerin Louise Weiss etwas nicht tun darf, was jeder Chinesin und Türkin erlaubt ist.

Die Grande Dame von Saverne

Entschleunigen – zum Beispiel auf einer Bootstour von Straßburg nach Saverne. Das geht führerscheinfrei und sogar recht preiswert, wenn nicht gerade Schulferien sind. Dann reduzieren sich auch die Wartezeiten an den Schleusen, die, keine Angst, spätestens ab der zweiten oder dritten Durchfahrt routiniert bedient werden. Wichtig ist vor allem, daß Sie die Taue nicht um Hand oder Arm wickeln oder am Boot festknoten. Denn dann fallen entweder Sie ins Wasser oder das Boot hängt in der Luft bis das Tau reißt.

Für die meisten Urlaubskapitäne hörte bis zum Ende der 1960er Jahre die Fahrt kurz hinter Saverne auf. In Saint-Louis-Arzviller brauchte man 24 Stunden, um eine Strecke von vier Kilometern mit einem Höhenunterschied von 45 Metern zu überwinden. Siebzehnmal mußten dafür die Schleusentore geöffnet und geschlossen werden. Das war dann wahrhaft entschleunigend – wenn auch zwischen Ehepaaren meist nicht ganz streßfrei. Einheimische machten sich ein Sonntagsvergnügen aus der Erteilung guter Ratschläge zu Schiff und Ehe. Heute dauert die Passage auf einer schiefen Ebene

140 Meter Vogesensandstein – Schauseite Rohan Schloss, in Saverne

mit viel Technik grade mal zwanzig Minuten. Eheliche Auseinandersetzungen kann es trotzdem geben.

Versailles im Elsaß Wir legen besser in Saverne an. Schönere Foto-Motive als vom Boot auf das Rohan-Schloss werden Sie kaum bekommen. Für Victor Hugo bot das Städtchen einen „der schönsten Eindrücke meines Lebens". Mit dem Boot hätte Goethe noch nicht anreisen können; der Kanal wurde erst 1853 fertig. Aber auch er war begeistert von dem „kleinen freundlichen Ort, der uns gar anmutig anlachte". Das Schloss ließ ihn vom „Versailles des Elsaß" sprechen, einem kleinen allerdings nur, denn die Schaufront im „echten" Versailles ist genau fünfmal so lang wie die in Saverne.

Wie so oft im Elsaß und in Baden stoßen wir auch in Saverne auf die Familie Rohan. Einen Palast in Straßburg, ein Palais in Ettenheim und ein Schloss in Saverne, das sind nur drei der ungezählten Immobilien der Familie, die während des gesamten 18. Jahrhunderts die Fürstbischöfe von Straßburg stellte.

Wenn Sie mal wirklich wissen wollen, was französischer Hochadel bedeutet, können Sie sich die Stammliste der Rohans mit ihren ganzen Seitenlinien im Internet ansehen. Einfach nach Maison de Rohan suchen. Dort finden Sie unter dem Stichwort Propriétés auch eine bebilderte Liste der heute noch rund 25 Schlösser, die der Familie gehören. Damit wir

Postkartentauglich seit 150 Jahren

nun mit den Namen nicht dauernd durcheinanderkommen, seien die vier Straßburger Fürstbischöfe hier einfach einmal mit allen Vornamen und den Zeiten der Regentschaft aufgezählt. Alles blieb schön in der Familie.

Von Armand I. Gaston Maximilien de Rohan-Soubise, 1704 bis 1749,
über Armand II. François Auguste de Rohan-Soubise, 1749 bis 1756,
und Louis César Constantin de Rohan-Guéméné, 1756 bis 1779,
bis zu Louis René Édouard de Rohan-Guéméné, 1779 bis 1803.

Ihren Kindern wird das alles so was von egal sein, denn denen ist Rohan allenfalls aus den Serien und Filmen der Romane von Tolkien geläufig. In „Der Herr der Ringe" ist Rohan ein von den menschlichen Rohirrim, den Pferdeherren, besiedeltes Königreich in Mittelerde. Die echten Fans kennen den Namen auch vom Online-Fantasy-Spiel „Die Reiter von Rohan". Kaum glaublich, daß Altmeister John Ronald Reuel Tolkien das alles bereits Mitte der 1950er Jahre geschrieben hat.

Historisch einkehren Bevor wir nachmittags zum Schloss zurückgehen und uns mit der Sammlung von und über Louise Weiss beschäftigen, gibt es ein kleines Mittagsmenü in der Taverne *Katz*, gleich neben dem Rathaus. Damit sind wir weit besser dran als Goethe, für den es in Saverne nichts zu essen gab; er durfte im Schloss lediglich dem Kardinal Rohan

Innen und außen ansehnlich – Taverne Katz

beim Essen zusehen und wunderte sich über den Kontrast des prachtvollen Gebäudes zu dem „kleinen zusammengefallenen Mann“. Wir dagegen haben die Wahl zwischen den traditionell guten, in Bier eingelegten und geschmorten Schweinebacken, dem perfekten Choucroute oder einem für mich überladenen „Katz-Burger“, auf dem die Ente nicht zum Rinderfilet paßt.

Gönnen Sie sich ein paar Minuten für das Äußere des Hauses Katz. Mit seinen Bleiglasscheiben und den Fachwerkschnitzereien gehört es zu den schönsten Gebäuden der Stadt. Im Inneren wirkt die schwere Holzdecke aus dem 16. Jahrhundert ebenso bedrückend wie beeindruckend.

Ein paar Schritte weiter, in der Grand Rue 35, befindet sich das Geburtshaus des Schriftstellers Paul Acker. Sein wichtigstes Werk, für das er 1915, in seinem Todesjahr, auch den *Grand prix du roman de l'Académie française* erhielt, war der Roman *Le Soldat Bernard*. Acker setzte sich nicht nur in diesem Buch, das die Entwicklung eines zum Patrioten bekehrten jungen Elsässers beschreibt, für die Befreiung seiner Heimat von der deutschen Besatzung ein. Bis heute liegt keine deutsche Übersetzung vor.

Frauenwahlrecht fast überall – aber nicht in Frankreich

Die Vorkämpferin Louise Weiss, die Namensgeberin für das Europaparlament, ist zwar in Nordfrankreich geboren, aber die Eltern waren Elsässer und so hat sie die Stadt Saverne zu ihrer Universalerbin eingesetzt.

Weiss gehörte zu den Vorkämpferinnen für das Frauenwahlrecht in Frankreich und war 1934 auch Mitbegründerin der Bewegung *La Femme Nouvelle*. Sogar die Türkinnen und Chinesinnen dürfen wählen, hieß es auf den Plakaten und in ganz Europa sei die Teilnahme am politischen Leben den Frauen außer in Frankreich nur noch in Bulgarien, Jugoslawien und der Schweiz verboten. Dafür ging sie sogar auf die Straße und kettete sich in Paris an eine Straßenlaterne an. Wir sehen, alles schon einmal dagewesen.

Schon früh setzte sich Weiss als Journalistin für die europäische Idee ein, zunächst in der später auch von ihr geleiteten Zeitschrift *La nouvelle Europe*. Um die Bedeutung der Zeitschrift anzudeuten: Weiss war zur Unterzeichnung des Versailler Vertrages eingeladen. Zudem gelang es ihr, so unterschiedliche Autoren wie Guillaume Appolinaire, Rudolf Breitscheid, Aristide Briand, Thomas Mann und Benito Mussolini zu ge-

Edle Kämpferin – Louise Weiss

winnen. Also einen Surrealisten, der im Verdacht stand, die Mona Lisa gestohlen zu haben, einen deutschen SPD-Außenpolitiker, den die Franzosen an die Gestapo auslieferten, einen elfmaligen französischen Ministerpräsidenten und Friedensnobelpreisträger, einen deutschen Romanautor und Nobelpreisträger, dem Frankreich Exil geboten hatte und schließlich einen faschistischen Diktator.

Posten abgelehnt Ministerpräsident Léon Blum, der der internationalen Arbeiterbewegung angehörte, versuchte, sie mit einem Ministeramt zu ködern und an die Leine zu legen. „Er ließ mich also kommen, sondierte das Terrain, um zu hören, ob ich einer seiner weiblichen Minister werden wolle. Ich antwortete: Unter der Bedingung, daß ich als Ministerin nicht auf meine Kampagne für das Frauenstimmrecht zu verzichten hätte. Er sagte mir: Kommt überhaupt nicht in Frage." Dann lehnte sie ab.

Fast vierzig Jahre später, bei den Wahlen zum ersten Europäischen Parlament stand Weiss auf der gaullistischen Liste, wurde gewählt und war mit ihren damals 86 Jahren die Alterspräsidentin. Am 17. Juli 1979 eröffnete sie die erste Plenarsitzung in Straßburg in der ihr eigenen Art: „Die europäischen Institutionen haben europäische Zuckerrüben, europäische Butter, europäischen Wein, ja sogar europäische Schweine zustande gebracht, aber keinen europäischen Menschen. Solche europäischen Menschen gab es im Mittelalter, in der Renaissance, im Zeitalter der Aufklärung und sogar im 19. Jahrhundert, und sie gilt es wieder zu schaffen."

Sind wir inzwischen weiter? Die Frage wird gestattet sein: Was ist eigentlich seither passiert und welcher „europäische Mensch" fällt Ihnen jetzt spontan ein? Oder welche europäische Errungenschaft? Vielleicht ja Nr. 1677/88/EWG, die tatsächlich erlassene und längst wieder abgeschaffte Gurkenkrümmungsverordnung, die Louise Weiss, die „Mutter Europas", in ihrer Aufzählung des Überflüssigen ja noch nicht berücksichtigen konnte.

Schimpfwort Wackes Von Basel bis in die Pfalz ist *Wackes* die abwertende Bezeichnung für einen Elsässer, ein Taugenichts halt. Das Schimpfwort führte vor mehr als einhundert Jahren sogar einmal zu einem sich hochschaukelnden Affairchen, aus dem letztendlich eine Affaire wurde, in die sogar Kaiser Wilhelm II. einbezogen wurde.

Erst Tage nach dem auslösenden Ereignis sorgte 1913 ein Bericht im *Zaberner Anzeiger* für Aufmersamkeit. Ein zwanzigjähriger Leutnant, Günter Freiherr von Forstner, hatte während einer Regimentsübung eine Belohnung für einen bereits wegen Messerstecherei vorbestraften Rekruten ausgesetzt, wenn dieser Elsässer Zivilisten mit dem Bajonett traktiere. „Für jeden dieser Dreckwackes, den du mir bringst, erhältst Du zehn Mark" wurde der Leutnant zitiert. Empörung löste nun weniger die Anstiftung zur Körperverletzung aus, als die Verwendung des beleidigenden Wortes. Zudem war dem Leutnant bekannt, daß dessen Verwendung deutschen Militärs im Elsaß und in Lothringen ausdrücklich verboten war.

Gemeiner Leutnant – Freiherr von Forstner

Mit einer Versetzung des unreifen Freiherrn wären seine Vorgesetzten allem aus dem Weg gegangen. Aber

Auf Streife – deutsches Militär in Zabern/Saverne

das sähe nach Schuldeingeständnis aus. Immerhin gab es sechs Tage Stubenarrest. Als der Leutnant, vorsichtshalber mit Eskorte, dann wieder in Saverne unterwegs ist, wird er lauthals als „Leutnant Wackes“ verspottet. Vergeblich versucht man die Spötter festzunehmen. Nur ein halbseitig gelähmter Schustergeselle kann nicht schnell genug weglaufen und wird vom Leutnant mit dem Säbel schwer am Kopf verletzt.

Plötzlich erreichte die Empörung die Hauptstadt des Kaiserreiches. Kurt Tucholsky karikiert im Parteiblatt *Vorwärts* das „Kind ohne Schnurrbarthaar“:

„Das stelzt in Zaberns langen Gassen und kräht Sopran
Wird man das Kind noch lange ohne Aufsicht lassen? …
Ein lahmer Schuster ist es heute,
und morgen ist's ein Waisenkind.“

Berthold von Deimling, der General des XV. Armeekorps in Straßburg, verwahrte sich gegen solche Herabwürdigung: „Ich betrachte es vielmehr als ein Glück, wenn jetzt Blut fließt. Ich habe jetzt das Kommando, ich bin es der Armee schuldig, Respekt zu verschaffen.“ Rosa Luxemburg kommentierte: „Und ist nicht das Morden und das Verstümmeln im Kriege der eigentliche Beruf und die wahre Natur jener ‚Militärbehörden‘,

„Die Glätte des Weges"– Auf Goethes Spuren am Col de Saverne

deren gekränkte Autorität in Zabern die Zähne gezeigt hat."

In Berlin gab es ein Mißtrauensvotum gegen den Reichskanzler, dem aber, ebenso wie den Militärs, der Kaiser den Rücken stärkt. Und korrespondierend sprach auch das Militärgericht den Leutnant frei. Gegenüber dem festgenommenen und schwerbehinderten Schustergesellen könne er sich auf den Rechtfertigungsgrund der vorbeugenden Notwehr berufen. Der Soldat habe mit einem unmittelbar bevorstehenden Angriff auf sich rechnen müssen.

Die Begründung des Gerichts liest sich so, als habe man nur Karl Liebknecht bestätigen wollen, der ja die These aufgestellt hatte, das preußische Militär sei ein Staat über dem Staat und nicht nur mehr ein Staat im Staat. Kurz darauf war der Leutnant tot, gefallen zu Beginn Ersten Weltkrieges.

Unterwegs mit Goethe Folgen wir auf dieser Kultour einfach Goethe, der zunächst über die Zaberner Steige – den Col de Saverne – nach Saverne und dann weiter nach Bouxwiller ritt. Er war mit zwei Studienkollegen aus Straßburg unterwegs, Johann Engelbach, der wie Goethe die Juristerei studierte, und dem Medizinstudenten Friedrich Weyland. Engelbach hatte bereits praktische Erfahrungen als Hofrat der Grafschaft von

„Wünschenswerter fürstlicher Besitz" – Goethes Ausflugsziel in Bouxwiller

Nassau-Saarbrücken sammeln können, war also, ungewöhnlich damals, ein spät berufener Student, der in aller Eile seine Examina durchzog.

Den Weg über den Vogesenkamm beschrieb Goethe später als ein Meisterwerk damaliger Straßenbaukunst. „Ein Werk von unüberdenklicher Arbeit. Schlangenweise, über die fürchterlichsten Felsen aufgemauert, führt die Chaussee. Die Härte und Glätte des Wegs, die geplatteten Erhöhungen an beiden Seiten für die Fußgänger, die steinernen Rinnen zum Ableiten der Bergwasser – alles ist so reinlich als künstlich und dauerhaft hergerichtet."

170 Jahre alt – Goethe-Linde auf dem Weg zum Bastberg

Goethe auf Fossiliensuche Bouxwiller war der Heimatort von Weyland, der entsprechend hier auch den Fremdenführer gab. Seine Familie hatte zahlreiche Verwandtschaft im Elsaß. So auch den Pfarrer Brion in Sessenheim, in dessen Tochter Friederike Goethe sich verliebt hatte. Weyland hatte Goethe dort eingeführt.

Buchsweiler, wie er es deutsch aussprach, war in den Augen Goethes der „bedeutende Mittelpunkt eines sehr schönen und wünschenswerten fürstlichen Besitzes". Das „alte Schloss und die an einem Hügel vortrefflich angelegten Gärten" fanden seine Bewunderung.

„Bis in die schwäbischen Gebirge . . ." – Goethes Blick vom Bastberg

Auf den Spuren Goethes könnten wir in Bouxwiller einen Einstunden-Rundweg auf den gerade 300 Meter hohen Bastberg machen. Vorbei an einer zum einhundertsten Geburtstag Goethes gepflanzten Winter-Linde. Vier Meter beträgt inzwischen der Stammumfang und jährlich kommen 2 Zentimeter hinzu. Wer dem geologischen Lehrpfad mit dem Ammonitensymbol folgt, kann wie der Dichter zahlreiche Fossilien finden. „Diese Höhe, ganz aus verschiedenen Muscheln zusammengehäuft, machte mich zum ersten Male auf solche Dokumente der Vorwelt aufmerksam; ich hatte sie noch niemals in so großer Masse beisammen gesehen."

Und dann der Ausblick. Vom Schloss in Saverne über die Abtei Sankt Johann bis zum Felsen von Schloss Lichtenberg. „Und gegen Südost hat das Auge die unendliche Fläche des Elsasses zu durchforschen, die sich in immer mehr abduftenden Landschaftsgründen dem Gesicht entzieht, bis zuletzt die schwäbischen Gebirge schattenweis in den Horizont verfließen."

Autorin Marie Hart, hintere Reihe, zweite von rechts

Vertrieben aus dem Paradies Das kleine Gärtchen und den Weinberg am Fuße des Bastberges nannte die Familie des Apothekers Louis Hartmann ihr Paradies. Am Berg sammelte er seltene Heilpflanzen, seine Tochter Marie und ihre sieben Geschwister erfanden Geschichten zu den Versteinerungen und spielten Verstecken. „Bis in d'sinkend Nacht nin han m'r g'spielt, awer noo isch's Kindsmaidel komme un het uns g'holt. ‚Jetz kommen awer heime ! Wann's Nacht word, isch's nimmi g'hier uf'm Baschberri; noo komme d'Hexe!'" Als Marie Hartmann anfing zu schreiben, verkürzte sie ihren Namen auf *Marie Hart*.

Aber nicht hier, sondern drüben im Schwarzwald hat Marie Hart ihr wichtigstes Buch geschrieben, das 1921 erschienene *Üs unserer Franzosezit*. Das Buch beschreibt die schwere Zeit nach dem Ersten Weltkrieg, die Hart gerne mit ihrem deutschen Mann, dem vermögenden und verschwenderischen Rittmeister Alfred Kurr in Bouxwiller verbracht hätte; doch Kurr wird ausgewiesen. Gerade mal 30 Kilogramm dürfen mitgenommen werden, alle Rechte an Grundstücken und Häusern verfallen.

Kein Einzelfall und ein verdrängtes Kapitel mehr in den Schulbüchern. Das auf Alemannisch geschriebene Buch von Marie Hart fällt der Zensur zum Opfer, darf in Frankreich weder verkauft noch übersetzt werden. Das weitgehend prodeutsche Örtchen Brummernäh wandelt sich 1918 mit dem bevorstehenden Einmarsch der Franzosen immer mehr in ein Dorf, in der die Trikolore über allem steht. Hier gehe es, schreibt sie, „zidderm Waffestillstand wuescht zue. D'Hetz gejen alles, was ditsch heisst, isch in vollem Schwung. Es laufe viel so herum hie, un je ditscher se gewenn sin, deschte lüter bruelle se jetzt: Ich bin e Franzos!"

Identitätskarten werden ausgegeben: „Carte A – Reini Elsässer, wie nuer keltisches Bluet in den Odere han. Carte B – Mischling, verhassti Prodükt üs eren unnatierliche Hieroot zwischen men Elsässer und ere Ditsche, oder em e Ditschen und eren Elsässere. Carte C – Neutrali. Carte D – Ditschi, Schwoowe! dr Üswurf von dr Menschheit".

Selbst Deutsche, die seit dem Krieg von 1870 ihre Geschäfte hier hatten, mußten verschwinden, bezahlten ihre Ausreise bis Kehl in Francs und dann die Strecke bis Offenburg in Mark. Die Geschäfte wurden geplündert und die Schaufenster beschmiert „Maison de sale Boche". Für den aus Saverne stammenden linken Abgeordneten Camille Dahlet war diese ethnische Säuberung ein „Schandfleck am Ehrenschild Frankreichs", wie er schon 1919 in der Tageszeitung *La République* schrieb.

Außenseiter im Rollkragen Gar nicht so einfach einen Bogen von der klugen und vom Leben manchmal arg gebeutelten Marie Hart zum freischwebenden Philosophen *Sartre* zu spannen, dem die Idee einer Wirklichkeit immer mehr bedeutete als die Wirklichkeit selbst. Sartre war Lehrer, sie eine gute Lehrerin und beide waren mindestens teilweise in den benachbarten Dörfern Bouxwiller und Pfaffenhofen aufgewachsen. Nach dem Tode ihres Mannes war Sartres Mutter ins Elsaß zurückgekehrt. Der damals dreijährige Jean-Paul wurde wesentlich von seinem Großvater Charles, einem Deutschlehrer und Onkel von Albert Schweitzer miterzogen.

Jean-Paul gab schon als Kind den alten Sartre, lachte nicht, weinte nicht, war still. Er mußte immer und wollte viel lesen, auch, weil ihn die anderen Kinder nicht mitspielen ließen. Was wollte man auch mit dem kleingewachsenen Kerl im Fußballtor? Jean-Paul selbst träumte davon, einmal so mutig zu sein und „Pipi ins Weihwasserbecken zu machen". Er

Denker im Vorschulalter – Jean Paul Sartre (Foto um 1910)

hat es nie getan. An eine „einzige Missetat“ erinnert er sich aus seiner Jugendzeit; da hatte er Salz in ein Marmeladenglas gestreut und wurde prompt dabei erwischt.

Großvater und auch der Urgroßvater Sartre waren Bürgermeister in Pfaffenhofen. Später kam Sartre immer wieder in den Sommerferien hierher. Sein Großvater war für ihn „ein Mann des 19. Jahrhunderts, der sich, wie viele andere, Victor Hugo selbst nicht ausgeschlossen, für Victor Hugo hielt“. Dann war Sartre längere Zeit nicht hier, erst wieder im Zweiten Weltkrieg, in dem er als Soldat ins Elsaß versetzt wurde. In einen Stellungskrieg, den die Franzosen „La drôle de guerre“ nannten, die Deutschen aber „den Sitzkrieg“ und nicht den „komischen Krieg“.

Er nutzte die ruhige Phase und schrieb Tagebuch, jeden Tag seitenweise. Mehr als dreitausend Seiten in den neun Monaten, die bis auf ein paar verlorene Hefte später auch veröffentlicht wurden. Mitte Februar 1940 kommt Sartre nach Bouxwiller. Mit zehn Mann auf einer Stube sind sie untergebracht. Sie warten auf den Krieg, den ihr Feldwebel viel lieber gegen Stalin führen würde als gegen die Deutschen.

Sartre als Wacht am Rhein Fast auf gleicher Höhe, nur auf der anderen Seite des Rheins sitzt Sartres Schriftstellerkollege Ernst Jünger. Soldat schon im Ersten Weltkrieg, mittlerweile 45 Jahre alt, schreibt Jünger ebenfalls eifrig Tagebuch. Leicht hätten sich die beiden Denker bei Rheinkilometer 321 treffen können, an der Fähre, die heute Greffern mit Drusenheim verbindet. Ob sie es getan hätten? „Ich hasse ihn nicht als Deutschen, sondern als Aristokraten“, schrieb Sartre über seinen Kollegen. Die meisten Interpreten sortieren die beiden Autoren in sehr unterschiedliche Schubladen ein, wenn es um deren gesellschaftliche oder politische Ansichten geht. Nie allerdings waren sich die Beiden so nahe wie in dieser Situation. In ihren Kriegstagebüchern sind sich die Auffassungen von Freiheit, später die von Brüderlichkeit und Anarchismus sehr nahe.

Sartre für die „Sache des Volkes“

Die zwei Welten zwischen dem französischen und dem deutschen Militär zeigen sich exemplarisch an den Standorten ihrer Schreibtische. Jünger schreibt im Bunker vom Bunkerkrieg, macht sich Gedanken darüber, wie das nächste Hochwasser die Bunker überschwemmen könnte. Und Sartre? Der philosophiert entspannt und munter vor sich hin. „Den Vormittag verbringe ich in einem großen tristen Café, wo man mich duldet, obwohl es für Soldaten gesperrt ist. Mittags gehe ich zum Essen in das angrenzende Restaurant. Gut. Für elf Francs. Um ½ 2 Uhr wirft man mich hinaus.“ Viele seiner Gedanken über das Elsaß finden sich im 1964 erschienenen Buch *Die Wörter* wieder, eher ein Psychogramm seiner Jugend und Familie als eine Autobiographie.

Einmal habe er „eine lustige Fahrt durch dieses Land gemacht, das ich gut kenne, und ich habe elsässische Landgerü-

Ordentlich zu lesen und zu essen – S'Bastberger-Stuewel

che wiedergefunden, die ich ganz vergessen hatte." So positiv er das Land sah, so wenig hielt er von dessen Menschen. Die Überheblichkeit der Hauptstädter gegenüber den Menschen der Provinz hatte er schon früh verinnerlicht. „Übrigens mag ich die Elsässer nicht besonders gern, sie behandeln mich ohne Ehrfurcht, und ich bin nicht ärgerlich darüber, daß man sie uns weggenommen hat."

Elsässer Wurzeln – die Marx Brothers (um 1930)

Einkehr im Stuewel Falls Sie mittags nicht im Restaurant *Katz* waren, kommt abends noch ein besonderer Ort auf Sie zu: *S'Bastberger-Stuewel*. Mit Anny Reixel eine Wirtin, wie man sie sich nur wünschen kann und zugleich ein historischer Ort. Hier sollen die Hexen ihre Henkersmahlzeit bekommen haben, bevor man sie auf dem Galgenberg verbrannte oder gnädig vorher erwürgte.

Was mich in einem Gasthaus immer beruhigt: Wenn die einfachen Sachen gut sind, hier die Kartoffelpuffer mit Münsterkäse, die Bratkartoffeln oder der Salat mit warmen Ziegenkäse-Croutons. Das Bastberger Stüble ist kein Restaurant zur Selbstkasteiung; hier muß man schon tapfer durchessen. Deshalb eine *Planchette paysanne* nur dann als Vorspeise bestellen, wenn Sie seit heute Morgen um sechs ohne Pause auf dem Feld gearbeitet haben. Wer alleine unterwegs ist und, traurig genug, nicht einmal dieses Büchlein dabei hat: Lesen Sie einfach, was auf den Wänden steht oder, noch besser, kommen Sie mit Madame Reixel ins Gespräch.

Sie könnte Ihnen erzählen, was Sie vielleicht schon mittags im *Musée Judéo-Alsacien* in Bouxwiller erfahren haben. Nämlich, daß die Marx-Brothers ihre Wurzeln zur Hälfte im nördlichen Elsaß hatten. Vater Simon Samuel Marx stammte aus dem nahen Mertzwiller, Mutter Minnie aus Ostfriesland. Während Sam Marx, wie er sich nach der Auswanderung in die Vereinigten Staaten nannte, als Schneider arbeitete, kümmerte sich die Frau Mama als Managerin um die Karriere der Söhne. Als Groucho Marx einen Ehren-Oskar für sein Lebenswerk erhielt, bemühte Jack Lemmon in seiner Laudatio einen weiteren Marx, den Karl aus Trier: „Die Marx Brothers sind für den Humor das, was Karl Marx für die politische Philosophie ist!" Als Ergebnis bleibt festzuhalten, daß die Anarchisten des Elsaß dem von der Mosel in nichts nachstehen.

❖❖❖

Château de Rohan, Museum, Saverne, Place du Général de Gaulle, 0033 388 918047

Taverne Katz, Saverne, 80 Grand Rue, 0033 388 711 656

S'Bastberger-Stuewel, Bouxwiller, 25 Rue Principale, 0033 388 707 385

Musée Judéo-Alsacien, Bouxwiller, 62a Grand Rue, 0033 388 709 717

Flammkuchen im Stuewel.

Lebensabschnittspartner – Johann Wolfgang und Friederike

19

Nach Meißenheim, Sessenheim und Soufflenheim. Meine neunzehnte Kultour, in der Goethe fast eine SMS verschickt hätte und der Totengräber eine Träne verdrückt, in der Albert Schweitzer eine Silbermann bevorzugt und Lili einen Bankier.

Verlieben und entlieben

Eine Orgel hat „etwas von der Art des Ewigen an sich" schrieb Albert Schweitzer. Er gehört zu den vielen Virtuosen, die auf der Silbermann-Orgel in der evangelischen Barockkirche von Meißenheim ein Konzert gegeben haben. Natürlich interpretierte er den von ihm geschätzten Bach, der ihm „Dichter und Maler in Musik" war. Schweitzer selbst war auch ein passionierter Orgelbauer und entsprechend begeistert von der Kunst des Straßburgers Johann Andreas Silbermann.

Ich hoffe, Ihnen geht es wie mir, dass Sie nämlich die drei Silbermänner auch immer durcheinanderbringen. Deshalb zur Sicherheit: Andreas Silbermann – aus dem Erzgebirge und 1734 in Straßburg gestorben – ist der Bruder des Orgelbauers Gottfried Silbermann. Die Orgeln, die die beiden Brüder sowie Gottfrieds Sohn Johann Andreas Silbermann bauten, gelten alle als Silbermann-Orgeln. Die Orgel in Meißenheim baute letzterer unter seinem französischen Namen Jean-André.

Silbermann Orgel – die in Meißenheim ist von Jean-André

Von Basel bis Straßburg treffen wir noch an vielen anderen Orten am Oberrhein auf die Orgeln von Johann Andreas Silbermann. Wenn Sie in Meißenheim Glück haben, probt gerade der Kantor; das lässt uns vielleicht noch etwas länger verweilen und einen Blick auf die aus Stuckmarmor gefasste Kanzel werfen.

Nur ein ungefähres Portrait Diesmal machen wir unseren Streifzug sozusagen rückwärts und beginnen da, wo die Sessenheimer Pfarrerstochter Friederike Brion, in die Goethe sich kurz verliebte, 1813 gestorben ist. An der östlichen Chorwand der Meißenheimer Pfarrkirche befindet sich ihr Grab, das die Familie hatte verwahrlosen lassen, bis der Dichter Friedrich Geßler aus dem nahen Lahr es wiederentdeckte.

Friederikes Grab in Meißenheim

Geßler hatte 1865 mit einem damals 84jährigen Totengräber Andreas Hockenjos auf dem Friedhof gesucht: „Freudig zeigte mir der Alte mit zitternden Händen einen eingesunkenen Hügel, auf dem mühsam mit dem wuchernden Rasen ein kleiner Nelkenstrauch um sein Blütendasein rang. Hier, sprach der Totengräber, habe ich die gute Tante begraben und eine Träne schwamm in seinem Auge.“ Als Geßler in Lahr von seiner Entdeckung erzählte, fand er schnell Unterstützung und ließ einen Grabstein gestalten. Er beauftragte den Bildhauer Wilhelm Hornberger mit der Umsetzung.

Kleines Problem nur: Hornberger hatte die Verblichene nie gesehen und konnte auch auf kein Portrait von ihr zurückgreifen. Und so zeigt sein Werk nicht die Friederike, sondern deren Urgroßnichte Frieda Fischer. Das war eine Idee des Totengräbers, der behauptete, daß die beiden sich zum Verwechseln ähnlich gesehen hätten. Und auch das eingemeißelte Geburtsdatum stimmt nur ungefähr, denn die Taufbücher von Friederikes Geburtsort Niederrödern sind während der Französischen Revolution untergegangen.

Der Todeszeitpunkt dagegen ist im Meißenheimer Sterberegister von 1813 genau dokumentiert: „Samstag, den 3. April Nachmittag um 5 Uhr starb dahier Friederike Elisabeth Brion, des weiland Johann Jakob Brion gewesenen Evangelisch-Lutherischen Pfarrers in Sessenheim und weiland Maria Magdalena, einer geborenen Schoell ehelich erzeugte ledige Tochter in einem Alter von ungefähr 58 Jahren.“

Die Trennung Goethe hatte sich alles andere als elegant von ihr getrennt. Dem Verfasser seitenlanger Briefe fielen nur ein paar Zeilen ein, die er abschickte, als er längst wieder in Frankfurt war. Heutzutage hätte er wahrscheinlich eine SMS oder sowas geschickt. Friederike blieb ihr Leben lang unverheiratet und kümmerte

„Ein Strahl der Dichtersonne fiel auf sie, so reich, daß er Unsterblichkeit ihr lieh!“

sich zunächst um den Haushalt der Eltern. Ihrer Schwester vertraute sie kurz vor ihrem Tod Goethes Briefe, Gedichte und Geschenke an, über die sie nie mit jemandem gesprochen hatte. „Friederike war abgelebt, ohne zu altern", schrieb die Schwester in ihr Tagebuch.

Fünfzig Jahre nach der Beinahe-Affaire mit dem Dichter ersann Ludwig Eckardt, der als Hofbibliothekar in Karlsruhe arbeitete, die Zeilen für den Grabstein: „Ein Strahl der Dichtersonne fiel auf sie, so reich, daß er Unsterblichkeit ihr lieh!"

Goethe pubertär Ein Zweizeiler, der inzwischen auch für eingefleischte Chauvinisten zu arg klingt. Schon Goethes Erinnerungen an die erste Begegnung mit Friederike Brion waren nicht viel besser. Mit ihr ging „fürwahr an diesem ländlichen Himmel ein allerliebster Stern auf", erinnerte er sich. Der 21jährige hatte sich für ein paar Tage in die 18jährige verliebt und notierte weiter: „Das artige Stumpfnäschen forschte so frei in die Luft, als wenn es in der Welt keine Sorge geben könnte."

Aber warum ging das so schnell auseinander? Die Frage, der Heerscharen von Germanisten ohne greifbares Ergebnis nachgegangen sind, kann vielleicht hier und ganz einfach beantwortet werden. Lust- und Liebestöter waren Schnaken der Art *Tipulidae*, die sich auf das junge Glück stürzten. Goethe empört: „Die entsetzlichen Rheinschnaken waren eine unerträgliche Störung unserer schönsten Lustpartien."

Goethes Kurzzeitverlobte – Anna Schönemann

Insgeheim war der junge Mann, der in der „Causa Friederike" ein ziemlich pubertäres Verhalten an den Tag legte, den Schnaken vielleicht gar nicht böse. Goethe hatte ja so seine Probleme mit unverheirateten „disponiblen Frauenzimmern". Wenn wir dem Psychoanalytiker Kurt Eissler glauben wollen, hatte der Dichter

Das einzige Relikt der Zeit – Goethescheune in Sessenheim

„sein erstes Mal" überhaupt erst mit über vierzig Jahren auf der Italienreise. Ähnlich wie Friederike erging es wenig später der Frankfurter Bankierstochter Anna Elisabeth Schönemann, die es als Lili sogar zu Goethes Kurzzeitverlobten brachte.

Sie streicht ihm mit dem Füßchen übern Rücken;
Er denkt im Paradiese zu sein.
Wie ihn alle sieben Sinne jücken!
Und sie - sieht ganz gelassen drein.

Kein Wunder, daß Anna nach diesen Zeilen dann doch lieber einen aus Straßburg stammenden Bankier heiratete und fünf Kinder bekam. Der Rhein war damals alles andere als eine Grenze für den Bankier Bernard-Frédéric de Turckheim; erst war er Bürgermeister von Straßburg, später Finanzminister des Großherzogs von Baden.

Jetzt aber nach Sessenheim Heisst der Ort, zu dem die Elsässer Sähsene sagen, jetzt eigentlich Sessenheim oder Sesenheim? Goethe ritt immer nach „Sesenheim", aber der Bürgermeister Raymond Riedinger sagt: „Natürlich Sessenheim, aber wir selbst sagen Sähsem." Jetzt können Sie sich das aussuchen.

Als sich der Jurastudent Goethe in Friederike ver- und ebenso schnell wieder entliebte, führte das bei ihm zu einer Phase gesteigerter Schaffenskraft, allerdings nicht, was seine juristischen Studien anging, die angestrebte Dissertation schaffte er in Straßburg nicht. Dafür schrieb er die *Sesenheimer Lieder.*

„Sah ein Knab ein Röslein stehn,
Röslein auf der Heiden",

fiel ihm zur Pfarrerstochter ein und, schon auf dem Absprung, die oft zitierten Zeilen:

„Und doch, welch Glück, geliebt zu werden!
Und lieben, Götter, welch ein Glück!"

Gasthof mit Vergangenheit Die *Auberge au Bœuf* in Sessenheim verknüpft bis heute Goethe und Gastronomie. Der deutsche Schriftsteller Gustav Adolf Schwab und zwei Elsässer, der Ochsenwirt Gillig und Lehrer Loux hatten die Erinnerungsstücke an den Dichter gesammelt. Die Anfänge der Sammlung im Gasthaus gehen zurück ins Jahr 1899. Das Elsaß war deutsch und der Bœuf hieß *Zum Ochsen.* Seither werden dort Briefe, Bilder und Erstausgaben ausgestellt, auch die Kanzel, von der Friederikes Vater predigte

Gasthaus Ochsen 1929, später Auberge Au Bœuf

Der Maler *Henri Loux,* Sohn des Mitbegründers der Sammlung, war in Sessenheim aufgewachsen und selbst, wenn kaum ein Franzose ihn kennt, ist er allgegenwärtig im

Millionenfach aufgelegt – Geschirr von Henri Loux

Elsaß. Auch jeder deutsche Besucher hatte ihn mit Sicherheit irgendwann mal vor sich – auf einer Platte mit Choucroute garnie oder einem Teller mit Münsterkäse. Loux hat die Originale zu den millionenfach reproduzierten Trachten-Motiven auf diesem sehr bunten elsässischen Geschirr gemalt – oben das Bild eines Händlers mit Töpferwaren aus Soufflenheim. Wenn Sie mal solch einen Teller auf dem Flohmarkt finden, ist das ein schönes Andenken, vor allem, wenn der Teller noch die Marke der Steingutfabrik Utzscheider aus Sarreguemines trägt, also aus der Zeit kurz nach 1900 stammt. Im Bœuf wird dieses Geschirr seit langem nicht mehr benutzt.

Der spätere Bœuf-Eigentümer Wolfgang Sautter, 1923 geboren, gehörte zu jenen Jahrgängen junger Elsässer, die im Zweiten Weltkrieg völkerrechtswidrig von den Nationalsozialisten für die Wehrmacht zwangsrekrutiert wurden. *Malgré nous* – wörtlich übersetzt „Trotz uns“ im Sinne von „Gegen unseren Willen“ nannten sie sich. Mehr als

Zwangsrekrutiert von der Wehrmacht – junge Elsässer

Essen mit Erstausgaben – Auberge au Bœuf in alter Zeit

vierzigtausend dieser jungen Männer starben – rund ein Drittel aller Eingezogenen.

Sautter geriet in Russland in Gefangenschaft. Ihm gelang die Flucht, dann eine monatelange Fußwanderung, ähnlich wie im Roman-Film „Soweit die Füße tragen". Der Krieg war schon aus, als Sautter schließlich Tübingen erreichte, wo er seine Frau Nora kennenlernte und mit ihr ins Elsaß zurückkehrte. Es war alles andere als ein einfacher Start für das junge Paar. Kurz nach dem Krieg eine deutsche Frau und ein französischer Rückkehrer, von dem mancher argwöhnte, er sei sowieso ein Kollaborateur – ein Vorwurf, dem viele „Malgré nous" ausgesetzt waren.

Gekochte Kurzgeschichten Yannick Germain, der Enkel Sautters ist heute Chef im Bœuf, der einzige Sternekoch Frankreichs, der zugleich Museumsdirektor ist. Wer früher bei seiner Mutter reserviert hatte, war und aß zugleich im Goethe-Museum. Heute sind Museum und Restaurant räumlich getrennt, was ich schade finde, es hatte etwas, flambierte Nierchen neben der Erstausgabe von *Dichtung und Wahrheit* zu verspeisen.

Stammtisch 2.0 – im Sessenheimer Sternerestaurant

Statt Nierchen oder Forellen werden inzwischen ganze Geschichten serviert, zum Beispiel die *Histoire d'une Truite Fario et un Oeuf Fermier en Alsace du Nord*. Und das heisst im Einzelnen: eine leicht geräucherte Forelle, Kartoffelschaum mit einem Hauch Meerrettich, in Melfor-Essig pochierten Eigelb und das Ganze abgeschmeckt mit Liebstöckel und Zitronenkaviar. Fast noch appetitanregender klingt das im Original: *Truite légèrement fumée, Emulsion de Pomme de Terre au Raifort, Jaune d'un Oeuf cuit au Melfor, Livêche et Citron Caviar.*

Brot und Butter – aber wie!

Am kapitalen Stammtisch, mit dem Germain die Tradition der Dorfgaststätte im Sternelokal belebt, kann man bei einem kleinen Menü aus Hauptgericht und Nachtisch erste Erfahrungen mit dem Bœuf

Immer offen –
Memorial Goethe in Sessenheim

machen – aber nur mittags von Donnerstag bis Samstag.

Nach der Einkehr Nach dem Mittagessen bietet sich ein Rundgang auf Goethes Spuren an. Von der Scheune des Pfarrhofs geht es zunächst zur Kirche mit den an der Südseite eingemauerten Grabsteinen von Friederikes Eltern. Dann vom Rathaus, wie anders als durch die Rue Goethe, in Richtung eines Wäldchens zur, wie anders als Goethe-Eiche. Der durchweg ausgeschilderte Rundweg ist etwa sechs Kilometer lang.

Wer eine längere Tour vorhat, könnte sich zunächst in der Patisserie von Mikaël Gramfort mit Wegzehrung eindecken. Auch das geht literarisch, es gibt dort eine *Gourmandise de Goethe*, einen Kuchen mit Mandeln, in Fleur de Bière eingelegten Pflaumen, überzogen mit einer Marzipanschicht, auf der Goethe abgebildet ist. So versorgt sollten auch die weiteren fünf Kilometer in die Töpferhochburg Soufflenheim kein Problem sein.

An den Wochenenden herrscht dort Touristenrummel pur mit Töpferware für Gugelhupf, Baeckeoffe, auch Sauerkrautplatten für Gesellschaften von zehn und mehr Personen sind zu haben. Das Geschäftsmodell von Soufflenheim so erfolgreich wie überschaubar. Frau findet hier immer wieder etwas, was sie schon hat – nur noch nicht in dieser anderen Farbe.

Typenvielfalt sorgt für Kundschaft –
auch in Soufflenheim

Ob Goethe die Töpferei

Diensthabend – Evian, Wachhund der Töpferei Friedmann

Friedmann, den ältesten Betrieb in Soufflenheim besucht hat, ist zwar nicht bekannt aber rein rechnerisch möglich. Seit 1802 besteht der Betrieb, er wurde also dreißig Jahre vor Goethes Tod gegründet. Sabine, geborene Friedmann und Joseph Pfister führen das Unternehmen heute in siebter Generation. Der neugierige Evian überwacht das Ganze – nicht der Sohn, der Hund.

❖❖❖

Evangelische Kirche Meißenheim, Pfarrstraße, 07824 2232

Musée Goethe à l'Auberge au Bœuf, 1 Rue de l'Église, 0033 388 869 714

Auberge au Bœuf, Sessenheim, 1 Rue de l'Église, 0033 388 869 714

Patisserie Mikaël Gramfort, Sessenheim, 5 place de la mairie 0033 388 099 073

Friedmann, Soufflenheim, 3 Rue de Haguenau, 0033 388 866 121

Oase für Kunst – Museum Frieder Burda, Architekt Richard Meier

20

Nach Baden-Baden. Meine zwanzigste Kultour, in der zwei Prinzessinnen zur Ansicht nach Russland geschickt wer den, in der W odka nicht mehr durch Edelsteinstaub gefiltert wird und unser aller Sissi den Bäcker Rumpelmayer nur als Antoine kennt.

Baden-Baden mondän

Nachdem der Pfarrer Johann Peter Hebel wieder mal einen seiner Ausflüge nach Baden-Baden gemacht hatte, schrieb er 1812 in einem Brief, man sei hier „in einer ganz anderen Welt. Überall Glanz, Wohlleben, Müßiggang, Geldspiel, Könige, Fürsten, Grafen, Professoren, Juden, Komödianten untereinander".

Eine viel geübte Strategie im Gerangel um Prestige und Status oder auch um Gäste ist das Namedropping. Wer nach Baden-Baden kommt, dem werden die Namen bis heute nur so um die Ohren gehauen: Natürlich russische Autoren wie Dostojewski und Turgenjew, natürlich Komponisten wie Johannes Brahms, Franz Liszt und Hector Berlioz, natürlich Maler wie Delacroix und Courbet.

Am besten lesen Sie erstmal Fjodor Dostojewskis *Spieler* und Iwan Turgenjews *Rauch* – nach diesen zusammen rund 500 Seiten wissen Sie über das alte Baden-Baden schon recht viel. Und stets weiß auch jemand zu erzählen, wem was wann passiert ist, wo wessen Ehrengrab ist und wer wo gewohnt

Fremder Rücken – Adolphine Herpp (Stadtmuseum Rastatt)

hat; Turgenjew erst in der Schillerstraße 16, dann, was ebenso egal ist, in der Fremersbergstraße 47. Oder daß Gogol erst im „*Darmstädter Hof*" wohnte und später im „*Holland*" in der Sophienstraße 14.

Statt zu erzählen, wer wann in welchem Haus gewohnt hat, erlaube ich mir lieber den Hinweis auf eine weitgehend unbekannte Malerin, die 1923 in Baden-Baden gestorbene Adolphine Herpp. Tochter eines Kreisregierungsrevisors aus Gengenbach im Kinzigtal. Mit ihrem Talent, vor allem als Portraitmalerin, hätte sie auf eine der bekannten Kunstschulen gehört, aber das war damals für Frauen ein Ding der Unmöglichkeit. Wenn sie sich schon künstlerisch betätigen wollten, könnten sie doch sticken oder Ostereier bemalen, so dachten um 1900 nicht nur die Männer. Folgerichtig versuchte man die Künstlerinnen als „Malweiber" abzuwerten. Auch die staatlichen Akademien blieben den Frauen verschlossen. Immerhin, wer aus vermögendem Hause kam, konnte Privatunterricht nehmen.

Adolphine Herpp hatte das Glück von Johann Wilhelm

Schirmer, dem Gründungsdirektor der Großherzoglich Badischen Kunstschule in Karlsruhe, unterrichtet und gefördert zu werden. Schirmer gehörte zur damals vielgerühmten Düsseldorfer Schule. Böcklin, Oswald Achenbach und später in Karlsruhe Hans Thoma gehörten zu seinen Schülern. Schon ab 1866 stellte Herpp ihre Bilder regelmäßig im Kunstverein Baden-Baden aus. Das Stadtmuseum in Rastatt ist im Besitz einer Mappe mit Zeichnungen und Skizzen von Landschaften und Frauenakten. Nackte Modelle im Atelier waren für die Damen tabu – offiziell jedenfalls, aber die Kunst sah das schon immer etwas freier.

Eigenes Portrait – Adolphine Herpp

Die verschickte Prinzessin Wie hat sich nun Baden-Baden zu dem entwickelt, was es heute ist? Seine heißen Quellen hatten es schon als Aquae in römischer Zeit zum Kurort werden lassen – zunächst allerdings nur für Soldaten und Veteranen. Den richtigen Aufschwung verdankt der Ort einer Liebe – richtiger gesagt einer eingefädelten Hochzeit. Katharina die Große hatte sich für ihren Enkel Alexander zwei badischen Prinzessinnen nach Russland bestellt – zur Ansicht sozusagen. Die gerade vierzehnjährige Luise von Baden hat sie dann behalten. Das Mädchen mußte zum orthodoxen

Luise von Baden als Zarin 1795

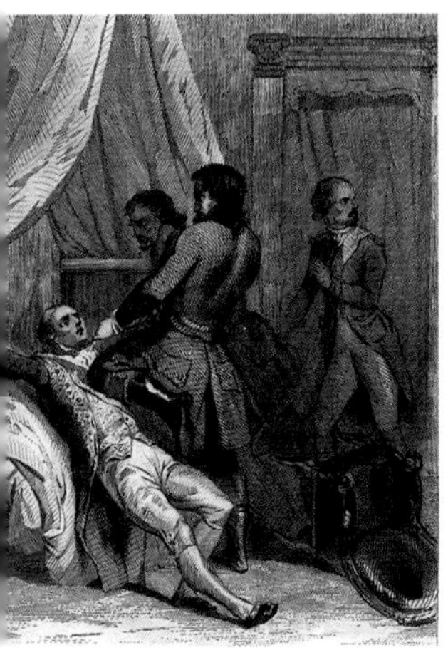

Attentat – Ermordung des Zaren Paul I.

Glauben übertreten und bekam den Namen Elisabeth Alexejewna. Als Frau von Zar Alexander I. war sie fast ein halbes Jahrhundert lang russische Kaiserin.

Ihr Schwiegervater Paul I., herzlich verhasst im Volk, in der Armee und beim Adel, war, sagen wir mal „in nicht nachweisbarem Einvernehmen" mit seinem Sohn ermordet worden. Wesentlich daran beteiligt waren die deutschstämmigen Generäle von Bennigsen und Peter Ludwig von der Pahlen. Als im Vorfeld Zweifel an der Tat aufkamen, beschwichtigte letzterer seine Mitverschwörer mit dem französischen Spruch: „Quand on veut faire une omelette il faut casser des œufs!"

Baden-Baden wird russisch Nach dem Sieg über Napoleon ließ sich Zar Alexander als Befreier Europas feiern, auch in Karlsruhe. Und Luise sah ihre badische Heimat als Elisabeth Alexejewna wieder. Begeistert schrieb sie nachhause: „Ich bin hier seit vier Wochen an einem der schönsten Orte der Welt." Und meinte Baden-Baden und nicht Karlsruhe. Das hatte Folgen.

Schon ab 1820 wurde es in Russland gute Sitte, nach Baden-Baden zu reisen. Die Gagarins und Menschikovs und viele andere Vertreter des Hochadels kauften Villen oder belegten mit ihren Familien und Bediensteten ganze Hotels. Um die Mitte des 19. Jahrhunderts war Baden-Baden ein kleines Städtchen, das im Winter fünftausend Einwohner hatte und im Sommer doppelt so viele; die Sommergäste kamen fast alle aus Russland. Da auch der spätere Zar Alexander II. den Sommer an der Oos verbrachte, gehörte sich das auch so für seine Adeligen. Man konnte durchaus den Eindruck gewin-

Zur Verklärung des Herrn – die russisch-orthodoxe Kirche

nen, daß Baden-Baden mindestens im Sommer die russische Hauptstadt war.

Grund genug für den Bau einer russisch-orthodoxen Kirche. Das war vor allem der Zaren-Enkelin Maria Maximilianowna zu verdanken war. Sie wusste schon damals, wie man solche Projekte ohne allzu viel eigenes Geld finanziert. In allen Hotels der Stadt hatte sie ihre Spendenlisten ausgelegt. Alleine schon wegen der Fresken, die nach Entwürfen des Malers, Architekten und Fürstensohns Grigorij Gagarin gemalt wurden, lohnt der Besuch. Während sich Michelangelo auf dem Rücken des Gerüsts liegend für die Fresken der Sixtinischen Kapelle geplagt hatte, war das für den Malerfürsten Gagarin unter seiner Würde. Er ließ nach seinen Entwürfen malen.

Bis zum Beginn des 21. Jahrhundert hatte sich die Anzahl der russischen Besucher deutlich gesteigert, auf gut 75.000 im Jahr 2013. Dann kam in der von Putin selbst so genannten „gelenkten Demokratie“ zunächst die Annexion der Krim, dann der Krieg gegen die Ukraine. Die Zahl russischer Besucher ging erst auf 40.000, dann, auch coronabedingt, auf 6.500 zurück. Unter den ausländischen Besuchern sind derzeit Fran-

Salon Pompadour im Casino Baden-Baden

zosen, Niederländer und Schweizer weitaus stärker vertreten.

Für Hotels und Geschäfte, die sich mit den Fremdsprachenkenntnissen ihres Personals, aber auch was Schmuck-Design, Getränkeauswahl und Preiskalkulation anging, zaristisch-oligarchisch positioniert hatten, ein ziemlicher Rückschlag. Nichts mehr mit dem Stück Schwarzwälder-Kirschtorte, das mit einem 500-Euro-Schein – „der Rest für Sie" – bezahlt wurde. Nichts mehr mit sechsstelligen Summen für eine Flasche *Diva Vodka,* dem mehrfach durch Edelsteinstaub gefilterten schottischen Wässerchen. Statt dessen nur noch *Wodka Gorbatschow* zu 8,49 Euro vom Discounter. Allerdings hat dieses seit 1921 in Berlin produzierte Getränk nichts mit dem Ex-Präsidenten zu tun. Es hat seinen Namen von Lew Gorbatschow, einem 1917 ins Deutsche Reich geflohenen Eigentümer einer Wodkadestillerie.

Das Pflichtprogramm Ein Besuch in Baden-Baden gilt nur als abgeleistet, wenn wir mindestens über einen alten Fuhrweg, der heute Lichtentaler Allee heisst, gebummelt sind, in der Spielbank unseren Obolus abgegeben und eine Aufführung des Festspielhauses miterlebt haben. Wahrscheinlich kostengünstiger wäre es, statt der Spielbank das Burda Museum zu besuchen und die russisch-orthodoxe Kirche – alles zusammen

Integriert ins Festpielhaus – Halle des ehemaligen Stadtbahnhofs

kaum mehr als dreißig Minuten reine Wegstrecke.

Beginnen wir beim Festspielhaus, mit 2.500 Plätzen eines der größten Häuser in Europa. In der bis zum Bürgerentscheid umstrittenen Planungsphase war lange nicht klar, ob man es aus späterer Sicht mit einem „Jahrhundertwerk" oder einem „Millionengrab" zu tun haben werde. Zunächst ließ sich alles gut an. Die reinen Baukosten in Höhe von 48 Millionen Euro wurden, so etwas kennt man heutzutage bei größeren Bauvorhaben überhaupt nicht mehr, um 6 Prozent unterschritten. Geschafft hat das der Stuttgarter Ingenieur Walter Veyhle, der die Pläne des Wiener Architekten Wilhelm Holzbauer kostenbewusst umsetzte. Und auch die regionalen Unternehmen profitierten, denn 70 Prozent der Auftragssumme sollten in der Region bleiben. An sich also gute Voraussetzungen für allgemeine Akzeptanz.

Doch dann überteuerte Eintrittskarten und Managementfehler. Karten mußten verramscht werden, damit überhaupt ein paar Besucher den hochklassigen Orchestern und Solisten zuhörten. Geschäftsführer und künstlerischer Leiter werden entlassen. Das Haus steht nach drei Monaten vor der Insolvenz. Der ganze Laden wird für einen halben Euro an die Stadt Baden-Baden verkauft.

Mißglückt – Attentat auf Wilhelm I. in der Lichtentaler Allee

Die Rettung kommt von Privatpersonen, die eine Kulturstiftung *Festspielhaus Baden-Baden* gründen. Die Stadt ist natürlich heilfroh, als sie ihre 50-Cent-Investition wieder loswerden kann. Dabei hilft auch ein eingetragener Verein, dessen Mitglieder jedes Jahr ein paar hunderttausend Euro aufbringen. Seit 2002 werden für den Spielbetrieb keine öffentlich Gelder mehr benötigt – die große Ausnahme im europäischen Opern- und Konzertbetrieb. Kurz: Der Trend geht inzwischen eher in Richtung „Jahrhundertwerk".

Flanieren und Schießen Über die Lichtentaler Allee darf man auch bummeln ohne Aufsehen zu erregen. William, the 12th Duke of Hamilton tat genau das Gegenteil. Nach einer verlorenen Wette führte er hier ein Kalb mit einem blauen Halsband spazieren. Seine Mutter, Prinzessin Marie Amelie von Baden, hätte das nicht schicklich gefunden. Erst recht nicht das Attentat auf den Preußenkönig Wilhelm I., den späteren Kaiser, der das mit einem leichten Kratzer überlebte.

Der König selbst hat an diesem 14. Juli 1861 kurz darauf eine Aktennotiz verfasst: „Früh um halb 9 Uhr, ging ein junger, ungefähr 20jähriger Mann bei mir vorüber und grüßte mich auf eine besonders freundliche, fast herzliche Art, indem er den Hut abnehmend, denselben mehrere male grüßend senkte. Vielleicht 150 Schritte jenseits des Hirtenhäuschens fiel ein Schuß in solcher Nähe, hinten auf mich, daß ich sofort einen Schmerz an der linken Seite des Halses fühlte, eine Dröhnung im ganzen Kopfe empfand und mit der linken Hand sogleich nach der verletzten Stelle griff, ausrufend: Mein Gott, was war das! - Ich sah jungen Mann ganz ruhig hinter uns auf drei Schritte stehen. Graf Flemming fragte ihn: Wer hat hier geschossen? Worauf der Mann ganz gelassen erwiderte: Ich habe auf den König geschossen.“

Zum Glück nur mit einem Terzerol, einer doppelläufigen Vorderlader-Pistole, einer Waffe, die damals auch in Weinbergen als Schreckschusspistole gegen Stare benutzt wurde. Der Attentäter, ein Student aus Leipzig, hatte geglaubt, daß der König sich nicht genug für die deutsche Einigung einsetze. Zu einer langen Freiheitsstrafe verurteilt, wurde er nach ein paar Jahren vom König begnadigt. 1871, nach der Proklamation zum Kaiser, die in Versailles stattfand, hatten Wilhelm und sein Bismarck die Einheit des Reiches durchgesetzt. Das konnte der Attentäter nicht mehr miterleben. Er starb mit 29 Jahren auf einer Reise nach Ägypten.

Ein Paar, zwei Cafés Zwei ältere Damen, verfeindete Schwägerinnen und Gesellschafterinnen eines florierenden Unternehmens aus dem Elsaß, ließen sich, um Geld zu sparen, gemeinsam einmal in der Woche vom Chauffeur im Firmen-Mercedes nach Baden-Baden fahren. Zum Ein-

Frühling auf der Lichtentaler Allee

Und wo bleiben die Damen – im Café König

kaufen trennten sich ihre Wege, auch den Kaffee trank das ungleiche Paar getrennt. Die eine im *Café König*, die andere im *Café Rumpelmayer*; beide Häuser gehören heute zum Imperium von Christine und Volker Gmeiner, deren Torten und Confiserie-Spezialitäten, höchst empfehlenswert, man inzwischen an zahlreichen Standorten entlang des Oberrheins bekommt.

Nach dem getrennten Café-Besuch fuhren unserer Schwägerinnen wieder gemeinsam nachhause. Wenn die Mehrheitsgesellschafterin einmal nicht mitfahren konnte, ließ sie ihre Schwägerin in einem VW-Käfer abholen. Die stieg dann an der Stadtgrenze in ein Taxi, „damit es nicht zu billig aussieht für Baden-Baden".

Das war mal ein Konditor und Bäcker, dieser Anton Rumpelmayer aus Bratislawa! In die Welt zog er und eröffnete Cafés in London und Sankt Moritz . Seine französischen Kunden in Nizza und Cannes kannten ihn nur als Antoine. So auch die bayerische Prinzessin Elisabeth Amalie Eugenie von Wittelsbach und spätere Kaiserin, unsere Sissi, die seine Leckereien zu schätzen wusste. In Wien hat sie dann Rumpelmayer persönlich den Titel des k.u.k. Hoflieferanten verliehen.

Simon Rattle und Frieder Burda vor Anselm Kiefer

Malen und häkeln Die Sammlung von Frieder Burda gehört, gerade mit den von ihm geliebten Heroen Gerhard Richter und Sigmar Polke, zu den renommiertesten – nicht nur in Europa. Doch dann kam 2022 das monumentale Korallenriff von Margaret und Christine Wertheim, die nicht einmal selbst gehäkelt haben, sondern häkeln ließen. Wohl gedacht als Hommage an die weibliche Hausarbeit, produziert von „einer kunsthandwerklich erfahrenen Mitwirkendengruppe". Bis heute habe ich nicht verstanden, warum die Landfrauen von Kippenheimweiler nicht in das Projekt eingebunden wurden. Gescheitert ist das wohl daran, daß deren Häkelprojekt nicht in vertraxeltem Vernissagendeutsch medial begleitet wurde.

In Baden-Baden hieß es: „Auch eine mathematische Dimension steckt in dem Projekt, denn viele bei Meeresorganismen und ihren gehäkelten Geschwistern anzutreffende Rüschenformen fußen auf der hyperbolischen Geometrie, die gegenüber der euklidischen Spielart…". Ergänzen dürfen Sie diesen Satz wie Sie wollen.

Ansonsten lohnte sich bisher immer der Besuch im Museum, seien es die Sonderausstellungen, seien es die mit Herz

Gesamtkunstwerk – Museum Frieder Burda, Baden-Baden

und Kopf zusammengetragenen Bilder des Mäzens selbst.

Zuhause in Offenburg hatten Frieder Burdas Eltern deutsche Expressionisten aufgehängt, Kirchner, Macke und Schmidt-Rottluff. Und das hatte Folgen, wenn man die Sammlung des Sohnes betrachtet. Mit Jackson Pollock, Mark Rothko und Willem de Kooning war es die nachfolgende Generation der dann abstrakten Expressionisten, die er bevorzugte. Aus Deutschland kamen noch Richter, Polke und Baselitz dazu.

Nur, angefangen hatte es ganz anders, mit einer einfarbigen und zerschnittenen Leinwand von Lucio Fontana, der das damals *Concetto Spaziale* nannte. Nach der vierten Dokumenta in Kassel – und aus heutiger Sicht sehr preiswert – hatte Burda das Bild bei einem Schweizer Kunsthändler erworben. Das war 1968, im Todesjahr Fontanas.

Frieder Burda hatte damals 3.500 Mark für das Bild oder, um mit Fontana zu sprechen, das „Raumkonzept" bezahlt. Bei einer Lempertz-Auktion im Jahr 2005, Los Nr. 881, wurde ein vergleichbarer Fontana aus dem Jahr 1967 bei einer halben Million Euro zugeschlagen. Burda hat die Sammlung vor seinem Tod in die Museums-Stiftung eingebracht. Er könne

Natürlich-hyperbolisches Raumkonzept – vor dem Museum

der Familie doch nicht die Bilder hinterlassen, sagte er in einem Handelsblatt-Interview: „Rechnen Sie bei den aktuellen Richter-Höchstpreisen mal aus, was da bei 30 Gemälden für astronomische Summen an Erbschaftsteuer herauskämen. Das würde auch den Ruin dieses Museums bedeuten."

Stadtmuseum Rastatt, Herrenstr. 11, 07222 9728401

Café König, Baden-Baden, Lichtentaler Str. 12, 07221 23573

Confiserie Rumpelmayer, Baden-Baden, Kaiserallee 1 a, 07221 23989

Museum Frieder Burda, Baden-Baden, Lichtentaler Allee 8 b, 07221 398980

Festspielhaus, Baden-Baden, Beim Alten Bahnhof 2, 07221 3013101

Anna Netrebko vor Franz Marc

DAS GOLDENE TOR

MONATSSCHRIFT FÜR LITERATUR UND KUNST

Herausgeber: Alfred Döblin

Aus dem Inhalt

HEFT 1

Jahrgang 1 RM 2.- September 1946

VERLAG VON MORITZ SCHAUENBURG in LAHR

21

Baden-Baden. Meine einundzwanzigste Kultour, in der Dostojewski und Turgenjew keine ziemlich besten Fr eunde sind, Mark Twain die Geschäftsleute von Baden-Baden verachtet und Jacques Bénazet die Spielbank in Schwung bringt.

Baden-Baden literarisch

‚Ein Graf!' wiederholte Kätti voll Bewunderung. ‚Werden Sie sich mit dem verheiraten?'

‚Weshalb denn nicht? Erst reisen wir zusammen auf ein paar Monate nach Baden-Baden.'

Kätti kannte den Ort aus ihren Geographiestunden.

‚Nicht wahr', sagte sie, ‚da, wo die vornehmen Leute hinreisen und ihr Geld verspielen?'

Die andre nickte.

So der Mädchentraum und zugleich die Kurzcharakteristik der Stadt von Theodor Storm in seiner Novelle *Zur Wald und Wasserfreude.* Wer Baden-Baden literarisch angehen will, kann sich nur Ärger einfangen. Warum so viel, aber immer noch zu wenig über die russischen Autoren, warum fast nichts über Lokalmatador Rolf Schneider und warum, bis auf weniges, nichts über den Verleger Johann Friedrich Cotta, der allein an Goethe umgerechnet 2,5 Millionen Euro Auto-

Johann F. Cotta

renhonorar zahlte – von Zahlungen an seine sonstigen Star-Autoren von Schiller über Alexander von Humboldt bis zu Jean Paul nicht zu reden. Mit Büchern wurde Cotta, der auch Mathematik studiert hatte, so reich, daß er in Baden-Baden ein altes Kloster als *Badischen Hof* zum ersten Luxushotel umbaute. Da schadete auch mal eine verlegerische Fehleinschätzung wenig. Mit einer der ersten Frauenzeitschriften *Amaliens Erholungsstunden – Teutschlands Töchtern geweiht* produzierte er einen Flop.

Hymnendichter Zu den ersten russischen Literaten, die nach Baden-Baden kamen, gehörte der vielfach begabte Wassili Schukowski, meist wird er nur als Lyriker angeführt, viel zu wenig, denn als Zeichner und Übersetzer – etwa von Schiller, Goethe und Byron – ist er nicht weniger bedeutend. Seinen größten Einfluss aber hatte er als Erzieher des späteren Zaren Alexander II. Schukowski dichtete in Baden-Baden Text für die Hymne „Gott schütze den Zaren!" Als Bezwinger der Hochmütigen und Beschützer der Schwachen solle sich der Herrscher erweisen. Von 1833 bis 1917 durfte der Text in Russland so gesungen werden. Dann wurde es fünf Jahre lang deutlich revolutionärer *Lasst uns die alte Welt verdammen* bevor man bis 1944 *Die Internationale* hervorholte.

Wassili Schukowski

Alexander Puschkin

Der Nationaldicher Natürlich hatte auch Alexander Puschkin – der russische Nationaldichter, wie er auch genannt wurde – Baden-Baden schon früh besucht. Immer wieder wurde er auf sein wenig russisches Aussehen angesprochen. Dann erzählte er stolz von seinem Urgroßvater Hannibal, einem afrikanischen Sklavenjungen, den Zar Peter der Große als Geschenk bekommen hatte. Der Zar entschied sich, die Patenschaft für das Kind zu übernehmen und ermöglichte ihm eine Militärkarriere, die Hannibal zum Gouverneur von Estland machte. Mit „seinem" Zaren Nikolaus I. hatte der Dichter weniger Glück. Nach seiner Rückkehr aus der Verbannung übte der Zar persönlich die Zensur über die Werke des Freigeistes aus. Über das russische Reich hieß es zu jener Zeit, es gebe mehr Zensoren als Bücher.

Iwan Turgenjew

Der deutsche Russe „Hier spürt man die russische Seele", schrieb Puschkin über Baden-Baden. Turgenjew spürte jedoch auch die deutsche Seele. Er fühlte sich wie zuhause und bekannte gegenüber Dostojewski: „Ich betrachte mich nicht mehr als Russen, sondern als Deutschen und bin stolz darauf." Wesentlicher Grund für die gegenseitige Verachtung – hier der nach Westen orientierte Intellektuelle und dort der slawisch orientierte romantische Nationalist.

Blank und barfuß – Dostojewski nach Besuch der Spielbank

Und was mit Ibrahimovic und Kirilenko sei, wurde meine Madame von ihren Schülern bei einem Ausflug nach Baden-Baden gefragt. Nun zeigte sich, daß dreißig Jahre Sportfernsehen mit NBA-Basketball und Champions-League nicht umsonst waren.

Nicht jeder, der russisch schreiben könne, müsse auch Schriftsteller sein, erklärte sie. Vor allem nicht, wenn sich der Name zwar osteuropäisch anhöre, er aber, wie „Ibra", schwedischer Fußballer sei. Und Kirilenko sei ebenfalls Sportler, sie kenne ihn von den Utah Jazz und der sei inzwischen amerikanischer Staatsbürger.

Poet des Totalverlusts Fast überall in Baden-Baden sehen wir die Statuen der russischen Schriftsteller. Die von Dostojewski blickt in Richtung der Spielbank und steht auf dem Platz der Badischen Revolution. Die fast drei Meter hohe Statue zeigt den Dichter ohne Schuhe und Strümpfe und in dem zu kurzärmligen Mantel, der ihm nach einem Totalverlust in der Spielbank noch geblieben war. Das von ihm als unfehlbar propagierte Roulette-System hatte sich als fehlbar erwiesen. Und Schuld waren die Deutschen: „Was man hier für Spitzbuben und Gaunern begegnet! Ein garstig Volk, weit unanständiger und schlimmer als das unsere", schrieb er.

Die Verbindungen zwischen Dostojewski und der Badischen Revolution hatten ihn nicht nur Geld, sondern fast sein damals noch junges Leben gekostet. Dostojewski war 28 Jahre alt, als er sicher war, am 22. Dezember 1849 auf dem Paradeplatz der Semjonowski-Garde als Aufrührer erschossen zu werden. Mit vierzehn weiteren Gesinnungsgenossen, alle Mitglieder eines Kreises, der den Ideen des Sozialreformers Charles Fourier und den Freiheitsidealen der republikanischen Revolten von 1848 nahestand, war die Gruppe von einem Agent provocateur bespitzelt und verraten worden. Sie hatten das Glück, daß es sich um eine Scheinhinrichtung handelte.

Dostojewski als 26jähriger

Dostojewski wurde nach Sibirien verschickt und zu vier Jahren Zwangsarbeit in Ketten verurteilt. Da hatte er nochmal Glück, denn der Zar selbst änderte das Urteil von acht Jahren handschriftlich in „4 Jahre, danach gemeiner Soldat“. Mit Hilfe hochgestellter Freunde erlangte er später seine Bürgerrechte zurück und durfte auch wieder veröffentlichen.

Innerhalb weniger Tage, und nachdem er mal wieder einen Vorschuss seines Verlegers verspielt hatte, schrieb Dostojewski den Roman *Der Spieler*, für den er nicht recherchieren musste. Seine Spielsucht und die Beobachtungen der verschiedenen Spielertypen diktierte er der zwanzigjährigen Anna Snitkina, die bald darauf Frau Dostojewskaja wurde.

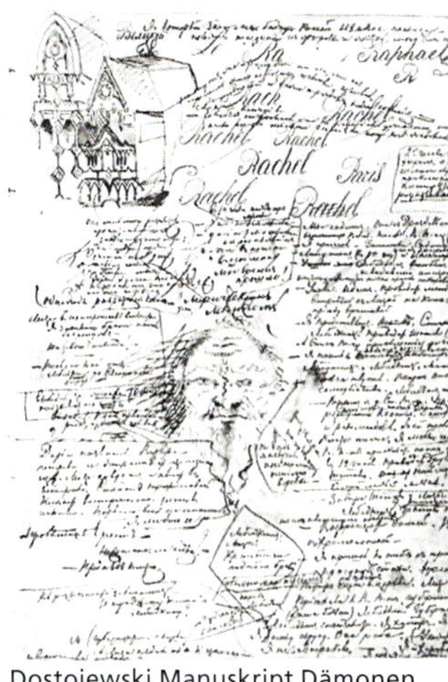

Dostojewski Manuskript Dämonen

Ein Buch in einem Satz: „Und dieses einzige Mal an dem ganzen Abend, während des ganzen Spiels, überfiel mich eisige Angst, meine

Anna Snitkina, spätere Dostjewskaja

Hände zitterten, und ich wankte in den Knien. Entsetzt fühlte und begriff ich augenblicklich, was es für mich hieße, jetzt zu verlieren."

Übrigens: Die größte bekannt gewordene Auszahlung erspielte sich, noch zu D-Mark-Zeiten, ein Chilene, der rund 3 Millionen Mark gewann. Weit öfter aber gilt der Satz, den Leo Tolstoj in sein Tagebuch schrieb: „Roulette bis sechs Uhr abends. Alles verloren."

Historisch pausieren Bevor die Literatur mit Leonid Zypkin gleich richtig schwer verdaulich wird, sollten wir uns eine Pause gönnen, was in Baden-Baden zwischen all den schicken und micken Lokalen schwierig genug ist. Zwischen Fußgängerzone und Marktplatz liegt die *Weinstube im Baldreit.* Ein Platz ist aber nur zu bekommen, wenn man vorher angerufen hat. Im historischen Innenhof oder Gewölbekeller bietet das Team von Nicole und Philippe Fouillé solide, teils auch kreativ abgewandelte Küche. Der rheinische Klassiker *Himmel un Äad* wird badisch serviert, mit Bratkartoffeln statt Kartoffelbrei, Apfelscheiben statt Apfelmus; nur die krosse Blutwurst erinnert an die Kölner Verwandtschaft. Wildkreativ wird es mit Leberwurst und Trauben auf dem Flammkuchen.

So gestärkt können wir uns Leonid Zypkin widmen. Nicht einen Satz seines Buches „Ein Sommer in Baden-Baden" hätte er am Stück diktieren können. Fast vier Jahre lang hatte er an dem Text gefeilt, dann aber keinen Verlag gefunden. Durchaus nachvollziehbar, denn das Buch mit seinen überlang-komplizierten Sätzen und geschrieben auf einer Schreibmaschine, bei der die Taste mit dem Punkt offensichtlich nicht funktionierte, kann man nur bei höchster Konzentration lesen. Der Rezensent der *Zürizytig* hat 34 Sätze gezählt, die sich über gut

Ausflugsziel für Mark Twain – Geroldsauer Tal, von J. W. Schirmer, 1855

300 Seiten ausbreiten. Für ein Beispiel möchte ich die nächsten 10 oder 12 Seiten nicht hergeben; in dem Fall dürfen Sie dann doch zu Google-Books greifen.

Lieber Land als Leute Stilistisch ein Gegenstück lieferte Mark Twain. Baden-Baden sei wunderschön, jedenfalls die schwarzbewaldete Umgebung und die Bäder, wenn bloß nicht die Menschen wären, klagte Twain 1878 in seiner Satire *Bummel durch Europa*. „Nachmittags und abends wimmelt dieser Ort von elegant gekleideten Leuten beiderlei Geschlecht, die an dem großen Musikpavillon vorbei auf und abwandeln und sehr gelangweilt aussehen, obwohl sie so tun, als wären sie es nicht." Der Gedanke ist auch heute nicht weit weg.

Der Kurort helfe vor allem gegen das Rheuma, das man sich in all diesen kaltnassen deutschen Häusern einfange. „Nach Baden-Baden fährt man mit Rheumatismus, der in den heißen Bädern ausgeschwitzt werden soll. Und im Jahr darauf kommt man genau deswegen wieder hin." Twain ist seinen Rheumatismus hier losgeworden, und „hätte gern etwas Ansteckenden zurückgelassen. aber das lag nicht in

Twain lästert und bummelt

meiner Macht." Seine Kurzfassung zu Baden-Baden: „Es ist ein fades Städtchen, überall trifft man auf leeren Schein, kleinlichen Betrug und Aufgeblasenheit – aber die Bäder sind gut."

Hoch gelobt wird die Stadt dagegen vom Schriftsteller Werner Bergengruen in den 1930er Jahren; er schwärmt von „der schwer vergleichlichen Anmut Baden-Badens" und von „der Huld klimatischer Verhältnisse und seiner altmodischen Eleganz." Kein Wunder, daß sich die Tourismuswerbung eher an Bergengruen orientiert, als an dem Amerikaner. Seltsam: Obschon Bergengruen in seinem christlich geprägten Humanismus nichts vom Nationalsozialismus hielt, hatten ihm die Nazis eine unbeschränkte Sondergenehmigung zum Publizieren erteilt, ihn aber parallel dazu aus der Reichsschrifttumskammer ausgeschlossen.

Grund dafür war unter anderem sein Millionenseller *Der Großtyrann und das Gericht*, der in Italien zum Ausgang des Mittelalters spielt und zunächst von NS-Rezensenten zum „Führerroman der Renaissance" hochgejubelt wurde, bis, ja bis man merkte, daß das Buch auch als elegant getarnte Abrechnung mit Hitler ausgelegt werden konnte. Da gab es die protzige Bauwut des Tyrannen, seine Kinderlosigkeit und einige Anspielungen mehr.

Bergengruens Arbeitszimmer im Literaturmuseum Baden-Baden

Bergengruen überlebte die NS-

Nach dem Krieg Kulturoffizier in französischem Dienst

Zeit in der „Inneren Emigration“, ohne wie viele seiner Kollegen nach Südfrankreich ins Exil zu gehen. Dort war mit Thomas Mann, Zweig, Schickele, Marcuse, Brecht und vielen anderen das kleine Fischerdorf Sanary-sur-Mer zur „Hauptstadt der deutschen Literatur“ geworden.

Was macht ein Kulturoffizier? Zu Döblin, der direkt nach dem Krieg als französischer Kulturoffizier in Baden-Baden arbeitete, fällt jedem von uns sofort der Alexanderplatz ein, aber dann? War das der Großstadtroman oder eher ein Sozialkrimi? Wer kann Figuren wie Mieze, Reinhold und Otto Lüders zuordnen? Wohl Fehlanzeige – bei mir jedenfalls. *Berlin Alexanderplatz* scheint so etwas zu sein wie Umberto Ecos „Der Name der Rose“ – oft gekauft und verschenkt, selten gelesen.

Vom Mediziner Alfred Döblin, der mehr und mehr zum Schriftsteller geworden war, erhoffte sich die französische Besatzungsmacht Hilfe bei der sogenannten Umerziehung, der *Ré-Éducation* der Deutschen. Döblin war vor den Nazis schon früh nach Paris ins Exil geflohen und hatte dort Texte für die antideutsche Propaganda geschrieben.

DAS GOLDENE TOR

MONATSSCHRIFT FÜR LITERATUR UND KUNST

Herausgeber: Alfred Döblin

Aus dem Inhalt

FERDINAND LION	Fragmente über Heine
FRIEDRICH HIRTH	Neue Briefe Heine, Sand
LUDWIG MARCUSE	Geschichte des Heinedenkmals
ALFRED DÖBLIN	Die Utopie von 1933 und die Literatur
HERMANN KESTEN	Oberst Kock
ERICH BROCK	Die französischen Moralisten
SAINT-OMER	Pariser Brief
GABRIELE TERGIT	Londoner Glossen

HEFT 2

Jahrgang 1 — Okt./Nov. 1946

Döblins literarische Arbeitsnachweise

Als die Deutschen dann ganz Frankreich besetzten, floh er weiter in die USA und landete, wie viele seiner Kollegen, zum Beispiel auch Heinrich Mann, als Drehbuchautor bei Metro Goldwyn Mayer – für die Filmgesellschaft war das eher ein Sozialprojekt, denn keines seiner Drehbücher wurde verfilmt: „Viel zu intellektuell.“ Aus den Vereinigten Staaten holten ihn die Franzosen in die Hauptstadt ihrer Besatzungszone. Döblin kam mit der Bahn in Baden-Baden an:

Temples Erstling Seul à Bord

„Wir fahren durch einen Ort Ottersweier, ich lese auf einem Blechschild ‚Kaiser's Brustkaramellen‘, friedliche Zeiten, in denen man etwas gegen den Husten tat. Der Bahnhof ist fürchterlich zugerichtet; viele steigen um: Baden-Baden; ich bin am Ziel.“

Temples gute Geschäfte mit Franz Burda – Lyrik gegen Zeitungspapier

Das Goldene Tor Döblins Hauptaufgabe bestand in der Herausgabe der Literaturzeitschrift *Das Goldene Tor*, benannt nach der Meerenge, die den Pazifik mit der Bucht von San Francisco verbindet. Seine Anstellung gab ihm so die Möglichkeit, viele seiner ehemaligen Mit-Exilanten wieder zu veröffentlichen und mit kleineren Honoraren zu unterstützen. Im *Goldenen Tor*, gedruckt im Lahrer Schauenburg Verlag, schrieb er das Who-is-Who der deutschen Literatur. Feuchtwanger, Heinrich Mann, Brecht, Borchert und Robert Musil, gemeinsam mit Franzosen wie Jean Cocteau, Paul Valéry und André Gide.

Zu Döblins Kollegen gehörte der Presseoffizier Frédéric-Jacques Temple, Poet und Übersetzer aus Montpellier. Zuletzt hat er in einem Dorf bei Sommières gelebt, wo er sich immer wieder mit Lawrence Durrell und Henri Miller getroffen hatte. In Durrells Haus, so erzählte er mir während eines langen Gartennachmittags, „vertrödelten wir die goldenen Nachmittage und Abende wie chinesische Philosophen und führten

Döblin-Gedenktafel in Housseras

endlose Debatten über das hypothetische Buch, von dem wir wussten, daß es nie geschrieben wird".

Temples erster Gedichtband „Seul à bord" ist übrigens in Deutschland erschienen: 1945 als Privatdruck bei Franz Burda in Offenburg. Temple ist sich noch heute sicher, daß ohne sein damals einflussreiches Amt – er kümmerte sich auch um die Papierzuteilungen für Verlage und Druckereien – dieses Bändchen nie erschienen wäre. „Franz Burda hat mir einen guten Preis gemacht," sagt er und deutet mit der linken Hand eine Null an.

Döblin starb in Emmendingen, aber sein Grab befindet sich in Housseras in den Vogesen, wo schon sein Sohn beerdigt worden war. Erst lange nach dem Tod des Sohnes stellte man anhand alter Unterlagen fest, daß dieser auf dem Gebiet der Wahrscheinlichkeitsrechnung, ein genialer Mathematiker gewesen war. Er hatte sich umgebracht, weil er als Jude und französischer Soldat Angst vor der Gefangennahme hatte. „Mort pour la France" steht auf der Grabplatte. Daß er als Deutscher auf der französischen Seite kämpfte, wäre ihm

Döblin Gedenkstein vor der Psychiatrie in Emmendingen

als Fahnenflucht ausgelegt worden, deshalb auch der andere Vorname. Auch Döblins Frau Erna, die kurz nach dessen Tod Selbstmord beging, liegt in Housseras begraben.

Literaturmuseum/Stadtbibliothek, Baden-Baden, Luisenstraße 34, 07221 932251.

Weinstube im Baldreit, Baden-Baden, Küferstraße 3, 07221 23136

Danke

In der zeitlichen Reihenfolge der Kontakte

Irina Bruder für die Zeichnungen der Karten auf den Innenseiten des Umschlags

Klaus Schmückle für das Umschlagfoto

Rainer Ehrt für Portraits von Tommi Ungerer, Voltaire und Friedrich dem Großen

Jean-Luc Bredel für Bilder und Informationen zu Lothar von Seebach

Daniel Frisch, Günter und Ute Grass Stiftung, für die Moscherosch Zeichnung von G. Grass

Wolfgang Weber vom Heimatverein Neusatz für ein Bild von Eugen Seelos

Hans Holenweg-Biedert, dem Stifter des Böcklin-Archivs, für Hintergrundinformationen zum Bild „Zerstörtes Haus bei Kehl"

Gaby Hauptmann, Schriftstellerin, für Familiengeschichtliches und Bilder ihres Großvaters Karl Hauptmann

Ulrich Marx, Fotograf und Inhaber von Marx-Galleries in Offenburg, für eine ganze Reihe von Bildern

Marcus Benz vom EOS Buchantiquariat Zürich für „viel Balzac"

Klaus Brodbeck vom Förderverein der Grimmelshausen-Freunde für Hinweise und ein besonderes Adressverzeichnis

Jasper Warzecha, Kurator am Kunstmuseum Basel, für Hilfe bei der Recherche zu Böcklin

Veronika Richter für Informationen über die Landfrauen

Hansjörg Schneble für Material aus dem Epilepsie-Museum in Kork

Daniel Steck, dem Präsidenten des Deutsch-Französischen Wirtschaftsclubs, für Informationen zum Unternehmen De Dietrich

Thorsten Meyer, von Dein-WAF, für Unterstützung bei der Bildbeschaffung

Juliana Eiland-Jung, Journalistin, für Informationen zu Elisabeth Walter

Stephan Hurst und **Maria Kott** für Bilder aus Kippenheimweiler

Ellen Fournier, Theater BAAL, für Bilder zur Lenz-Aufführung

Manuela Pätzold, Auktionshaus Eppli, für Bildrechte

Iris Baumgärtner, Leiterin des Stadtmuseums Rastatt, für Bilder und Informationen zu Adolphine Herpp

Philipp Hirth, Pressechef von Liebherr, für Informationen und Bilder

Jean Linnhoff, Colmarer Künstler, für Bilder und gute Kontakte

Sabine Berger, Stadt Renchen, für Informationen zu Grimmelshausen

Rudi Retsch, Museumsleiter, für zahlreiche Informationen über Turenne und eine Führung durch das Museum in Sasbach

Rita Eble, Oberin des Klosters Erlenbad, für eine beeindruckende Führung

Albrecht Geier, Rechtsanwalt, für ein kreatives Achern-Gespräch

Jasmin Seidel für eine Fotografie aus ihrem Bildband „Lost Places"

Dorothée Kuhnt für Bilder aus dem 19. Jahrhundert

Frieder Peter für zahlreiche Anregungen zu Straßburg, Kehl und dem Elsaß

Jean-Marie Woehrling, vom Centre Culturel Alsacien

Rosi Kast für ein Bild aus Straßburg

Brigitte Wilke für Informationen zu Lothar von Seebach

Adeline Beck für einen Termin, der wegen trauriger Umstände nicht statt - gefunden hat

Ana Carolina Gonzalez für Informationen zum Musée Vodou in Straßburg

Iris Rothe für ein Bild der Wirtschaftswunderfrau Aenne Burda

Stefanie Schwaiger vom Inlibris Antiquariat Wien für „viel Voltaire"

Franziska Dreher und **Ulf Tietge** für Bilder des Europäischen Forums am Rhein

Anne Junk, Kuratorin am Ritterhaus-Museum, für Bilder zu Offenburg

Bruno Metz, Bürgermeister, für Hinweise zur Stadtgeschichte Ettenheims

Thomas Dees, Museumsleiter, für zahlreiche Informationen und Bilder zu EttenheimJutta

Karlheinz Kluge, Schriftsteller, für Informationen zu den Offenburger Wandgemälden von Oskar Schlemmer

Peter Martens, Verleger für Bilder und gute Ideen

Petra Sepsy-Kaul, Kultur-Bloggerin, die eigens ins Straßburger Münster gegangen ist, um Geilers Hund zu fotografieren

Patricia Gütle und **Annette Belmadani** für Informationen und Bildern von den Badischen Stahlwerken

Katherina Lazarou und **Oliver Edelbruch** vom Auktionshaus Kaupp für Bilder von Karl Hauptmann und Emil Bizer

Burkhard Fiebig, Vorstand des August-Euler-Museums, für Bilder und Hin - weise

Maya Doetzkies, Bloggerin aus Zürich, für Bilder der Nadolny-Tontafeln

Anita Rüffer, Journalistin, für ein Bild von Andreas Benrath

Bei der Arbeit – Karl Hauptmann am Herzogenhorn

Nikolaus Sidler, emeritierter Professor für Soziologie an der Katholischen Hochschule Freiburg, für Klarstellungen zum Freiburger Münster

Karin Hauptmann, Grafikerin, für das Jugendbild ihres Großvaters Karl Hauptmann

Maryrose Grossman, Audiovisual Reference Archivist an der John F. Kennedy Presidential Library and Museum für Bilder von Ernest Hemingway. Kundenorientierter geht es nicht!

Hannes Lauber, BZ-Redaktionsleiter in Weil am Rhein, für ein Bild von Gustave Fecht

Jochen Dietel, Augustinermuseum Freiburg, für ein Bild von Johann Martin Morat

Till Neumann, der einen Hälfte von Zweierpasch, für Bild und Informationen

Gerlinde Hirschbühl, Museumsleiterin und Vorsitzende des Kunstvereins Gutach, für eine beeindruckende Sonderführung und Fotos

Anne-Christin Brehm und **Leona Lejeune**, Freiburger Münsterbauverein, für eine Rechenanleitung

Siegfried Kiefer, Wiesentäler Textilmuseum, für Fotos und Hintergrundin - formationen

Christian Kayser und **Ivan Kovacevic** von Kayser+Böttges Ingenieure und Architekten, für Fotos von der Renovierung des Freiburger Münsterturms

Thomas Kunz für das Bild des Freiburger Walfisches

Ulrich von Schauenburg für Bilder aus dem „Silbernen Stern" in Oberkirch

Michael Bode für das Foto von Linda Treiber aus Ettenheimmünster

Andrea Rinklin von A&E Guetermann für ein Bild von Carl Liebich

Andreas Huber von der Stadt Oppenau für ein Bild des Klosters Allerheiligen

Christian Gospos für eine Landschaft von Karl Hauptmann

Günter Franz Müller für Bilder aus Kehl

Roland Benetz und **Frank Lutz** für den Zugang zu den Bilder n von Oskar Schlemmer in der Kantine von Witzing&Frank

Werner Schmidt für das Foto „As tu un sponsor?"

Simone Vollmer von der Agentur Vollmone für ihr graphisches Know-How

Juliana Kappus vom Europapark für ein Bild von Tommi Ungerer

Tamara Schwenk für Bilder vom Vogtsbauernhof

Michael Remmert für Informationen zu den Europäischen Institutionen

Lutz Verstraten für das Foto der „Bratwurstabzweigung"

Inka Kleinke-Bialy von Tourist-Info in Nordrach für die Erklärung der „Bratwurstabzweigung"

Jürgen X. Albrecht und **Moritz Lang** für Freiheits-Grafiken

Sophie Mehl und **Alexis Toureau** für die Fotos der Collection Schlumpf, dem Musée Nationale de l'Automobile in Mulhouse

Rolf Bandl für Baden-Badener Abgründe

Claudio Labianca und **Stefan Armbruster** für die Bilder der Steinways im Schwarzwald

und am Schluss, aber nicht zuletzt
Wolfgang Abel für Geduld und ungezählte Hinweise – ach ja, und verlegt hat er das Buch ja auch noch.

Frühling, Emil Biter 1934

Pfad am Feldberg – Ingo Ulrich

Stichwortregister

Elisabeth Vigée-Lebrun, Selbstportrait von 1790. Von ihr stammt das Portrait der Luise von Baden als Zarin Elisabeth auf Seite 323.

Bildnachweise

Titel Klaus Schmückle, **Karten** Irina Bruder, **Seiten** 1/288 Peter Armbruster 2 Ingo Jakubke 10 Werner Redlich 12 Kaiser 14 René Rauschenberger 19 Ihari Sashenko 20 Stadt Hausen 23 Hannes Lauber 26 Muettersproch-Gesellschaft 28 Marek Ratajczak LVR 29 Textilmuseum Zell 31 Löwen Zell 36/37 Gütermann 38 Stof fmuseum Mulhouse 39/40 Musée de l'Automobile/Alexis T oureau 53 Monacensia 61 Maya Doetzkies 62 Anita Rüffer 69 Kayser und Böttges 81 Thomas Kunz 83 Stadtarchiv Freiburg 86 Christian Gospos 88/89u/351 Gaby Hauptmann 89 Gabriele Hennicke 90 Burkhard Fiebig/August Euler Museum 95/111 Liebherr 112 Jean Linnhof f 119 Petra Sepsy-Kaul 121 Binz/Weiss photographie 123 Cocotte Rouge 130 Wolfgang Hoffmann 134/214/U4 Michael Bode 135 Weber 136 Europapark 137 Stefan Supervennix 155 Phil Magellan BAAL 156/158/161 Ferme Perheux 160 Denis Batsch 164 Peter Häger 168 Neumaier 170 Hansjakob Museum 175 Rössle 176/177 Bill Bird/ Maryrose Grossman John F. Kennedy Presidential Library 184/223 Ulrich Marx 185 Vogtsbauernhof 188 Hasemann Liebich Museum 189/190/191 Anton Goll/Karlsruhe Kunst Erfahren eV 191u Lutz Verstraten 193 Dorotheenhütte 200 Maria Kott 206 Kosmos Schwarzwald 218 Jürgen X. Albrecht/Moritz Lang 219 Ritterhaus Museum 225 Iris Rothe 226 G. Fritz Margull/Hilke Ohsoling/Steidl Verlag 231 Hilzinger 231u Hirsch 233 Epilepsie Museum 234/238 Günter Franz Müller 235 W erner Schmidt 236/251 Rainer Ehrt 237 Antiquariat Inlibris W ien 238u Hans Holenweg-Biedert 239 Grossmann Architekten 243 Rosi Kast 248 Cerf d'Or 251u MAMCS 257 Erich Westendarp 259 Jean-Luc Bredel 260 Patrice Bachmann 263/264 Siegfried Stinus/ Markus Tisch 265 Foshag/Malerhaus 265 Zeichnung Irina Bruder 269/271 T ietge 274/364 Jasmin Seidel 275 Foshag/Malerhaus 276 Couleur 283 Rainer Nepita 284 Ulrich von Schauenburg 285 Niclas Oettermann286 Andreas Huber 287 René Boulay 292 Roerensee 294 Ralph Hammann 299 Brostoler 300 Pascal Radigue 301 Roland Letscher 305 Calvi/France Soir 306/307 Bastberger Stuewel 313 Tmoesch 317/342 Boeuf 317u Sandrine Hervé 318 Gerd Eichmann 319 Friedmann 321/331/333u Museum Frieder Burda 322/323 Stadtmuseum Rastatt 325/333 Fotosforyou 326 A. Savin 327/338 Gerd Eichmann 332 N. Kazakov 346 FOberhauser/Literaturland Saar 347o Schwarzkopf 348/354 IngoUlrich.com 362 R. Gerber 368 Claude Truong-Ngoc

Weitere Bilder: Manfred Hammes, Ar chiv Oase Verlag, Wolfgang Abel, Jacky Salamander. Bei Rückfragen zu Bildern wenden Sie sich bitte an den Verlag. Literaturangaben zum Kultouren-Buch finden Sie auf der Homepage des Autors: www.lustaufprovence.de/literaturhinweise-zu-kultouren/

Alle Angaben in diesem Buch wurden vom Autor nach bestem Wissen erstellt und von ihm und dem Verlag mit größter Sorgfalt geprüft. Fehler sind dennoch – wie wir im Sinne des Pr oduktaftungsrechtes betonen – nicht auszuschließen. Daher erfolgen alle Angaben ohne jede Garantie des V erlags und des Autors. Der Autor übernimmt keine Verantwortung und Haftung für mögliche Unstimmigkeiten.

Um Unannehmlichkeiten zu vermeiden, sollten Öffnungszeiten und Adressen prinzipiell aktuell überprüft werden. Die Angaben in diesem Buch können die flexible Praxis vieler Betriebe nicht zuverlässig abbilden.

Autor und Verlag freuen sich über Anregungen und Korrekturhinweise: manfred.hammes@web.de; info@oaseverlag.de

„Solche Reisebücher
wünscht man sich auch für andere Ziele."
Geo Saison

„Auf krummen Touren zu kleinen Tälern
und leisem Luxus."
Badische Zeitung über Hoch Hinaus

„Die Ernte von 30 Jahren."
Der Sonntag über Freiburger Wunder

„Ein Genuß für alle,
denen nicht nur der Weg das Ziel ist."
Badische Zeitung über Markgräflerland

„Ein recherchesatter Reiseführer,
der wie die meisten seiner Ziele ist – abseits der Masse
Die Zeit über Lago Maggiore

„Wer dieses Buch zur Hand nimmt,
wird zu einer langen Kaffeefahrt verleitet."
Frankfurter Allgemeine über Süße Stücke

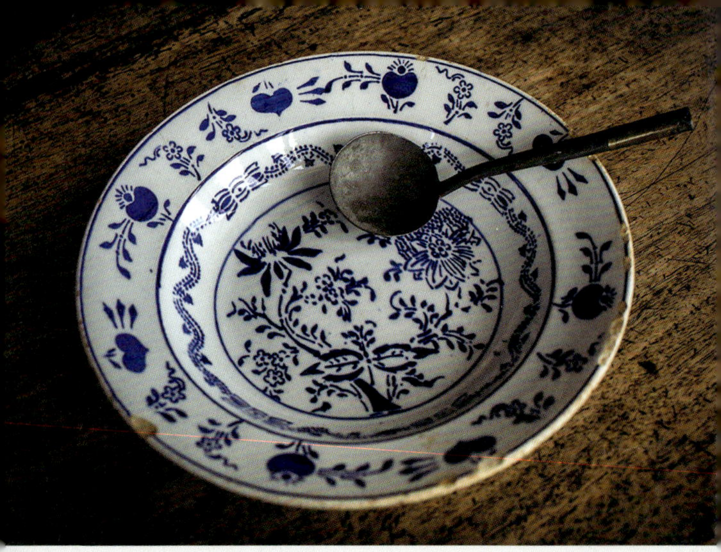

Oase Verlag
D-79410 Badenweiler
oaseverlag.de

ISBN 978-3-88922-085-1
Alle Angaben ohne Gewähr

Herstellung:
Pustet, Regensburg